最喜今生为书忙

杨牧之 著

中华书局

图书在版编目（CIP）数据

最喜今生为书忙/杨牧之著. —北京:中华书局,2020.2
ISBN 978-7-101-14339-3

Ⅰ.最… Ⅱ.杨… Ⅲ.出版工作–中国–文集
Ⅳ.G239.21-53

中国版本图书馆 CIP 数据核字（2019）第 292987 号

书　　名	最喜今生为书忙
著　　者	杨牧之
责任编辑	李碧玉
封面题签	林　阳
装帧设计	毛　淳
出版发行	中华书局
	（北京市丰台区太平桥西里 38 号　100073）
	http://www.zhbc.com.cn
	E-mail:zhbc@zhbc.com.cn
印　　刷	北京雅昌艺术印刷有限公司
版　　次	2020 年 2 月北京第 1 版
	2020 年 2 月北京第 1 次印刷
规　　格	开本/640×960 毫米　1/16
	印张 27　插页 2　字数 280 千字
印　　数	1-1500 册
国际书号	ISBN 978-7-101-14339-3
定　　价	168.00 元

目　录

最喜今生为书忙

这本集子中收入的文章，多数是我在近几年新写的，有几篇是早年写的，稍作修改，也收进来，以求体现我的出版思想的连贯性。重读这些文章，犹如回忆几十年的出版经历，感慨颇多。

一　初试出版
——在北京大学

当我写下"最喜今生为书忙"这七个字时，往事前尘尽来笔底。

我是 1961 年从吉林省长春市考入北京大学中文系的。那年还处于三年困难时期，大学招生大大减少，升学录取率 7 比 1，7 个人取 1 个，能考中确实不容易啊。哪像今天学生高考那么幸运，10 个人能取到 8 个。而北大中文系在吉林省只招两个名额。我能被录取，成绩不是第一就是第二，兴奋之余，内心并没有觉得自己有多棒，只是觉得学校老师教得好。

一进入北大，湖光塔影，林荫曲径，雕梁画栋，竹绿枫红，仿佛进入大公园；这么好的环境我想都没有想到。平常仰慕的教授、学者，往来于校园之中，只觉得一定要好好读书，才能对得起这校园，对得起这些名满天下的先生。特别是我们中文系迎新会上的情景，让我至今不忘。教授林立（真的我们新生都是坐着，先生们都是站在我们面前），杨晦、游国恩、吴祖缃、魏建功、王力、林庚、周祖谟、王瑶、季镇淮、朱德熙……都是久闻大名的人物。他们就在眼前，我内心产生了一种极为幸运的感觉。语言学大家王力先生代表教师讲话，他说："今日得天下英才而教之，不亦乐乎。"一句话让我们这些年幼无知的学子顿感骄傲和责任。正是这种骄傲和责任，陪伴我们五年大学生活。让我们在走上社会之后，仍然记着这个骄傲和自己的责任。

大学毕业，由国家统一分配到中华书局起，我就开始了"为书忙"的编辑生涯。如果再往前推，可以说大学还没有毕业，我已开始了"出版"工作。

1966年初夏，我们已经完成全部学业，包括毕业论文的撰写，只等学校最后宣布分配方案，便可到工作单位报到了。对于我们这些即将离开学校的学子，那真是一个对未来充满期望的时候。

5月25日，一个平常的日子。北大的学生照常睡午觉。下午三点，震撼全国的大事发生了。被称为"第一张马列主义大字报"、由聂元梓等7人写的《宋硕、陆平、彭佩云在文化大革命中究竟干些什么？》，就在我们每天吃饭的大食堂东墙上贴出来了。这张大字报很长，贴了整整一面墙，顿时招来一拨又一拨的围观者。人们交头接耳、窃窃私语，没有人明确表态，气氛很神秘。突然人丛中有人说，当年右派的大字报就是贴在这墙上。这话里有话呀。话音未落又见中文系二年级的十来个同学，抬着一块黑板，呼号着奔过来，黑板上写着支持聂元梓、造反有理的口号。火山就要爆发。在我的印象中，"文化大革命"是从这时候开始的。因为那以前的种种事件、种种传说，离我们似乎很远。"马列主义的大字报"一出，霎时间，北京大学大乱，北京市大乱，全国大乱。

那个时候，毛主席的诗词和毛主席语录一样，是两派群

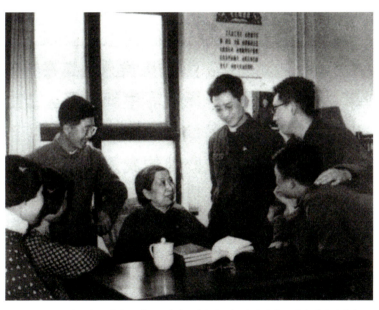

在北京大学编写《毛主席诗词注解》时，拜访李淑一先生（中坐者）。右起：崔文印、严绍璗、杨牧之、陈宏天、曾贻芬、任雪芳。

众进行"文化大革命"的武器。很多人来北大串联，很多人以为北大中文系的师生一定很懂毛主席诗词，便来北大中文系请教毛主席诗词的含义。其时，我们即将毕业，书生意气，不知天高地厚，为解答串联群众有关毛主席诗词的问题，我和几位同学（陈宏天、崔文印、曾贻芬、任雪芳、严绍璗）着手编写"毛主席诗词注解"。为探索诗词真谛，东问西学，发现一个线索就赶快去讨教。很快，以新北大"傲霜雪"战斗组名义编写的《毛主席诗词注解》（初稿）便印了出来。而后不断修改，二版、三版，相继完成。最后一版，红彤彤的塑料封面，用碘化铝印制的金光耀眼的书名，以字典纸印制正文，其装帧精美远远超过当时正式出版发行的《毛主席语录》。而且，每首诗词都配有一幅插图。这些插图或者是毛主席的手迹，或者是与诗词有关的名胜，大概可以说是当时出版业装帧设计的"最高水平"了吧？书稿的审读者和顾问包括郭沫若、周世钊、周振甫、阴法鲁、李淑一等专家，规格也可谓很高了吧？

我们这本书的第一稿是打字稿。在北大打印处打印时，全处十几位师傅为了这本书尽快印出来，加班赶制，没人说要加班费，也没有人要求请吃饭。后来，上面要求进行"革命大串联"，我们跑到大连，帮助大连方面办小报，我仍然带着这本打字稿，得空就进行修改。那时目的很单纯，只因为热爱毛主席诗词，特别是想给社会上同样热爱毛主席诗词的广大读者，提供一个通俗普及、尽量准确的读本，觉得这是一个北大中文系学生应该做的。这可以说是我做出版的第一件作品。在那个年代，一切无序，我们自编的、在今天需要专题报批的书居然一连着出版了三个版本，发行不知几百万册，还真是影响巨大的"畅销书"啊。

书编成之后，围绕在我们身边发生了多起想靠这本"畅销书"发大财的怪事。一天晚上，突然接到一个电话，说有一伙人开着卡车，跳墙进入印刷厂的书库，正在抢运我们的书。等我们赶到时，车已无影无踪。还有人把我们书的纸型从印厂弄走，盗印十万册，到市场高价出售。好不热闹。好在我们不为名不为利，老实干事。后来，北京有关方面调查多次，这些怪事，哪一件跟我们也不沾边。本分人不会吃亏。

二　光有热情不行，还要有辨别大是大非的能力
——中华书局的培养

到了中华书局，旋即前往部队锻炼，实际上那时单位也没有什么业务。回来后不久，又随全书局同志一起去"五七"干校"战天斗地"，改造世界观。这锻炼，那改造，转眼就是七八年。1973 年，我们终于开始了编辑工作。那时我们真的就像长久被拴着的战马，急于驰骋，一旦开始工作，对什么业务都是满腔热情，盼望着把所学贡献给社会，盼望着在实践中提高自己。我还有一个决心，不能辜负父母的期望和一个普通中学教师家庭在那样艰难条件下的培养，渴望自己能够有所作为。

不久，批林批孔、评法批儒开始了。看到中央文件中提到的古代作品，听到传说的毛泽东讲话中引用的古典诗词，油然生出一个愿望，把它们注解出来，让一般文化水平的人

都能看得懂。心想，别的工作我们做不了，这不也是为党的中心工作服务吗？于是，我们"紧跟""照办"。那一阶段，我参与了《活页文选》的编辑，主持并执笔了《读〈封建论〉》的写作，评注了《盐铁论》，评注了"辛弃疾词"，业余时间还编写了《晏子的故事》《中国通史故事》《世说新语选译》（与胡友鸣合作）等等，很勤奋、很努力。

回想当时，自己并不了解"文化大革命"内幕和真实情况，只是十七年的学校教育，大学读书申请入党时组织的要求，让我习惯了"紧跟""照办"，组织上交给什么任务就努力去完成，认为这就是对党忠诚。回想起来，当时，那种紧密配合，甚至"宣传不过夜"的精神，把图书出版弄得像办报纸、发新闻一样，快速地、简单地配合当前的政治斗争，其结果是可以想象的。那时我们正年轻，有热情，有精力，心地纯洁，文思泉涌。但这些才情都用在"紧跟""照办"上了。抄书抄报，人云亦云，把极"左"当革命，拿幼稚做成熟，辜负了青春年华。

这阶段，我个人经历了两件大事。可能因为我编书写书很努力，又能到工厂去与工人一起写书，到部队去听取战士们的意见，受到组织表扬。1974 年，我受中办、国办邀请，拿着署有国务院总理周恩来名字的邀请函，出席了建国 25 周年国庆招待会。1975 年，我又成为出版界的第四届全国人大代表。当时，我当然感到很光荣。但即使当时，我也认为自己并没有做出多少当"全国人大代表"、参加"国庆招待会"的业绩，不够格。又加上我也确实不比别的同事强多少，所以，在工作和日常生活中，我更加自敛。这种"自敛"，装成熟，让一个青年人很不自在。当时，我虽然小有"名气"，心情却常常郁闷。我深深感到知识分子有文化，但和工厂的工人、部队的战士有太多的不同。

这两件大事中有两个情节，我还是要记述下来。

一是通知我参加国庆招待会的情况。那是那年的 9 月 30 日中午，我正和一起编书的几位工厂师傅到门头沟去玩，在门头沟农家吃午饭。突然听到公社大喇叭广播喊我们的名字，再听，是在找我。我们几个人都很惊讶，这是多大、多急的事啊，居然找到这个京郊小山村里来。原来是通知我参加晚上的国庆招待会，下午 6 点前必须进入大会堂。此刻已是中午 12 点多，时间已很紧迫，放下筷子我们就往城里赶。第二件事是，参加第四届全国人民代表大会。我成为第四届全国人大代表，去参加全国人大会议，是开会前两天出版局的领导徐光霄同志通知我的。这之前我一无所知。我什么规矩都不懂。去报到，我提着洗漱用具，乘公交车，到了规定的报到处——政协礼堂，因此引起怀疑。几个站岗的卫兵老远就把我拦住，问我干什么去。我说人大会议报到不是在政协礼堂吗？我当即拿出报到通知给他们看。卫兵们看了通知，再看看我，仍然觉得奇怪。这位代表怎么自己乘公交车来了，穿的又是半新不旧的蓝的卡上衣，是真的代表，假的代表？盘查再三，又与单位联系核实，终于认定我确实是代表。因为那年代开这么重要的会议都是保密的，单位必定会有车送。我是自己乘公交车去的，人家不免奇怪。至于在人大的会上我谈了什么，看见了什么，大都忘记了。只记得周总理面容憔悴。他作报告时，只把讲稿前面念了一段，结尾处又念了一段，中间都略去了。我们都很理解，总理身体实在难以支持。代表们都很难过。总理讲完后，大家使劲鼓掌，时间很长。大家的心情都很沉重，不知还能不能再听到总理的讲话。

这些往事，今天都成了故事，成为人生插曲，但这些插曲也让我认识了社会的复杂，人生的艰难不易。我终于悟到了毛主席为什么跟他的儿女说"木秀于林风必摧之，堆出于岸流必湍之"的良苦用心。何况我还没有做到"行高于人"呢！这其中的教训是十分深刻的。做一个好的编辑，光有热情不行，还要有敏锐的政治头脑，深厚的理论修养，政治上辨别大是大非的能力。不要有私心，违心的话不说；不要人云亦云，没有根据的话不传；凡事问个为什么；能够发现问题很重要，还要有坚持原则不讲假话的勇气。这些教训也是收获，是一个人在特殊时期难得的、特殊的收获。后来，听季羡林先生说过，假话不说，真话也不能全说。那则是更高的修炼。

三　出"名"的后果

——阳光·风雨的洗礼

由于"紧跟""照办"，我出了"成果"，又出了"名"，在出版界有了一些影响。"文革"结束后，当然得清理清理。当时的中华商务"清理运动"的领导便不断地让我在群众大会上"说明情况"，斗私批修。因为那时我既非党员，又不是领导，选题、编辑我做不了主；我所编辑的每件书稿都要向领导请示，有领导批示才能进行，幸运的是这些请示、报告和领导批示，我一件不缺，都在我手里完整地保存着。所以领导也总是说：只是让我"说明情况"。至于"斗私批修"谁都得做，对我也就不算特殊了。但我心里是痛苦的，也不服气。当时，哪个领导怎么批示的，说我做得好，怎么让我继续抓紧做、再多出一些书，都在我的报告上清楚写着呢，他们也不会忘记的吧？他们是领导，为什么不先"说明情况"？话说回来，当时谁没"紧跟""照办"呢？那是毛主席的号召啊！"毛主席挥手我前进"，毛主席的话"一句顶一万句"！今天几十年过去了，再回头去看，我想得不对，还是得先从自己反省。"违心的话""人云亦云"的话不少。我从 1961 年一入大学就要求入党，到那时 1973 年，10 余年之久，仍没入上，只想好好表现。上面怎么说咱就怎么干，而且千方百计做好。回想这段岁月，可惜当时我还刚刚 30 岁，很多事情都还不懂啊。

一个人出了"名"，必然要承受出"名"的后果。在社会大转折时代，这个"后果"可能就是一场波澜、一场动荡。结果会怎样，就看你的"运气"，你内心修炼的"功力"了。

我一个小编辑，连党员都不是，出了这么多事，那不是到了水平线下了吗？不但谈不上成绩，只怕已是负数了。我还能失去什么呢？这样一想，内心反倒轻松不少，包袱也放下了。我所幸运的是，毕竟中华书局的领导、国家出版局的领导和绝大多数群众是实事求是的，心明眼亮的。历史不是哪一个人随意写的，这话真是不错。

有人说，幸好你保留了请示汇报的材料和领导的批示。

有人说，多亏你一向夹着尾巴做人。

也许有道理。但最根本的还是中华书局和国家出版局领导的信任、关怀和期望。

粉碎"四人帮"后，已做了中华书局党委书记的王春提议，杨牧之同志还很年轻，以后还有很多工作要做，需要把那几年他的表现写个"说明材料"。

有的领导说，谁也没说他有什么问题，他又不是领导干部，不必写吧?

王春说，还是要以党委的名义给他写一个，否则多少年后，事过境迁，就说不清了。

这些话，好让我感动。

给我写的"说明材料"上写道:"这些小册子的内容，都是按照当时有关文件指示和'两报一刊'社论精神编写的，必不可免的要存在政治上和理论上的错误。""与当时的历史条件分不开，责任主要在领导。""他真诚拥护党的十一届三中全会以来的路线方针政策，工作中勤勤恳恳，兢兢业业，政治上积极要求进步……"

后面盖着"中国共产党中华书局委员会"的大印。时间是 1986 年 8 月 15 日。

今天，我翻阅这一页纸的"说明材料"，心仍然怦怦直跳。

这些话语，是对年轻人的一种大度，一种宽厚，一种信任，是在年轻人即将绝望时投过来的一个微笑。

年轻人该是多么感激! 他们必然会以一种忘我与刻苦的努力回报这宽厚、信任、大度和微笑。

当这些年轻人也老了的时候，他们在回顾他们的一生时，当会庆幸这人生的厚爱。他们只会苦恼，无论怎样做也不能报答这恩情于万一!

王春同志，时任中华书局党委书记、总经理。

时代推着人往前走。正是在这个大变革之后的艰难时期，得到中华书局党组织的信任，得到中华书局总经理王春、总编辑李侃的鼓励和支持，委托我着手筹办编辑出版《文史知识》月刊。对我个人来说，这是用实际行动扭转过去的编辑思想的机会，是用勤奋和创新实现并证实自己的机会，我无比珍惜。

最初几年，《文史知识》的发行量呈几何级数增长。创刊三周年时，应读者强烈要求，居然把已出版的刊物全部重印一遍，这在中外期刊史上恐怕也是少见的吧？ 1985 年，《文史知识》被评为"文史类刊物"的最佳杂志。不久《文史知识》编辑部被文化部评为"文化部青年先进集体"。之所以有这样的成绩，今天回头去看，当然是大家齐心奋斗的结果，但更为重要的还是因为适应了社会的需要。正如当年中央党校教务长宋振庭给《文史知识》写的"发刊词"所说:"文化大革命,大革了文化的命,全盘否定中华民族灿烂的古代文化,使许多人,特别是青年人,对祖国的历史,灿烂文化一无所知……《文史知识》这样一本普及刊物,正是符合了当时社会的需要,也可以说是时代的需要。"出版社了解读者的需要,想读者所想,急读者所急。我们请"大专家写小文章",要求文章"准确、生动、有用",最后办成"带有文史知识辞典性质的刊物"。这就是读者为什么欢迎的原因吧?

"为书忙",实际上就是为读者忙。

那是一段长见识,受锻炼,发奋图强、终生难忘、时时历历在目的岁月。在这个过程中,《文史知识》集体、团结、好强、向上,大家成为终生的好朋友,我们每个人都在集体中成长。

四 在更大的平台上经风雨见世面

——新闻出版署（总署）16年

1987年夏天,新闻出版署党组调我去署图书司工作。当我即将离开工作二十年的中华书局,特别是离开参与创办并呕心沥血编辑了七八年之久的《文史知识》时,内心十分眷恋。父亲曾经说过,还是在中华书局好。

这之前,还有一段经历。1985年前后,我的老师阴法鲁先生让我去帮助他开"诗经研究"专书课,之后又得到教研室负责人严绍璗的嘱托,给北大中文系、历史系、图书馆学系的同学连续讲了三个学年。经过老师们的帮助，对于授课我渐渐有些入门。这时，我产生了去北大教书的愿望。严绍璗与学校联系，得到学校领导同意，转行几近实现。这时，署领导宋木文同志出面了，他明确表示不同意我离开出版界。我十分遗憾，认为错过了一次好机会。日月如梭，当我在新闻出版署工作了几年之后，我深深感到，新闻出版署这个政府出版管理机构，同样是为出好书工作，而且，它是在更广阔、更高层次、可能还是更给力地去为出好书工作。

我们的署领导是有出版情怀的领导。他们是出版家。他们不是书商，也不是企业家。他们把出好书当作永恒的主题。特别是宋木文和刘杲同志，言传身教，耳濡目染，带领我们进步。我所思考的问题渐渐地发生着变化。我每天所想，已经从一个人编一本书或几个人编一本杂志的问题，渐渐地去思考全国近 600 家出版社的大局、中国出版业的大局，研究和探讨国际出版业的大局。

在出版管理岗位上，我是兢兢业业的，不敢有丝毫松懈。我向主管领导学习，向周围同志学习，钻研党和国家的出版方针政策，和大家一起想办法，为出好书而绞尽脑汁，努力工作。

形势在向前发展。1987 年 10 月，党的十三大提出社会主义初级阶段理论，把是否有利于推动社会生产力发展作为衡量一切工作的标准。在这样的背景下，出台了两个文件：

1.1988 年 5 月，中宣部、新闻出版署颁发了《关于当前出版社改革的若干意见》。这个文件重点是确立了出版社内部机制改革的原则。

2. 同时，颁布了《关于当前图书发行体制改革的若干意见》。这个文件提出"三放一联"的思路。重点在于放开搞活，增强企业活力，改革内部管理机制。

历史地看，这两个文件在出版社内部管理、出版市场、物资供应、价格标准等方面的思考上取得很大进展。按市场规律组织图书生产的要素基本具备，出版市场竞争的时代到来了。这时，出现了一些过去没有的现象——

出版社：新社老社处于同一起跑线上，特别是一部分新社小社，一方面没有或较少受传统观念影响，经营灵活；另一方面，缺少出版管理经验，法制观念不健全，选题下放，项目承包，编印发一条龙，表现出异常的竞争意识。

编辑：对市场反应快速，四面出击，抢占兴奋点，热点频出。言情小说热、武侠热、弗洛伊德热、萨特热、尼采热、未来学热、侦探小说热等等，纷至沓来，热闹非常。

接下来，三本书的出台，震动了整个出版界，引发不得不进行的治理和整顿。

1988年，延边人民出版社出版了《玫瑰梦》，中国工人出版社出版了《情场赌徒》。这两种书都是国外低档次读物，充满色情淫秽内容。

1989年，上海文艺出版社出版了《性风俗》，影响很坏。

再从统计数字来看，出版业的快速发展，出现了不容忽视的情况。图书品种连年高增长：1992年图书出版品种较1985年增长1倍多，从4.6万种增长到9.67万种。而图书的总印数从61亿册只增长到63亿册；总印张每年则递减3.7%。这三组数字——总品种、总印数、总印张，清楚展示图书出版的规模、速度和质量。从中，我们可以看出许多问题。广种薄收，造成总量激增；选题重复，平均印数下降；加上市场缺乏规范，二渠道推波助澜，出版物散滥现象明显。

面对这些问题，新闻出版署不能不拿出更多时间和精力进行整顿。1989年7月，开始整顿协作出版，查处买卖书号。8月，整顿书报刊市场。9月，压缩、合并重复的出版单位，撤销个别问题严重的出版单位。

大刀阔斧的整顿治理，是必要的，是迫不得已的，但毕竟重点是"破除"，大破还应大立。大立是根本。建设还应有建设的良方。针对整顿中发现的诸多问题，我们开始了建章立制，有序管理。重点是从正面入手，实施精品战略，表扬好书，树立典型，抵制和批评不好的书。由图书司的职责决定了，这个"建设"图书司首当其冲。在署领导刘杲和于友先同志支持下，我和司内的同志努力开创工作新局面。

首先建立选题的审读制度。一本图书，从根上抓起。从整顿之后开始，每到年底，我们便开始对第二年的出版社重点选题进行审读，做出分析。这个分析目的有四个：1.通过审读，了解图书出版的总量、结构和趋势，及时加以调控和引导；2.通过审读，及时发现好书，好的典型，给予扶持和表彰；3.通过审读，及时发现新情况、新问题，采取必要的措施适时加强引导和管理；4.通过审读，将新情况、新问题上下左右及时沟通，起到举一反三的作用。总的来说，这个审读工作是建设性的，从正面引导出好书。

后来，形成了制度，连续多年，新闻出版署图书司每年召开一次全国出版审读工作会议，沟通情况，交流经验，对于提高图书质量，起了很好的作用。

1993年底，完成对下一年全国重点图书选题分析时，我撰写了《1994年全国图书选题评析》，得到中央领导的好评。不久，人民日报、光明日报、新闻出版报全文发表了这篇文章。对出版社策划、编制并优化选题起到了一定的参考作用。

第二抓编校质量检查，解决粗制滥造问题。对全国图书的编校质量进行检查，这在全世界恐怕也是独此一家吧？"审读"是侧重内容方面的情况；"编校检查"则是侧重编辑校对工作。

当时读者反映强烈，出版物质量太差，突出的是差错率太高。于是，我们从1991年、1992年的出书目录中随机抽出几十种图书，请专人检查差错率。检查结果，很让人震惊，合格率仅为20%。但更令人震惊的还不是这种低水平的合格率，而是对质量检查、对这种"低水平"的态度。有的出版社领导居然跑到新闻出版署领导那里告状，说图书司检查他们的图书是"打击报复"。从这里我们可以看出来，我们的一些编辑甚至个别出版社的领导，对这种质量要求是多么不适应。

但我们的工作却得到读者、社会的热烈欢迎。随后，图书司又连续几年、多次从各个方面进行图书质量检查：大型古籍今译图书质量检查、少儿图书质量检查、文艺图书质量检查、优秀出版社图书质量检查……经过一年、两年、三年的努力，终于扭转了图书质量下降的局面。1998年全国优秀出版社图书质量的合格率达到80%以上。

这个检查震动还是很大的，人们开始重视校对质量。有一部大书，部头很大，差错严重。图书司检查差错率达万分之6。干这个事的书商，找到很高层次的领导那里。不知他用了什么办法，这位很高层次的领导居然又为具体的一部书的事，请来几位专家，让大家说这部书好。然后此书商又找到我的办公室，表示要拿出300万元，建立一个以我的名字命名的古籍出版基金。可笑之至。我告诉他，差错率太严重，很丢出版社的脸面，不改正是不能发行的。他说，要作为礼物送给日本官方。我说，那就更得保证质量，这涉及国家荣誉。而且日本很多学者都是懂汉文的。

接着大检查之后，我们把编校质量检查中发现的容易出问题的环节，编校质量好的出版社工作经验，总结出来，请出版界的老编辑、老专家一起建章立制，制定了"图书质量保障体系"（五十条），特别把图书出版的"前期""中期"和"后期"容易出问题的环节，一一作出明示和规定，以新闻出版署令的名义予以颁布。这项工作 影响很大，效果很好。

第三从根本上做起，制定全国图书出版规划。当时正值"八五"期间，"八五"重点图书选题、出版计划是新中国成立以来，由国家新闻出版管理机关领导制定的第一个大型的综合性的国家规划。

在研究启动这项工作时，有的同志认为难度太大，不易搞好；有的同志认为过去只搞过专科性的，没搞过综合性的，缺乏经验；也有的同志说，文学作品怎样搞规划啊？但我想，我在中华书局时全书局每五年做一个五年出版规划，办《文史知识》时，每年都有一个重点选题计划，全国的出版规划不就是放大一些吗？怎么不能做呢？难度肯定很大，但只有制定出规划，认真执行，才能保证出版的质量。于是，在署领导的大力支持下，署里的有关司局通力协作，与50多个学术、科研、教学、出版单位的180多位专家、学者共同努力，经过一年多的反复调研、再三讨论，第一个国家级大型综合性出版规划即《"八五"期间国家重点图书出版规划》制定出来了。

这项工作产生了明显的效果，第一是保证重点项目按时保质地完成。重点就是国家政治生活、经济建设、文化建设的迫切需要，是导向。第二，由于国家行政管理机关抓全国规划，省新闻出版局必然会抓省的规划，出版社就一定会研究制定自己社的规划，这就形成了自下而上，制定出版规划、抓重点图书的热潮。当新闻出版署汇总大家的意见，起草了国家的规划初稿后，再下发征求各方意见，实际上又是自上而下贯彻党和国家方针政策的活动。整个出版界上下一齐规划，就保证了规划的坚实基础，保证了出版的导向，保证了规划的实现率。第三，在国家规划的带动下，出版的规模得到了合理的调控，出版的质量有了坚实的基础，同时。围绕着规划的实施，也带动了出版队伍的建设和人才的培训。

我总是认为，我在新闻出版署工作期间，在署党组的领导并具体部署下所开始的每五年制定一次国家综合性出版规划的工作，是一件值得大书一笔并认真总结的出版大事。

第四，设立国家图书奖。这项工程，我们经过了三年的努力才得以实现。当时，我们都感到出版管理如果只是管、卡，这不许那不许，是远远不够的，还要树立榜样，让人家知道怎样做，什么样是好的、优秀的图书。于是，署党组经过多次讨论决心设立国家图书奖。

我们当时考虑，要搞就要高标准，定名为"国家图书奖"，就是中国最高级别的图书奖项，就是要评出中国最好的书，以国家名义进行表彰。

评委一定是真正的专家，知道什么是好书，而且品德高尚，处事公正。评委会评出来的书，能代表国家的出版水平。

另外，还要把精神表扬与物质奖励相结合。不但要给作者、还要给责任编辑（包括美编、校对等）以物质奖励。当时定的标准是作者一万元，责任编辑六千元，这在那个年代，算不小的奖励了。可是算算账，如果每届评 30 个左右，奖金就需要五十万元左右，再加上评委费，及场租、会务、评委住宿、饮食等费用，没有二三百万元是办不下来的。在那个时期，这笔钱是很大的一个数字。

不少同志有顾虑，这么多学科一起评，摆弄得好么？各学科有各学科的情况，标准怎么定？最主要的是钱从哪里来？先把钱解决了再说吧。这件为难事，多亏了当时的署里管钱的计财司的负责同志（唐砥中司长），他们上上下下，请示申诉，终于得到了财政部的理解，这笔钱由国家财政做出了支持。

1992 年下半年，设立国家图书奖的方案终于在新闻出版署党组会上通过了。接下来又以新闻出版署的名义颁发了《国家图书奖评奖办法》。在下发的《国家图书奖评奖办法》的"通知"中，明确说明，设立国家图书奖是"为促进社会主义出版事业的发展，鼓励和表彰优秀图书的出版"。

万事俱备，1993 年大家兴致勃勃地开始了第一届国家图书奖的评选工作。虽然是第一次评，大家齐心协力，评选工作十分顺利。评选结果公布后引起了巨大的轰动。

1994年1月30日在人民大会堂隆重举行图书奖颁奖大会。人大常委会副委员长卢嘉锡、政协副主席雷洁琼、中宣部常务副部长徐惟诚、新闻出版署署长于友先等参加了颁奖会，中国当代著名学者季羡林、王朝闻、卢良恕、任继愈、邢贲思、叶至善等光临为获奖者颁奖，获奖出版社的主管部门领导，包括部长、副部长二十余人，也都兴奋地来参加会议。因为很多工作都是经刘杲同志指导完成的，颁奖大会特地邀请刚刚退休的新闻出版署副署长刘杲主持。新闻出版署党组成员全体到会，可谓盛况空前。

颁奖会后，新闻界的空前评介给我们很大激励。

一次图书评奖，能得到各种传媒工具为之宣传，为之评介，实属空前。颁奖之后，各种报纸、电台、电视台的评介报道令人激动。这里我将报道题目做个介绍，就可见一斑了：

《人民日报》：群星灿烂，美不胜收——第一届国家图书奖评选揭晓。

《光明日报》：第一届国家图书奖揭晓。并配有"短评"说："众所瞩目的首届国家图书奖评选结果已经揭晓。这不仅是我国文化出版界的盛事，也是广大读者为之庆贺的一件大事。"

《文汇报》于1月18日和22日破例地作了两次报道，大题目是：广大读者和出版界人士盛赞首届国家图书奖。小题目是：获奖135种图书选自50多万种图书，在学术上是高质量的。并说：这次评奖可称得上是我国有史以来最具规模的一次图书评奖活动。一些读者看了获奖名单后说，我国终于有了一项权威性的图书评奖。

《中国青年报》在 2 月 13 日二版头条发表专文，题目是："中国有了国家图书奖"。

《文汇读书周报》发表近 2000 字的专文《群星灿烂，美不胜收》予以评论，还利用半版的位置刊发了获奖图书名单。

《新闻出版报》1 月 18 日全文刊登了获奖书目。1 月 30 日颁奖会后，在头版头条套红大书"首届国家图书奖颁奖"。

此外，中央电视台、中央电台作了专题报道，《文艺报》《人民日报·海外版》《北京日报》等多家报纸都以十分显著的位置作了报道。

各种新闻媒介这样热情，这样慷慨，评价这样高，是我们没有想到的。

从 1987 年 5 月离开中华书局到新闻出版署，2002 年 4 月又离开新闻出版总署，奉调去组建中国出版集团，前后 16 年。在这个过程中，我经受了锻炼。我明白了什么是政治，什么是大局，什么是前后左右。也明白了，在一个集体中，作为一个"部下"、作为一个"领导"的责任和道德。"见贤思齐，见不贤内自省"，良师益友对一个人好像水和空气一样宝贵。眼光，胸怀，知识和情感，是一个正常、健康的人必不可少的，对它们的追求永远比"官位"更重要。

我深深感到，一个人一定要在基层一个单位工作、锻炼，认识社会、认识人；也要抓住机会到更大的平台去经受风雨和开阔视野。

这期间有一件事让我终生难忘。2002 年 7 月某一天下午，我突然接到一个电话。说话的是一位省的图书处处长。他说："我们十几个省的图书处处长都到北京了，想和你聚聚。"我很高兴，说："太好了，在哪儿啊？"他说，在天伦饭店。我说："啊！那儿太高档了，换个地方吧。""都安排好了，就等你了。"我急忙赶去，进到室内，迎面一副美妙的对联，中间一大竹篮硕大的红桃。大家齐声说：祝老杨生日快乐。我顿时热泪盈眶。连我自己都忘记了，他们——上海的、安徽的、江西的、南京的、天津的、浙江的、吉林的、河南的、北京的，各省图书处的处长专程赶到北京来给我过生日，觥筹交错，畅谈人生……我何德何能，得到这样深厚、真挚的情谊！第二天一早，外地的各位一一返回工作岗位。他们不耽误工作，他们各出一份心意。这份情谊是我得到的一份最宝贵的生日礼物。

人的一生还求什么呢？做点喜欢的事情，有一些志同道合的朋友。

时间飞逝，转眼我在新闻出版署（总署）工作了 16 年。我会永远记住信任、鼓励、教诲和期待我的人。他们是我的榜样，是我前进的动力。

五　多出好书是出版集团建设的根本
——中国出版集团的建设与思考

2001 年底，根据工作的需要，我又受命和大家一起组建中国出版集团。2002 年 4 月我荣幸地担任了中国出版集团党

2002年4月，刘云山同志（右一）、张柏林同志（左二）为中国出版集团成立揭牌。左一为杨牧之。

组书记和总裁。我感谢组织的信任。但组织的殷殷期待对我也是巨大的压力。于是，我们在探索中开始了建立中国出版集团的工作。我赞成在中国出版集团成立时中央批复的关于组建中国出版集团文件中规定的宗旨，规定的任务：集团作为国家级出版机构和宣传思想文化的重要阵地，属于事业性质，企业化管理。我们认真去理解，努力去实践，晨兴夜寐，以不辱使命。

说实话，受命之初，我还没感到会有多难。中央批复的文件上说的是"事业性质，企业化管理"，这与当时出版社的体制状况没有太大区别。只是把这些天字一号的大社合在一起，有利于政企分开，政事分开，有利于做大做强。后来，中央领导曾问我集团成立了，下一步你打算怎么办？我说：人和书（内容）还是事业办法管，印、发、供（物资供应）转为企业性质，比如在集团内组建若干公司——印刷公司、纸张公司、校对公司等公司，参与市场竞争。中央领导说："这个办法不错，可以试一试。"说心里话，这个办法，渐进的办法，目前我仍然认为是个不错的办法，符合现在中国国情。

今天，我们回头去看，刚刚接受任务时，集团怎么组织、业务怎么开展，"捆"在一起的几十家出版社如何齐心协力干起来，没有经验，颇费思考。一位领导说，你们集团是"捆绑"的。说得对。但如果不是"捆绑"，能那么容易组合在一起成为一个集团吗？有哪个出版社社长，本来是"一家之主"，愿意到集团去做"副手"、甚至连"副手"也做不成啊？所以，当初决定"事业性质、企业化管理"，我想就是为了一步步来，先做起来，让大家适应，然后逐渐走向市场，最后，成为真正的企业化集团吧？

既然是组织上要求组合在一起的，第一件任务就是怎样把有的人概括的"捆绑"，变成自然的、心悦诚服的"融合"，由物理反应，最后实现化学反应。集团成立之初我们在整合和重组方面，做了极大的努力，动了很多脑筋，采取了很多措施。

比如说举办"香山论坛"。我们立足于集团本身，又邀集全国出版改革先进单位，大家坐下来，共同研讨出版改革之路。在图书选题创新的思路，加强图书导向的有效措施，提高质量的重要环节，打造重大工程的观念等方方面面，应该说，中国出版集团是强项，全国的出版社也服气。这个会能够开好。表面上是一次研讨会，客观上效果远不止于此。论坛一开，大家心往一处想，又有全国一些有名望的出版社社长参加，大力支持，中国出版集团无形中成为一个改革研讨中心。这是不是一种整合呢？

出版大型系列丛书《中国文库》。我们把集团二十余家出版社从新中国成立以来几十年出版的优秀图书遴选出来，又邀集全国的近百家有规模的出版社把精品图书选送过来，集团出版部再请各社的优秀编辑集体评议，优中选优，先后出版5辑，每辑100种，总计500多种。这种精选、集合优秀图书，推荐给读者的办法，产生了巨大影响。中国出版集团无形中成为一个打造精品的中心。这也是一种整合。

开展全集团出版社的图书期刊评奖。设计了全面质量要求的图书综合奖、优秀选题奖、优秀编辑奖、优秀设计印制奖、优秀校对奖。一方面通过评奖，提高全集团图书期刊质量，另一方面也是为了通过评奖活动促进集团各社取长补短，共同发展，促使集团上上下下多加沟通和了解，拧成一股绳，像一家人一样共同奋斗。目的也是整合。

在发行方面，一方面我们着手建立以新华书店总店为主的中国发行集团，打造全国联通的"中国可供书目数据库"（可惜这两件事由于种种原因最后都未能实现）；另方面着手整合国外发行网点，召开了启动大会，努力构建"两翼（国内国外）齐飞，中间（新华书店总店）开花，四通八达"的连锁经营网络。当初这两方面设想如果能够全部实现，这个现代化的发行网络将起到统筹海内、外资源，开展国际合作，开辟"走出去"渠道的巨大作用。今天虽然十分遗憾，但是这个设想以及大家的初步努力，却起到了整合的作用。

整合的结果既增加了这个新生集团的凝聚力，加速了集团生产力的发展，也增加了集团广大群众的自豪感，而且在全国出版业中起到了中央领导期望的带头和表率作用。

创业难。但我们有国家的大力支持。我们从房无一间，地无一垄，钱无一分，人只有十几个的初创阶段，渐渐地完成了集团的组织和规划，建立起规章制度，改革了体制机制，制定了五年出版计划。我们得到发改委和财政部的支持，建起了造型新颖的集团大楼。集团形成了有26家出版社、46种期刊、3种报纸、3家发行公司、近万名职工的巨大实体。每年出版图书、电子出版物、音像制品一万多种，资产不断扩充，完成了中央要求的"改革、发展、稳定"的任务，逐渐形成了凝聚力。集团上下齐心协力，加速建设"主业突出，实力雄厚，效益一流"的出版基地，着力突显和强化品牌优势，加速向国际大型出版公司目标迈进。我们的稳步建设和积极发展，得到中央领导高度的评价。

后来情况发生了变化，颇值得今天总结。这个变化从什么时候开始呢？某年某月某日，我代表集团向领导汇报中国出版集团组建情况。当我说到"中国出版集团成立于……"，领导随即打断我的发言，拿着我的汇报材料，说："唉，少两个字嘛！"我想了几十秒，突然意识到这少的两个字不就是当初中央领导同志不同意辽宁出版集团挂的"辽宁出版集团公司"牌子后面的"公司"二字吗？

多年的实践让我思考，搞出版集团的目的是什么？我相信大家会一致声明：为的是把中国出版业做强做大。

这些年，这其中的不少问题让我费尽思量。

衡量建立集团是否达到了目标的标准是什么？什么叫"强"了，什么是"大"了？

如今集团与集团之间相互比较最看重的是什么？不论讲出多少条来，客观情况一目了然。那就是比规模、比资产、比利润，谁是 500 强，500 强中第几位。衡量，也就是比的最简便的办法是看资产，看利润。因为资产、利润，它们好量化，又非常实际。总结大会时，利润高的介绍经验，利润低的听经验介绍。没完成经营指标、利润指标的，扣发领导奖金。简单明了。但我仍然坚持，出版改革成功与否的唯一标准是：是否出版了好书，是否形成了不断出版好书的持续发展的体制与机制。我坚信，优秀的图书是出版社的纪念碑。我始终认为，高品质的图书才是出版社竞争的力量。

我们对出版业要有个客观的定位。我们对出版集团的任务要有个清醒的认识。在中国整个经济领域，出版业的产品虽然关系到全社会的每一个人，因为谁都要读书，但它毕竟还是个较小的行业。它的文化的特质，它在建设中国特色社会主义中的作用，以及它的社会效益和经济效益的关系，决定了它是个相对薄利的行业。说透了，国家并不真的依靠出书去赚钱。就出版而言，出版印刷和发行服务营业利润也就 1344 亿元（2016 年广电总局数据），还没有人说它是国民经济的支柱产业。今后，我看也很难成为支柱产业。

在我看来，出版的价值主要并不在于靠它产生的直接的经济效益，而是靠出版物传达的思想、精神、道德和观念，在于它提高人的文化水平，增强全社会的科学发展观念，引领社会精神、文化风尚。比如声名显赫的袁隆平的《杂交水稻育种栽培学》一书，它总结的理论和方法解决了数亿人的吃饭问题，被称为"绿色革命"，此书获得了国家图书奖。但据我了解，从出版社的投入和产出看，这本书并没有赚钱。1962年，美国出了一本《寂静的春天》，警告人们由于滥用农药，人类美好的田园将成为昔日的梦境，生机勃勃的自然界正在走向死亡。这部书由于它的专业特殊性，也没有印刷多少，但美国人从这部书里看到了环保的重要，人们的环保意识被唤醒，环保观念开始深入人心。美国政府因此成立了美国环境保护局。今天看来，这部书的价值恐怕怎么估计也不为过，谁还会计较它是赔了还是赚了！

出版集团顾名思义就是搞出版。它的形式是"集团"，而不再是一家一家的小社。即便集团干别的行当赚了大钱，还是要用这钱出好书，出好刊，出好的各类出版物。否则你就不叫出版集团。党和国家给我们的任务，读者对我们的期望，就是多给他们出好书，多出好的各类出版物。打个比方说，如果好书出不来，房地产搞得好，股票炒得好，那就干脆改名叫房地产公司或者去办股票交易所。好书不多，好书出不来，即便红红火火的新华书店、图书网购，也得去卖其他生活用品、儿童玩具。

另外一个我思考很久的问题是出版产品的总量。政府宏观管理的职责，要求我们每年都要对出版总量做科学的、客观的、分门别类的分析。这是保持头脑清醒，制定政策的必须。我们有过"书荒"的痛苦，那是因为"否定一切"的极"左"

思潮，造成社会大众的精神饥渴。我们今天年出书达 50 多万种（包括新书、重版书，2017 年广电总局发布数据），以我们的出版资源和出版队伍来说，这是一个惊人的数字。但这"多"的都是什么东西呢？这"多"是怎样造成的呢？人所共知，不用我在这里多说。重复出版，质量下降，读者无所适从；买卖书号，暗卖变明卖，零售变批发，一些出版社靠它延续生命，一些书商靠它发财致富；库存猛增，甚至有的刚出版的新书，因为没有读者而直接拉去造纸，造成极大浪费。辛辛苦苦却得到这样一个结果，绝非每一位编辑愿意看到的！可见，产品总量的问题，反映出一系列的问题，带来整个产业的连锁反应。所以，我们应该认真总结，成绩归成绩，问题是问题。问题不能被"世界第一"的数量所掩盖。成绩也不能被"世界第一"的数量所装扮。

六　关于出版实践的几点体会

——编辑·品牌·雅俗共赏

没有学问，没有见识，当不了一个好编辑。今天的社会发展快速，很多过去想都不敢想的事情成为家常便饭。在这种形势下面，令人羡慕的职业太多了。教师，传道、授业、解惑，桃李满天下，大家天天呼吁给教育多拨款。金融业，掌管市场经济命脉。据说，这个行业人均工资远高于其他行业，至于董事长、总经理的年薪那就更不得了了。IT 业，发展之势，一日千里，单说这手机和网络的发明，把每个人与世界紧紧联在一起。智能机器人的发展让人目瞪口呆，有人说它会代替人。（那以后城市街道上跑的是不是都是机器人了？）环保业，每个人都翘首以盼河清海晏，人们视环保工作者为人类宜居大救星……但我还是喜欢出版业。要做一个真正的有水平的编辑，没有学问，没有见识，没有智慧，是成功不了的。

当编辑的价值何在？编辑虽不能像上述各类专家那样被时代所瞩目，但我们可以给他们输送"干粮"和"营养"。让他们看好看的书，精神快乐，让他们参考总结了宝贵经验的书，启发他们做更大发明、更多贡献，帮助他们走在世界前列。我们还可以帮助他们把他们的发明、创造，总结好，书写好，贡献社会，传之后世。

另外，编辑职业的得天独厚之处，是有条件接触书，有条件多读书。不但能读已经出版的书，还可以读尚未出版的"书"（作者的书稿，包括可能出版的和出版不了的）。不但可以帮助好书稿出版，还可以帮助不够完善的书稿加以完善，指出需要修改而暂时不能出版的"书"的问题。日积月累，多读多识，我们作为编辑也可以写出好文章、写出有用的书，甚至著书立说，成为某一学科的专家。如果能把自己修养成有知识、有学问、有眼光，又能帮助别人出版用心血写成的大作的人，不亦幸哉？

编辑还有主动权，只要你积极开动脑筋，认真策划，选题确有价值，还能得到国家的支持、鼓励，实现你的理想。"让你的事业并不显赫一时，而将永远存在"，不亦快哉？

经过反复的实践，我对出版形成了这样一些认识：

一家好的出版社一定要形成自己的品牌。这品牌即是读者（消费者）对某类商品形成的观念存储和心理认同。是存储在读者（消费者）脑子里的购买意向。他一旦需要买书，就首先想到你的出版社，首先到你的出版社去挑选。

马克思在《资本论》一书中把"品牌"讲得十分生动。他说，他妻子燕妮只在一家商店买衣服，尽管那一家商店衣服比其他的店都贵，还是到那里去买。马克思说，通过对服装的剪裁、料子和颜色的比较分析，他得出结论，他可以用便宜得多的价格在其他商店买到相同的商品，但是燕妮不到那"便宜得多"的商店去买，不省那钱。马克思说这就是产品品牌的影响作用，这种作用是超感觉的感性的东西。就是凭这种"超感觉"和"感性"的东西表现出品牌的强大力量。到"人民"买马克思著作，到"商务"买词典、字典，到"中华"买古籍图书，到"人民文学"买小说、诗歌等文学作品，就标志着你识货，这就是品牌的认同。

正如"世界经济论坛"一致认为的，21世纪成功的因素是什么？不是金钱，不是机器，是人和品牌。

出版社最应看重的书是什么样的？我认为，一家好的出版社，它出的书主要是两大类：一类是雅俗共赏的书；一类是有突破、创新的学术著作。关于雅俗共赏的书之所以必要，是因为在我们国家，中等或中等以下的文化水平的读者更多，他们需要通过阅读得到提高。雅俗共赏的书有的内容虽然略深一点，但他踮踮脚，也能读懂，对他们的提高有好处。即使是专家学者，囿于其专业范围，他也要读其他专业的书，加强修养。比如，我们在编《文史知识》之余，又编了《文史知识文库》，其中的《古代礼制风俗漫谈》《古文字学初阶》

《经书浅谈》《科举史话》等等皆是。还如一些优秀出版社出版的"中外古建筑二十讲"系列，朱自清的《经典常谈》，艾思奇的《大众哲学》，周振甫先生的《诗词例话》，朱光潜的《给青年的十二封信》以及爱因斯坦的《物理学的进化》、霍金的《时间简史》等等，都给我们树立了雅俗共赏的典范。

雅俗共赏的书并不就是浮浅的书。人们对《时间简史》这样的科普读物的评价就很发人深思。《芝加哥论坛报》说："很难想象其他任何在世的人，能将这些在数学上令人生畏的主题表述得更清楚。"美国《今日物理学》杂志说："这是一部可读性极高的，有关时间在物理学中作用的通俗读物。"而出版此书插图版的湖南科技出版社在推销此书时，还是老老实实地告诉读者："阅读霍金，懂与不懂都是收获。"可见，雅俗共赏的书也不是就那么好读，策划雅俗共赏的图书选题也不是就那么容易实现的，也许比一些大书更难。那看起来薄薄的一本，十万字或二十万字，可能是一位专家一生心血的精彩凝聚。

第二类，学术著作。我是指有突破、有创新，填补空白，甚或有传世价值的学术著作，有文化积累、传承价值的奠基之作。当然这不是一日之功，但只要起步，只要坚持不懈，积跬步致千里，总会成功。如范文澜和蔡美彪的《中国通史》，冯友兰的《中国哲学史》，李泽厚的《美的历程》，朱光潜的《文艺心理学》，中国大百科全书出版社的《中国大百科全书》，中华书局主持修订的新点校本"二十四史"及《清史稿》，人民美术出版社的《中国美术全集》，上海辞书社不断修改、日臻完美的《辞海》，季羡林先生主持的《大唐西域记校注》

等等，数不胜数。

还有四部大书，我要特别介绍，因为这里面有我的心血，有我对出版的思考。

一部是积二十余年之功，举近三十家出版社之力完成的汉英对照版《大中华文库》。（后来又有多语种版〔俄、法、西、阿、德、日、韩语版〕，正在做的"一带一路"沿线国家的语种版。）它主要是为了让外国人认识中国，认识中华民族的源远流长，中华文化的博大精深，认识中华民族充满理想、不断追求、不断进步、渴望和平与友谊的民族精神而策划的。这套大书，汉英对照，涵盖了从中国古代到近代最为著名的文、史、哲和科技著作，总计 110 种，近 1 亿 5 千万字。如今已成为国家领导人出访赠送友好国家的"国礼"。习近平总书记、李克强总理、温家宝总理，到斯里兰卡、英国、西班牙访问，都是拿这套书作为国礼。正如温家宝总理指出的："这部巨著的出版是弘扬中华民族优秀文化的有益实践和具体体现，对传播中国文化、促进世界文化交流与合作具有重大而深远的意义。""这部文库翻译和出版质量之高，反映了我国的出版水平。"作为一个编辑，能策划、参与并主持其事，得到国家总理的肯定，我深感快乐。

第二部是《中国古籍总目》（中华书局、上海古籍出版社出版）。我认为这是一部提高民族自信心的鸿篇巨制。它的完成，第一次向全世界宣布，现存中国古籍总数有二十余万种。这部大书几经起伏，越十七年，终于竣工。它是发动全国主要图书馆，清理、总结中国古籍的总数，一部一部审核后编撰完成的。它回答了长久以来，中国古籍"浩如烟海""车载斗量""汗牛充栋"，这"海"、这"车"、这"栋"究竟是多少这个问题。清理之后，摸清了家底，掌握了中国古籍的数量，就为中国古籍整理制定规划提供了必要的条件。回顾中国历史，这项工程不禁让人感慨。中国自秦始皇以来，多是焚书坑儒，我们则由国家出资，组织全国力量通力合作，清理家底，编制名册，妥善整理，珍惜宝藏。这样的壮举，展示了国家的兴旺。这是中国历史的第一次。所以，这部大书的问世，是有历史贡献的。

第三部是《20世纪中国社会科学》（广东教育出版社出版）。1999年底，21世纪即将到来。当时考虑到20世纪是中国社会政治、经济、科技、文化发生巨大变革的世纪，社会科学由传统学术逐渐向现代学术迈进，在各个领域均取得伟大成就。西方的经济学、社会学、政治学、考古学、教育学等好的研究方法，得到借鉴，与本土学术发展相结合，茁壮成长，蔚为大观。传统的儒学、史学、音韵学、训诂学等在现代西方哲学、历史学和语言学等新方法、新理论的推动下焕发出新的活力。对过去的一个世纪中国社会科学进行总结和反思，对于21世纪的学科建设和人文构建有着十分重要的科学意义；而由学科发展所反映出来的各种争论、较量和斗争，所反映出来的各种社会的、历史的和文化的背景，则有着重要的思想意义和理论意义。

鉴于这种思考，我策划了一套集学术思想史与学术论著资料于一体的大型学术工具书。重点选择在20世纪发生重大影响、取得重大成果、学科建设比较完备的社会科学各分支学科。每卷主要分正编和副编。正编包括绪论和分论，绪论阐述该学科的百年发展、特征；分论描述该学科在中国发生、发展的学术轨迹，力图全面、客观、准确地反映各家、各学派的观点、代表性人物及学术重大事件，清晰地勾勒出中国 20 世纪该学科的发展全貌及其内在脉络。副编选录前面各家观点所涉及的论著、文章。书后附有大事记，以年记事，反映重要的论著、刊物、学术机构和团体、代表性的学者及其他重要学术活动等。编委会煞费苦心，可惜出版社因为编辑力量、社领导频繁更换等原因，前后历十余年至今尚未出齐。

还有一套书，即《文史知识文库》，也就是我所说的雅俗共赏的书。我在编《文史知识》杂志的时候和大家一起策划了许多精彩、有趣的选题，请对这个选题有研究的专家撰写，即所说的"大专家写小文章"。我们把同类的或相关相近的文章，编成一册；把一期一期连载的文章，再请作者修订成一专书，把这些书总定名为《文史知识文库》，前后有 20 余种。发行后，很受欢迎。如杨伯峻的《经书浅谈》，周振甫的《怎样学习古文》，李学勤的《古文字学初阶》，王道成的《科举史话》，施蛰存的《词学名词释义》，编辑部编的《古代礼制风俗漫谈》，袁庭栋的《古人称谓漫谈》，金开诚、吴调公等《诗文鉴赏方法二十讲》等等。这些书，这些文章，于今多已成为这些大专家的精彩绝唱。有的一印再印，累计印数达一二十万册，可见读者的需要和欢迎。

我挂一漏万地举出这样一些例子，只是为了说明我的好书观和我作为一个编辑为之投入、为之兴奋的重点。这些书，不是"快餐"，也不是"明早见报"的新闻。它应该是千锤百炼的佳构，即便是通俗读物，它也是字斟句酌的心血之作。它是一位作者、也是一位编辑人生观、价值观的宣言，它是为人类社会文明大厦砌上的砖瓦。

七　一个新的开始
——《中国大百科全书》第三版

2007 年 4 月 9 日，我不再做中国出版集团总裁。不久，上级又任命我为《中国大百科全书》总主编，开始了一个新的工作，一个新的学习阶段。在一个新的集体和一些新的朋友一起，为建设一个反映现代世界、符合时代潮流的网络版和纸质版两种版本的《中国大百科全书》而竭尽心力，努力学习，探索创造。

三版网络版在稳步而谨慎地进行，不做宣传，埋头苦干，外界却十分关注。2017 年 4 月 17 日我们和中科院领导一起，请来负责理工各卷的三十几位主编、副主编座谈，听取意见。会后，中科院科学网发了短短几百字的会议消息，立即引来国内外关注。

俄罗斯卫星网报道说："《中国大百科全书》是一座文化的万里长城。"

《新西兰先驱报》说："中国利用本国网络版挑战维基百科。"

英国 BBC 发表了题为"中国将于 2018 年推出新版百科全书挑战维基百科全书"的报道。

《环球时报》转引《新西兰先驱报》标题"《中国大百科

2011年，国际书商联盟在比利时布鲁塞尔召开执委会。图为法国、中国、美国、俄国、德国五位执委。

全书》第三版寄托了中国学者追求进步的梦想"。

美联社北京分社发表了题为"中国编撰自己的维基百科"的报道。

新加坡《联合早报》网讯：中国聘用2万多作者编撰中国最大的电子百科全书，向维基百科发出挑战。这些学者和研究人员来自100多个知识领域。目前，计划将总的容量提到30万个条目。这样，新版百科从总量上将超过《大不列颠百科全书》。

这些关注，是压力也是动力。

国外紧紧盯住三版的进行。国外处处把三版与维基百科联系起来。

为什么？略知其背景的读者都心知肚明。

维基百科有很多科技长处。维基百科也有很多编辑麻烦。我们会学习维基百科的先进技术、先进构想。我们会打造具有中国特色的《中国大百科全书》网络版，进而编辑纸质版。我们会给读者一部准确的、权威的、有中国特色的百科工具书。

我们的任务是光荣的，也是艰难而让人日夜思虑的。

期待它的成功。

我回忆自己的编辑历程，五十余年匆匆过去，但每一段都历历在目，仿佛是在昨天，仿佛就是当下。感谢人生对我的厚爱，让我从编辑——出版管理者——出版企业负责人——又回到编辑岗位上来。感谢我的同事、朋友、前辈和领导，他们的殷殷厚望，让我坚持，他们的谆谆教导，鼓励我奋斗和创新。我不羡慕荣华富贵，不羡慕锦衣玉食，回顾自己五十余年的编辑生涯，我欣慰地说：最喜今生为书忙。

2014 年 7 月 4 日初稿

2019 年 9 月 2 日再改

《金瓶梅》《查泰莱夫人的情人》出版发行的故事

一

　　最近接朋友来信，谈到他正在研究《金瓶梅》，想弄明白毛泽东同志为什么多次要求高级干部读《金瓶梅》。而且，他还搜集到胡乔木同志一封信，也是谈《金瓶梅》的。胡乔木信中的意思是说，对《金瓶梅》这部书应该做实事求是的评价。毛泽东谈《金瓶梅》，坊间传说版本颇多，较为具体的就有五次，准确与否，没有看到原件，但大体是可信的。胡乔木的信我是知情的，因为他的信是写给新闻出版署的。当时我正好负责这方面的具体工作，所以，了解这封信的来龙去脉。而且，我手头就有这封信的复印件。乔木同志信原文如下：

　　　　关于劳伦斯的《查泰莱夫人的情人》一书在西方文艺界评价的历史，请参看最近出版的世界文学名著丛书《儿子与情人》一书的译后记，该书似是外国文学出版社所出。

关于中国的《金瓶梅》，我想看看人民文学出版社所出的删节本（该本比郑振铎节本删节更多），如还能找到，也可和郑节本作一比较，以便对此节本做出公正的评价和妥善的处理。当然，即使有控制地发行（？）节本，也会为全本推波助澜，这是件难办的事。但是从长远说，这样一部开《红楼梦》先河的文学名著，国外争相翻译，学者争相研讨，出版方面决不能只当作淫书一禁了之，都得想出一个恰当的方针。为此，请设法把两种节本找给我。

二

很明显，乔木同志这封信的重点是谈《金瓶梅》。在谈《金瓶梅》之前，他先说《查泰莱夫人的情人》，大概也是对两部书遭遇的某些相同之处有所联想吧？

乔木同志说，"请参看最近出版的世界文学名著丛书《儿子与情人》一书的译后记，该书似是外国文学出版社所出"。外国文学出版社曾是人民文学出版社的另一块牌子。我查看了人民文学出版社的出书目录，也请教了最后一版 2011 年 4月印刷的《儿子与情人》一书的责任编辑。她帮我仔细查询，结论是并没有以外国文学出版社名义出版的"世界文学名著丛书"本《儿子与情人》。可能是乔木同志记错了。后来从网上觅得一册 1987 年以外国文学出版社名义出版的《儿子与情人》，方知乔木同志记错了丛书名字，它不叫"世界文学名著丛书"而叫"二十世纪外国文学丛书"。书后确实附有译者之一陈良廷的"译后记"：《劳伦斯和他的〈儿子与情人〉》。

《儿子与情人》的"译后记"，多谈的是劳伦斯的履历和创作的成绩，关于《查泰莱夫人的情人》的轶事，可能因为在世界文学史上属于人所共知的常识，并没有多谈。

《查泰莱夫人的情人》是二十世纪最具争议的世界名著之一，曾被认为伤风败俗而在一些国家遭禁。其实，当时的英国社会之所以不容这本书，说它"伤风败俗"，主要是因为一个贵族女人与其猎场看守人发生了关系，产生了爱情。这种男仆和女主人，跨阶级的婚外情，在当时英国上层社会无异于乱伦，严重颠覆了现有的社会秩序，所以被社会所不容。如果查泰莱夫人与同一阶级的人产生婚外情，即便是偷情也是很平常的事。

另外，作者大力描写工业社会的物欲横流，美丽的大自然和古朴的人文传统在遭受工业发展的蚕食，人的本性遭到摧残，自然、本真、激情、生命遭到扼杀，劳伦斯在这样一个思想基础上写出的赞美、同情主仆爱情的故事，显然是不符合当时社会的主流价值观的，遭到围攻与迫害也就不足为奇了。

但随着时代的发展，劳伦斯终于得到社会承认。F.R. 利维斯说：劳伦斯是"我们时代最伟大的文学天才，英语文学中的大作家之一"。《20 世纪欧美文学史》一书说："引起轩然大波的是书中的一些露骨的性爱描写……其实这部作品寓意确是严肃的，主旨仍是谴责资本主义工业化和机器文明对人性和生机的摧残，探索实现身心统一的两性关系以求得新生的途径。"

劳伦斯仅仅活了四十四岁，很短暂，但他写出了不同凡响、影响巨大的《儿子与情人》《恋爱中的女人》《虹》和《查泰莱夫人的情人》等十多部长篇小说（还有七部中篇小说、六十多篇短篇小说和大量诗歌、剧本）。正如他的夫人所说："他所看到、感觉到和知道的，他都写在了作品之中，给予了自己的同胞。他留给我们的是生命的壮丽，是对于更多更多生活的希望……一份崇高而无法计量的礼物。"

三

再说《金瓶梅》。其实，尽管谈"金"色变，以至于像乔木同志这样高级的领导干部，都专门写信关注对《金瓶梅》一书的评价与出版，但学术界，却从来没有轻视这样一部书。因为这部书的价值非他书可比。首先是因为它改变了中国小说以讲故事为主、以情节发展引人入胜为长的局面。比如在《金瓶梅》之前的《三国演义》《西游记》《水浒传》，不是历史大事、英雄人物，就是民间久已流传的故事，而《金瓶梅》则以写人物为主，刻画人物复杂的性格和心理活动，特别是描写了普通人的日常生活，展示了平凡人的世俗生活欲望，这就开创了中国的白话世情小说的先河，很了不起。从这个方面说它具有"划时代"意义。这也就是乔木同志所说"开《红楼梦》先河"的意思吧？另外，这部"词话"写的西门庆本是一个破败户，但他"开着个药铺"，"发迹有钱"，"交通官吏"，已非旧式地主。他以市民身份，经商致富，与官府狼狈为奸，成为一种新的政治力量，客观上反映了那个时代——明代万历年间市场经济的发展，资本运作的形态。官商勾结、权钱合作，动摇和破坏了封建社会秩序。因此，这部书就有了特殊的意义。有人说，《水浒传》写的是政治，《金瓶梅》写的是经济。当然不能这么绝对，不过倒说出了《金瓶梅》一书的特殊贡献。

尽管《金》书与《查》书在内容与遭遇上有某些相同之处，但两部书还是很不同的。前人早有评论。

郁达夫 1934 年在《读劳伦斯的小说——〈却泰来夫人的爱人〉》中曾这样说：

> 我们试把中国的《金瓶梅》拿出来和他一比，马上就可以看出两国作家的时代的不同，和技巧的高下。《金瓶梅》里的有些场面和字句，是重复的，牵强的，省去了也不关宏旨的；而在《却泰来夫人的爱人》里，却觉得一句一行，也移动不得。他所写的一场场的性交，都觉得是自然得很。

林语堂在《谈劳伦斯》中则说：

> 我不是要贬抑《金瓶梅》。《金瓶梅》有大胆，有技巧，但与劳伦斯不同——我自然是在讲他的《却泰来夫人的爱人》。劳伦斯也有大胆，也有技巧。但是不同的技巧。《金瓶梅》是客观的写法，劳伦斯是主观的写法。

《金瓶梅》以淫为淫，劳伦斯不以淫为淫。这淫字别有所解，用来总不大合适。……《金瓶梅》描写性交只当性交，劳伦斯描写性交却是另一回事，把人的心灵全解剖了。这在于他灵与肉复合为一，劳伦斯可说是一返俗高僧、吃鸡和尚吧。因有此不同，故他全书的结构就以这一点意义为主，而性交之描写遂成为全书艺术之中点，虽然没有像《金瓶梅》之普遍，只有五六处，但是前后脉络都贯串包括其中，因此而饱含意义。而且写来比《金瓶梅》细腻透彻。《金瓶梅》所体会不到的，他都体会到了。在于劳伦斯，性交是含蓄一种主义的。这是劳伦斯与《金瓶梅》之不同。

他们的评论也许有一定道理。但他们比较的重点都在性描写方面的差异，对于二书的社会背景，作者主观上或客观上对社会的认识或暴露，并没有多少涉及。话再说回来，我想也正是这两本书各自的特点，它们同样被查禁的遭遇，当然也还有其他方面原因，使出版者、整理者趋之若鹜。《金瓶梅》在中国则同样是引发各种议论甚至批判的热点。越不许出越神秘。越神秘越想看。于是，越有卖点。结果是，一本过去一向视为"禁书"的《金瓶梅》，却出版了任何书都没法相比的诸多版本，很是有趣。据我的统计，《金瓶梅》一书在1949年之后的出版情况大致如下：

足本（全本）方面，主要有三个本子：

1957年，《新刻金瓶梅词话》，线装2函21册，收入原版插图200幅，当时定价40元。因为规定很严，只限售省部级以上高官、少量高校和科研单位正教授以上人物，年龄要在45岁以上，每部书都编上号，而且来购买时还要出示单位证明信。所以炙手可热，得到一部真觉得"三生有幸"。此书1991年重印，规定依旧，定价则涨到1200元。它是词话本，因为它保留有明代说唱文学的特色，学者认为它最接近原著，所以认为很有研究价值。据说最近重印，定价已到3000元。

1988年8月，北京大学出版社出版了《新刻绣像批评金瓶梅》，是影印的，4函36册，每回有2幅插图。学术界称之为说散本。在历史上它经过文人改写增删，去冗就简，所以文字比较通畅。书中包括大量的眉批、旁批和夹批，是有用的资料。

第三个足本是山东齐鲁书社1989年6月出版的《新刻绣像批评金瓶梅》。这是这一版本出版以来第一个排印本，阅读方便，定价便宜，175元一套。且因它也附有原版200幅插图，货真（内容一样全）价实（便宜）。

洁本（删节本）方面：

1. 最先出版，也是影响最大的当推1985年人民文学出版社出版的《金瓶梅词话》删节本。戴鸿森校点。此书平装3册，定价12元。有木刻插图36幅，共删去19,174字。

2.《张竹坡批评第一奇书金瓶梅》，山东齐鲁书社1987年10月出版。精装两册，附陈全胜所绘彩图。全书共删去10,398字。（此为张评甲本）

3.《新刻绣像批评金瓶梅》，浙江古籍出版社1991年9月出版。删节本。该社计划出版《李渔全集》，该书第十二、十三和十四卷为李渔评点的《金瓶梅》。出版社以此为由，申请出版。全套《李渔全集》共20册，定价400元。要买3册《金瓶梅》，就得花400元买20册的《李渔全集》。

4.《皋鹤堂批评第一奇书金瓶梅》，吉林大学出版社1994年10月出版。全书2册，每回有校记注释。删节本，未写明删去的字数，删节处均以"……"标示。（此为张评乙本）

5.《金瓶梅词话校注》，岳麓书社1995年8月出版，系以日本1963年的大安株式会社影印的版本为底本，删节本。

6.《金瓶梅会校会评本》，中华书局1998年3月出版，内部发行。系以中华书局所藏清代刊刻的第一奇书为底本。该书是对人民文学出版社1985年5月版戴鸿森校本、崇祯本、张评甲本三书的会校，删节处同原书。书后的校勘记中汇总了词话本、崇祯本和张竹坡第一奇书的文字。

7.《金瓶梅词话》，人民文学出版社2000年10月出版，精装2册，另配以插图若干幅。全书共删4300字，售价96元。删减比其他洁本为少。

我把新中国1949年成立以来，有关《金瓶梅》的出版情况罗列于上。从中可以看出，对《金》书的出版大家很热衷，总是能够找到重要的理由要求再出一个版本。几十年累积起来居然出版了十数个版本。但总的来说，大家都遵纪守法，先报告，经批准再出书。而且采取了区别对待的办法。一是给研究者看的，有价值的足本；销售有严格规定。二是给一般读者看的，尽管删除文字多少不等，但也都做了"清洁"处理。当然，其中也有很个别的出版单位，不能"遵纪守法"，甚至出版改编给青少年看的《金瓶梅》故事。但这种情况确实是个案，反映出《金》书出版确实在经济上有好处，于是甘冒违纪之险。

四

由《查泰莱夫人的情人》《金瓶梅》二书的禁止与放行，我想到了爱尔兰人乔伊斯的《尤利西斯》。这是一部了不起的著作，被评为 20 世纪 100 部最佳英文小说的第一名。但该书于 1922 年在法国出版后，长期为美国检查方面所禁售。高明有远见的出版商、兰登书屋的创始人贝内特千方百计把此书引到美国，巧妙地动用法律力量使这部书得以在美国出版。在这个过程中，各方面代表人物对色情和淫秽的鉴定标准的阐述与变化，很能给我们启发。

1918 年起《尤利西斯》在美国一家杂志开始连载。到 1921 年刚连载到第 13 章，就被有关部门认为包含有大量色情描写——主角手淫的情节，而定为淫秽图书，停止连载。

贝内特看到了此书蕴含的巨大商机，决定打官司。他如何拿 1500 美元给正穷困潦倒的作者弄到版权，如何委托人去法国坐轮船把书再带回来，如何把证据——英法两国知名作家、评论家的评论文章贴到书里，如何主动让海关没收，如何高价聘请律师，又怎样了解哪个法官学识渊博、喜欢文学，等他当值时起诉等等，成为出版史的佳话，这里不表。我们只看看美国的法官是如何认定一部书是不是色情和淫秽的，肯定十分有意义。

"幸运"的被选中的法官约翰·W·伍尔塞说：《尤利西

斯》不是一部好读的书，也不是一部好懂的书。他从头到尾读了一遍，也读了政府多次抱怨的那些段落。几个星期以来，他的业余时间几乎全部用来考虑这个官司的判决。绞尽脑汁，他写了后来脍炙人口的判词。这个判词，兰登书屋收在官司打赢后出版的《尤利西斯》一书中。我摘要如下：

一部书被判为色情，当然首先要判定它写作的动机是色情的，也就是说，是以利用淫秽获利为目的而写作。

《尤利西斯》尽管过分坦率，我却没有在书中任何一个地方发现好色之徒淫荡的目光。所以我认为它不属于色情作品。

法庭对"淫秽"一词的法律定义是：企图激起性欲冲动或诱发不洁和淫荡的念头。

我做出了关于《尤利西斯》的判决之后，为了谨慎起见，我又向两个朋友核实了我的印象。这两个文学顾问被分别询问，谁都不知道我还问了另一个人。他们关于文学和生活的看法我非常珍视。他们都读过《尤利西斯》，而且当然跟这个案子毫无关联。

我对两个顾问均隐瞒了我自己的判决，告诉他们两人关于淫秽的法律定义，然后逐个询问他们在那个定义下《尤利西斯》是否淫秽。

我发现他们两人都同意我的观点：完整地阅读《尤利西斯》没有激起性欲冲动和淫荡念头，它给他们留下的印象仅仅是对男人和女人的内在生活有点悲惨和非常有力的解说。

法律只能顾及到正常人。所以，针对《尤利西斯》这样一部真诚和严肃地以一个全新的文学方法来观察和描写人类的作品，我所描述的实验是对淫秽唯一恰当的实验。

我注意到《尤利西斯》里的一些场景对一些敏感的正常人来说的确有些来势凶猛。但是经过深思熟虑，我认为尽管《尤利西斯》一书中无疑有多处给读者留下有些令人作呕的印象，但却丝毫没有煽情的倾向。

综上所述，《尤利西斯》可以进入美国。

这真是美国出版史上的一件大事。经这样一炒，兰登书屋赚了个锅满盆满。紧接着，又产生连锁反应。

1868 年，英国法官希克林曾为淫秽色情作品下过一个定义，即要看被指控为淫秽的东西是否有意去毒害和腐蚀那些心里准备接受这种不道德影响的人，或是否有意让这类出版物落入他们手中。美国援引了这一法律思维，曾于 20 世纪 20 年代禁止巴尔扎克与伏尔泰等人的作品进口。

《尤利西斯》出版案后，美国高院对"希克林定义"提出了质疑，并根据这一案例提出了新的淫秽色情作品的定义：用当代社会的标准衡量，如果这个材料作为一个整体来说，它的主题是唤起一般人对淫欲的兴趣，而且完全没有任何社会意义。总之，美国最高法院判定是否淫秽的标准有三个：首先，制约整个作品的主题必须是淫秽的；第二，它必须是冒犯了社会共同的准则的；第三，它必须被判定为完全没有社会价值。

正是根据这一新的定义，1959年美国高院驳回了纽约州禁演影片《查泰莱夫人的情人》的要求，批准放映这部影片。

从这些事例我们是否可以得出这样一些体会：

第一，这些国家对一部著作的定性是很严肃很认真的；

第二，他们的认识也是不断地变化，不断地深化的，评判的标准不断修改、完善；

第三，行政管理要服从法律裁判，特别是在有争议的时候，更要走法律程序，打官司。不能由几个人说了算，不能以"长官意志"决定一部文艺作品的命运。

五

回顾这些历史，我深深感到，对于一些影响重大的案例，我们应该从政策上进行认真、深入、实事求是的研究。而且要历史地看问题。不回避矛盾、不避实就虚，不武断地凭自己的好恶去做判断。这是第一步，也是起码的要求。接下来呢？一个人或几个人的意见仍然不被接受呢？

由此我想到我亲身经历的两件事：一件是对一本有关"性发展史"方面图书的评价。那时我在新闻出版署图书司，有读者反映这本书夹杂色情内容。我们请出版社送来样书，先请具体负责这方面图书业务的同志看，再另请其他同志看，都认为是"色情图书"，他们马上起草了"审读意见"和处理方案。这可是大事。我心里有自己的看法，便请了有关社会学专家看，他们说讲性发展史怎么能不谈性呢？又请了医学专家看。我自己又看。我认为这是一本好书，通过研究性的历史，研究人类社会如何一步步从原始社会、母系社会、父系社会，以至于封建社会、资本主义社会、社会主义社会发展过来。这部书并不是为了利用淫秽赚钱而写。这部书也不是为了激起人们淫荡的念头。这是一部学术著作。我认为专家们的意见是对的，并力主允许继续发行。这个意见得到了领导的支持。这本书得以正常地继续发行。

我还想起一本很著名的小说，现在都已经成为中外闻名的大作了，当时可是有不小的争论。在一次重要的会议上，有的人说它是一本夹杂色情内容的书，不好，得修改，如再版得删除这些描写。我想起这本书即将出版时的情景：出版社的一位负责同志十分激动地跑来跟我说，这本书写得十分好，甚至可以说是中国的《静静的顿河》。我听后也非常激动。我读过多遍《静静的顿河》，它是我最喜欢的书之一，听到说我们有一本书可以称作"中国的《静静的顿河》"，怎能不激动？真的是这样有重大文化价值的书吗？但我不能不信，跟我说这个意见的是一位很有水平的老编辑，策划过很多好书，写过很多有分量的书评。便说：样书到时，请尽快送一部给我。书出版后，我第一时间就拿到了，一口气读完，确实是一部多年难得一见的好书，但说它是中国的《静静的顿河》，我还是觉得不好去比。如今，听到有的同志说它夹杂色情淫秽内容，而且还不止一个人同意这个观点，我吃惊不小，便决心当面谈谈我的意见，替这本书负责，尽我做一个出版管理人员的职责。

我认为，这本书中的一些描写，是塑造人物性格的需要，正如《红楼梦》里的"贾宝玉初试云雨情"，正如《水浒传》

中关于西门庆、潘金莲的描写，《静静的顿河》阿克西妮亚与格里高利如火如荼的爱情也会引起读者很多联想一样，谁都不认为这些是"色情描写"。我想起会议当时的情景，我说完后，没有人再发言。

我写出这两本书的情况，主要不是想说我怎么负责，而是要说引申下去可能会出现的另外情况。这两部书碰到了"我"这个谨慎的人，去寻找专家多方面论证。如果当时"我"不喜欢这两部书，如果"我"看错书中的内容呢？我这里所说的"我"并非真指我这个具体人，而是指坐在负责这方面工作位置上的一个人。再说如果"我"调走了呢？换个别人在这个位置上，别人不这样认识，不这样看呢？这让我想到我们今天图书管理的"审读"现状。

现在的出版管理的"审读"，广义地说大概有两种情况：一是出版社的审读。一部书的诞生，作者有创作的自由，他可以按个人的喜好去创作。但作者创作这种精神产品的过程，是个体劳动，就不免带有浓重的个人色彩，甚至个人的局限，而当这部作品以物质形态出现时，它就有了社会性，就会在社会中产生各种各样的影响。于是，出版社接受出版前就有了出版社的审读，出版社的取舍。这是第一个审读。但出版社的审读，对一部书稿并非强制性的，并非最终判决。因为提出意见后，作者修改不修改，自己修改还是委托出版社帮助修改，作者有权决定。而且，甲出版社不出，可以请乙出版社出。中华书局不出，可以交给三联书店出。

谈到政府出版管理机关的审读，这种审读就不同于上述出版社的审读了。因为它是代表国家或一级政府对出版物的社会效果进行的检查。当然是事后的，一般来说是书出版后进行的，而且主要是从政策、方针、法规等方面去评价。所以，它有一定的权威性。那就是它鉴定不能继续出版就不可以再出版，它认为不能继续发行就不可以再发行。但这种鉴定，这种检查，毕竟也是通过个人去进行的，虽然这个过程并非一个人或几个人完成，它要经过很多层次的论证，很多手续的会签，但他确实容易导致某个人说了算，导致"长官意志"。而且还有个人的水平问题。

应该说，这两方面为了保证出版物的质量，都尽了力。然而，尽了力却不一定能得到好的效果。或者即便没有失误，也会遭到非议。这就逼着我们寻找好的办法，多数人可以接受的办法。国内外的经验使我们认识到，当作者，甚或出版社的评价，与政府管理部门的评价有不同意见，或者发生矛盾时，应该有法律渠道。按照法律的规定、法律的渠道，去法院起诉、打官司。《尤利西斯》的案子，伍尔塞法官的认真研究、深入调查、仔细了解公众感受和社会影响，独立地（当然不是他一个人，而是法律）做出判断，这种做法很值得尊重。当然，它的前提是，公正不倚的司法，民主的立法和负责任的行政。在这种情况下，"法治比任何一个人的统治来得更好"（亚里士多德）。

当然，这是一个艰难的过程。从世界历史角度来看，1857 年，英国通过了淫秽出版物法，叫作"坎贝尔法"，但它是从法律上给地方官吏以权力，使他们在法院裁决前，有权决定销毁正在发行的、他们认为的淫秽书刊。这就出现了许许多多由于执行的地方官吏的思想意识、学术水平和工作态度的原因产生的错误和笑话。比如，《查泰莱夫人的情人》既是法院查禁的，也是法院放行的。又比如，罗丹的《吻》，当初正是法院认为它是粗俗的、厚颜无耻的作品。英国的海关没收了一批名为《我们沿海上的强奸》的书，原因是海关看到了"强奸"二字，就认为这书一定淫秽。作者哭笑不得，说，我的书通篇讲的是沿海的土壤流失。

人们已经认识到了的，真正解决却需要一个过程。上面讲的"希克林法"，因为《尤利西斯》的胜诉，得以重新衡量它的内容，做了修改，并解放了巴尔扎克和伏尔泰等作家的一批作品。但直到 20 世纪 50 年代，美国一些法庭却仍然沿用"希克林法"检验文艺作品。而英国则是又过了近 30 年，才接受从法律上检测所谓性内容的新的概念。

人们毕竟一天比一天聪明。在不断地总结经验教训的基础上，在一次次痛苦和困惑之后，法律成为行为的准则、手中的武器，将不是梦想。

2013 年 9 月 23 日

迎接新世纪文明的太阳
——《大中华文库》总序

　　《大中华文库》终于出版了。我们为之高兴，为之鼓舞，但也倍感压力。

　　当此之际，我们愿将郁积在我们心底的话，向读者倾诉。

一

　　中华民族有着悠久的历史和灿烂的文化，系统、准确地将中华民族的文化经典翻译成外文，编辑出版，介绍给全世界，是几代中国人的愿望。早在几十年前，西方一位学者翻译《红楼梦》，将书名译成《一个红楼上的梦》，将林黛玉译为"黑色的玉"。我们一方面对外国学者将中国的名著介绍到世界上去表示由衷的感谢，同时也为祖国的名著还不被完全认识，甚至受到曲解，而感到深深的遗憾。还有西方学者翻译《金瓶梅》，专门摘选其中自然主义描述最为突出的篇章加以译介。一时间，西方学者好像发现了奇迹，掀起了《金瓶梅》热，说中国是"性开放的源头"，公开地在报刊上鼓吹中国要"发扬开放之传统"。还有许多资深、友善的汉学家译介中国古代的哲学著作,在把中华民族文化介绍给全世界的工作方面做出了重大贡献,但或囿于理解有误,或缘于对中国文字认识的局限,质量上乘的并不多,常常是隔靴搔痒,说不到点子上。大哲学家黑格尔曾经说过:中国有最完备的国史。但他认为中国古代没有真正意义上的哲学,还处在哲学史前状态。这么了不起的哲学家竟然作出这样大失水准的评论,何其不幸。正如任何哲学家都要受时间、地点、条件的制约一样,黑格尔也离不开这一规律。当时他也只能从上述水平的汉学家译过去的文字去分析、理解,所以,黑格尔先生对中国古代社会的认识水平是什么状态,也就不难想象了。

中国离不开世界,世界也缺少不了中国。中国文化摄取外域的新成分,丰富了自己,又以自己的新成就输送给别人,贡献于世界。从公元 5 世纪开始到公元 15 世纪,大约有一千年,中国走在世界的前列。在这一千多年的时间里,她的光辉照耀全世界。人类要前进,怎么能不全面认识中国,怎么能不认真研究中国的历史呢?

二

中华民族是伟大的,曾经辉煌过,蓝天白云,阳光灿烂,和平而兴旺;也有过黑暗的、想起来就让人战栗的日子,但中华民族从来都是充满理想,不断追求,不断学习,渴望和平与友谊的。

1993年，讨论汉英对照版《大中华文库》的编辑方案。
左起：金开诚、杨宪益、杨牧之、杨正泉。

中国古代伟大的思想家孔子曾经说过："三人行，必有我师焉。择其善者而从之，其不善者而改之。"孔子的话就是要人们向别人学习。这段话正是概括了整个中华民族与人交往的原则。人与人之间交往如此，在与周边国家的交往中也是如此。

秦始皇第一个统一了中国，可惜在位只有十几年，来不及做更多的事情。汉朝继秦而继续强大，便开始走出去，了解自己周边的世界。公元前139年，汉武帝派张骞出使西域。公元前119年，张骞第二次出使西域。他们带着一万头牛羊，总值一万万钱的金帛货物，作为礼物，开始西行，最远到过"安息"（即波斯）。公元73年，班超又率36人出使西域。36个人按今天的话说，也只有一个排，显然是为了拜访未曾见过面的邻居，是去交朋友。到了西域，班超派遣甘英作为使者继续西行，往更远处的大秦国（即罗马）去访问，"乃抵条支而历安息，临西海以望大秦"（《后汉书·西域传》）。"条支"在"安息"以西，即今天的伊拉克、叙利亚一带，"西海"应是今天的地中海。也就是说甘英已经到达地中海边上，与罗马帝国隔海相望，"临大海欲渡"，却被人劝阻而未成行，这在历史上留下了遗恨。可以想见班超、甘英沟通友谊的无比勇气和强烈愿望。接下来是唐代的玄奘，历经千难万险，到"西天"印度取经，带回了南亚国家的古老文化。归国后，他组织人翻译带回的佛教经典，到后来很多经典印度失传了，但中国却保存完好，以至于今天，没有玄奘的《大唐西域记》，印度人很难编写印度古代史。明代郑和"七下西洋"，把中华文化传到东南亚一带。鸦片战争以后，一代又一代先进的中国人，为了振兴中华，又前赴后继，向西方国家学习先进的科学思想和文明成果。这中间有我们的领导人朱德、周恩来、邓小平；有许许多多大科学家、文学家、艺术家，如郭沫若、李四光、钱学森、冼星海、徐悲鸿等。他们的追求、奋斗，他们的博大胸怀，兼收并蓄的精神，为人类社会增添了光彩。

中国文化的形成和发展过程，就是一个以众为师、以各国人民为师，不断学习和创造的过程。中华民族曾经向周边国家和民族学习过许多东西，假如没有这些学习，中华民族绝不可能创造出昔日的辉煌。回顾历史，我们怎么能够不对伟大的古埃及文明、古希腊文明、古印度文明满怀深深的感激？怎么能够不对伟大的欧洲文明、非洲文明、美洲文明、澳洲文明，以及中国周围的亚洲文明充满温情与敬意？

中华民族为人类社会曾做出过独特的贡献。在 15 世纪以前，中国的科学技术一直处于世界上遥遥领先的地位。英国科学家李约瑟说："中国在公元 3 世纪到 13 世纪之间，保持着一个西方所望尘莫及的科学知识水平。"美国耶鲁大学教授、《大国的兴衰》的作者保罗·肯尼迪坦言："在近代以前时期的所有文明中，没有一个国家的文明比中国更发达、更先进。"

世界各国的有识之士千里迢迢来中国观光、学习。在这个过程中，中国唐朝的长安城渐渐发展成为国际大都市。西方的波斯、东罗马，亚洲的高丽、新罗、百济、南天竺、北天竺，频繁前来。外国的王侯、留学生，在长安供职的外国官员、商贾、乐工和舞士，总有几十个国家，几万人之多。

日本派出的"遣唐使"更是一批接一批。传为美谈的日本人阿倍仲麻吕（晁衡）在长安留学的故事，很能说明外国人与中国的交往。晁衡学成仕于唐朝，前后历时五十余年。晁衡与中国的知识分子结下了深厚的友情。他归国时，传说在海中遇难身亡。大诗人李白作诗哭悼："日本晁卿辞帝都，征帆一片远蓬壶。明月不归沉碧海，白云愁色满苍梧。"晁衡遇险是误传，但由此可见中外学者之间在中国长安交往的情谊。

后来，不断有外国人到中国来探寻秘密，所见所闻，常常让他们目瞪口呆。《希腊纪事》（希腊人波桑尼阿著）记载公元 2 世纪时，希腊人在中国的见闻。书中写道："赛里斯人用小米和青芦喂一种类似蜘蛛的昆虫，喂到第五年，虫肚子胀裂开，便从里面取出丝来。"从这段对中国古代养蚕技术的描述，可见当时欧洲人与中国人的差距。公元 9 世纪中叶，阿拉伯人来到中国。一位阿拉伯作家在他所著的《中国印度见闻录》中记载了曾旅居中国的阿拉伯商人的见闻：

——一天，一个外商去拜见驻守广州的中国官吏。会见时，外商总盯着官吏的胸部，官吏很奇怪，便问："你好像总盯着我的胸，这是怎么回事？"那位外商回答说："透过你穿的丝绸衣服，我隐约看到你胸口上长着一个黑痣，这是什么丝绸，我感到十分惊奇。"官吏听后，失声大笑，伸出胳膊，说："请你数数吧，看我穿了几件衣服。"那商人数过，竟然穿了五件之多，黑痣正是透过这五层丝绸衣服显现出来的。外商惊得目瞪口呆，官吏说："我穿的丝绸还不算是最好的，总督穿的要更精美。"

——书中关于茶（他们叫干草叶子）的记载，可见阿拉伯国家当时还没有喝茶的习惯。书中记述："中国国王本人的收入主要靠盐税和泡开水喝的一种干草税。在各个城市里，这种干草叶售价都很高，中国人称这种草叶叫'茶'，这种干草叶比苜蓿的叶子还多，也略比它香，稍有苦味，用开水冲喝，治百病。"

——他们对中国的医疗条件十分羡慕，书中记载道："中国人医疗条件很好，穷人可以从国库中得到药费。"还说："城市里，很多地方立一石碑，高10肘，上面刻有各种疾病和药物，写明某种病用某种药医治。"

——关于当时中国的京城，书中作了生动的描述：中国的京城很大，人口众多，一条宽阔的长街把全城分为两半，大街右边的东区，住着皇帝、宰相、禁军及皇家的总管、奴婢。在这个区域，沿街开凿了小河，流水潺潺；路旁，葱茏的树木井然有序，一幢幢宅邸鳞次栉比。大街左边的西区，住着庶民和商人。这里有货栈和商店，每当清晨，人们可以看到，皇室的总管、宫廷的仆役，或骑马或步行，到这里来采购。

此后的史籍对西人来华的记载，渐渐多了起来。13世纪意大利旅行家马可·波罗，尽管有人对他是否真的到过中国持怀疑态度，但他留下一部记述元代事件的《马可·波罗游记》却是确凿无疑的。这部游记中的一些关于当时中国的描述使得西方人认为是"天方夜谭"。总之，从中西文化交流史来说，这以前的时期还是一个想象和臆测的时代，相互之间充满了好奇与幻想。

从16世纪末开始，由于航海技术的发展，东西方航路的开通，随着一批批传教士来华，中国与西方开始了直接的

2009年1月，温家宝总理向西班牙塞万提斯学院赠送《大中华文库》（汉英对照版）。

交流。沟通中西的使命在意大利传教士利玛窦那里有了充分的体现。利玛窦于 1582 年来华，1610 年病逝于北京，在华 20 余年。除了传教以外，他做了两件具有历史象征意义的事，一是 1594 年前后在韶州用拉丁文翻译《四书》，并作了注释；二是与明代学者徐光启合作，用中文翻译了《几何原本》。

西方传教士对《四书》等中国经典的粗略翻译，以及杜赫德的《中华帝国志》等书对中国的介绍，在西方读者的眼前展现了一个异域文明，在当时及稍后一段时期引起了一场"中国热"，许多西方大思想家都曾注目于中国文化。有的推崇中华文明，如莱布尼茨、伏尔泰、魁奈等，有的对中华文明持批评态度，如孟德斯鸠、黑格尔等。莱布尼茨认识到中国文化的某些思想与他的观念相近，如周易的卦象与他发明的二进制相契合，对中国文化给予了热情的礼赞；黑格尔则从他整个哲学体系的推演出发，认为中国没有真正意义上的哲学，还处在哲学史前的状态。但是，不论是推崇还是批评，是吸纳还是排斥，中西文化的交流产生了巨大的影响。随着先进的中国科学技术的西传，特别是中国的造纸、火药、印刷术和指南针四大发明的问世，大大改变了世界的面貌。马克思说："中国的火药把骑士阶层炸得粉碎，指南针打开了世界市场并建立了殖民地，而印刷术则变成了新教的工具，变成对精神发展创造必要前提的最强大的杠杆。"英国的哲学家培根说：中国的四大发明"改变了全世界的面貌和一切事物的状态"。

三

大千世界，潮起潮落。云散云聚，万象更新。中国古代产生了无数伟大的科学家：祖冲之、李时珍、孙思邈、张衡、沈括、毕昇……产生了无数科技成果：《齐民要术》《九章算术》《伤寒杂病论》《本草纲目》……以及保存至今的世界奇迹：浑天仪、地动仪、都江堰、敦煌石窟、大运河、万里长城……但从15世纪下半叶起，风水似乎从东方转到了西方，落后的欧洲只经过400年便成为世界瞩目的文明中心。英国的牛顿、波兰的哥白尼、德国的伦琴、法国的居里、德国的爱因斯坦、意大利的伽利略、俄国的门捷列夫、美国的费米和爱迪生……光芒四射，令人敬仰。

中华民族开始思考了。潮起潮落究竟是什么原因？中国人发明的火药，传到欧洲，转眼之间反成为欧洲列强轰击中国大门的炮弹，又是因为什么？

鸦片战争终于催醒了中国人沉睡的迷梦，最先"睁眼看世界"的一代精英林则徐、魏源迈出了威武雄壮的一步。曾国藩、李鸿章搞起了洋务运动。中国的知识分子喊出"民主与科学"的口号。中国是落后了，中国的志士仁人在苦苦探索。但落后中饱含着变革的动力，探索中孕育着崛起的希望。"向科学进军"，中华民族终于又迎来了科学的春天。

今天，世界毕竟来到了21世纪的门槛。分散隔绝的世界，逐渐变成联系为一体的世界。现在，全球一体化趋势日益明显，人类历史也就在愈来愈大的程度上成为全世界的历史。当今，任何一种文化的发展都离不开对其他优秀文化的汲取，

2011年，新闻出版总署在人民大会堂召开表彰大会，《大中华文库》编委会受到表彰。左起：黄松、呼广明、徐俊、黄友义、杨牧之、尹飞舟、丁双平、谢清风、张若楷。

都以其他优秀文化的发展为前提。在近现代，西方文化汲取中国文化，不仅是中国文化的传播，更是西方文化自身的创新和发展；正如中国文化对西方文化的汲取一样，既是西方文化在中国的传播，同时也是中国文化在近代的转型和发展。地球上所有的人类文化，都是我们共同的宝贵遗产。既然我们生活的各个大陆，在地球史上曾经是连成一气的"泛大陆"，或者说是一个完整的"地球村"，那么，我们同样可以在这个以知识和学习为特征的网络时代，走上相互学习、共同发展的大路，建设和开拓我们人类崭新的"地球村"。

西学仍在东渐，中学也将西传。各国人民的优秀文化正日益迅速地为中国文化所汲取，而无论西方和东方，也都需要从中国文化中汲取养分。正是基于这一认识，我们组织出版汉英对照版《大中华文库》，全面系统地翻译介绍中国传统文化典籍。我们试图通过《大中华文库》，向全世界展示，中华民族五千年的追求，五千年的梦想，正在新的历史时期重放光芒。中国人民就像火后的凤凰，万众一心，迎接新世纪文明的太阳。

记《大中华文库》出版的思考与探索

在庆祝国庆 70 周年之际，回顾《大中华文库》25 年的出版历程，十分鼓舞。

2011 年 12 月 23 日，经中央批准国家新闻出版总署在人民大会堂举行"《大中华文库》出版工程暨新闻出版走出去先进单位表彰大会"，与会代表济济一堂，交流中国出版走出去的经验。我作为《大中华文库》的总编辑、工委会代表，感到无比振奋。听到中央领导同志接见时的讲话，倍受鼓舞。中央领导说："《大中华文库》是国家重大文化出版工程，也是传达和弘扬中华优秀文化的鸿篇巨制，是社会主义文化大发展、大繁荣的标志之作。"特别是中央领导讲道：年底之前中央只批准表彰两个项目，一个是天宫一号，另一个就是出版方面的《大中华文库》。《大中华文库》就是出版界的"天宫一号"。我们当然明白这只是一个比喻，"天宫一号"对世界科技发展的贡献，无与伦比。但领导同志的这个比喻，还是让我们倍感兴奋，倍增使命感。

一　"文库"的缘起

　　还是上个世纪八十年代，我在中华书局工作时，就曾和当时中华书局的总编辑李侃谈过我对编辑《大中华文库》的设想。但那时，正如李侃同志所说，一，中华书局没有这么多外语的翻译人才；二，缺少资金。这项中国文化经典外译工作，一是要把中国的古典文献翻译成今天的白话文，二是把白话文再译成外文。一本书上，有古书原文，有译成的白话文，还有对照白话文翻译成的外文，相当于三本书，确非易事。而且，它不可能是一部畅销书，一上市便可销售几十万册，资金就回来了。它是一部长销书，是慢慢给需要的人、懂行的人品尝的经典。如果没有一定的资金储备，谁也不敢贸然立项。

　　当年，是什么动机让我提出这样一个建议呢？

　　我是学古典文献专业的，尽管我学得不好，但日熏夜染，脑子里多的是中华民族传统文化。我深深感到那些"子曰""诗云"中有深奥的哲学，有不尽的美。诸子百家、唐诗、宋词、元曲、明清小说，那些无可企及的文化经典都成为时代文化的坐标。它们说出了我们根本感觉不到的美，或者我们虽然感觉到了却说不出来的美。

　　从世界经济文化的发展史上看，中华民族为人类社会曾经做出过独特的贡献。在 15 世纪以前，中国的科学技术一直处于世界遥遥领先的地位。英国科学家李约瑟说："中国在公元 3 世纪到 13 世纪之间，保持着一个西方所望尘莫及的科学知识水平。"美国耶鲁大学教授、《大国的兴衰》的作者保罗·肯尼迪坦言："在近代以前时期的所有文明中，没有一个国家的文明比中国更发达、更先进。"

在此期间，世界各国的有识之士千里迢迢来中国观光、学习。唐朝时的长安城，渐渐发展成为国际大都市。

中华书局曾经出版过一套《中西交通史料汇编》。其中所选的图书，记载了许多历史上关于外国人看中国的有趣的故事。这些故事具体、生动、形象地展现了当时中国的先进和伟大。

比如希腊人波桑尼阿著的《希腊纪事》，记载公元 2 世纪时，希腊人在中国的见闻。书中写道："赛里斯人（丝绸之国的人即中国人）用小米和青芦喂一种类似蜘蛛的昆虫，喂到第五年，虫肚子胀裂开，便从里面取出丝来。"从这段对中国古代养蚕技术的描述，可见当时欧洲人与中国人的差距。

公元 9 世纪中叶，阿拉伯人来到中国。一位阿拉伯作家在他所著的《中国印度见闻录》中记载了曾旅居中国的阿拉伯商人的见闻：

——一天，一个外商去拜见驻守广州的中国官吏。会见时，外商总盯着官吏的胸部，官吏很奇怪，便问："你好像总盯着我的胸，这是怎么回事？"那位外商回答说："透过你穿的丝绸衣服，我隐约看到你胸口上长着一个黑痣，这是什么丝绸，我感到十分惊奇。"官吏听后，失声大笑，伸出胳膊，说："请你数数吧，看我穿了几件衣服。"那商人数过，竟然穿了五件之多，黑痣正是透过这五层丝绸衣服显现出来的。外商惊得目瞪口呆，官吏说："我穿的丝绸还不算是最好的，总督穿的要更精美。"

——关于当时中国的京城，书中作了生动的描述：中国的京城很大，人口众多，一条宽阔的长街把全城分为两半，大街右边的东区，住着皇帝、宰相、禁军及皇家的总管、奴婢。在这个区域，沿街开凿了小河，流水潺潺；路旁，葱茏的树木井然有序，一幢幢宅邸鳞次栉比。大街左边的西区，住着庶民和商人。这里有货栈和商店，每当清晨，人们可以看到，皇室的总管、宫廷的仆役，或骑马或步行，到这里来采购。

此后的史籍对西人来华的记载，渐渐多了起来。这些记载都展示出当时中华民族伟大灿烂的篇章。

我们有这么优秀的传统文化，这些传统文化中有无尽的智慧，体现了中华民族热爱和平、勤劳勇敢、创新进取的民族精神，我们自己为什么不抓紧把它们介绍到全世界去，让世界了解中国？这是每一个学者、每一个出版工作者的使命和责任。

于是，我便萌生了将中华民族的文化经典翻译成外文，编辑出版，系统、准确地介绍给全世界的愿望。渐渐地我开始留心中国名著外译的工作。我发现，从16世纪末开始，由于航海技术的发展，东西方航路的开通，随着一批批传教士来华，中国与西方开始了直接的交流。沟通中西的使命在意大利传教士利玛窦那里有了充分的体现。利玛窦在华20余年，除了传教以外，做了两件具有历史象征意义的事：一是1594年前后用拉丁文翻译《四书》，并作了注释；二是与明代学者徐光启合作，用中文翻译了《几何原本》。贡献是了不起的，但受时代的制约，质量就很难说了。我还发现，早在几十年前,西方有的学者翻译《红楼梦》,将书名译成《一个红楼上的梦》,将林黛玉译为"黑色的玉"。这种翻译望文生义,成为笑话。还有西方学者翻译《金瓶梅》,专门摘选其中自然主义描述最为突出的篇章加以译介。一时间,西方学者好像发现了奇迹,掀起了《金瓶梅》热,说中国是"性开放的源头",公开地在报刊上鼓吹中国要"继续发扬开放之传统"。这就是不怀好意了。当然,还有许多资深、友善的国外汉学家译介中国古代的哲学著作,在把中华民族文化介绍给全世界的工作方面做出了重大贡献,但或囿于中国文化和西方文化的巨大差异,对内容的理解有误,或缘于对中国语言文字认识的局限,质量上乘的并不多。德国哲学家黑格尔曾经说过:中国有最完备的国史。但他认为中国古代没有真正意义上的哲学,还处在哲学史前状态。这么了不起的哲学家竟然做出这样大失水准的评论,这是很遗憾的事情。正如任何哲学家都要受时间、地点、条件的制约一样,我想,黑格尔也只能从上述水平的汉学家翻译过去的文字去分析、理解,所以,黑格尔对中国古代社会的认识水平是什么状态,也就不难想象了。

我后来有幸担任图书出版的管理工作,这个工作让我了解到,国外的典籍,不但历史上那些优秀的著作大都引进到中国来了,就连新近出版的有代表性图书我们也几乎全部引进来了。当然,这是我们"洋为中用"、好学精神的体现,但对我们自己的优秀的文化遗产为什么不能抓紧介绍出去呢?这就是我和大家一起组织编撰中外文对照版《大中华文库》,向世界介绍中国的缘起。

二 第一批成果

机会的到来，正是我从中华书局调转到新闻出版署图书司任司长的时候。当时我有条件十分具体地了解到各个出版社的选题计划。我也有可能组织有条件的出版社共同干这件大事。我便邀请现代出版社的志同道合者一起研究计划。为什么找现代出版社的编辑呢，主要是该社的主管部门是中国出版对外贸易总公司，这个公司有图书出口权。《大中华文库》出版后主要是销往国外，主要是给外国读者阅读。我想，中国出版对外贸易总公司属下的现代出版社不就很方便吗？而且这家外贸公司属于新闻出版署直接管理。

为了稳妥，我们请来季羡林、任继愈、杨宪益、叶水夫、林戊荪等老专家征求意见。杨宪益先生十分感慨地说："这是我们年轻时要干的事，那时我们年轻气盛，想干大事，但没有条件，你们今天有条件了，一定要干好！"杨先生干了一辈子翻译中国典籍的工作，那时 80 多岁了，他的愿望我们这一代人还不应该接过来，努力去实现吗？

季羡林先生说："组织出版《文库》意义重大，这套书对整个人类和社会的进步具有不可估量的价值。"我当时问季老，您这样评价，是不是太高了？他说：这套书是什么？是中华民族五千年光辉灿烂的文化，我们把它们翻译介绍出去，不就是为全世界的文化发展做了贡献吗？我这样说丝毫不过分。季老是世界级的文化权威，他的话我们必须深刻领会，认真去落实。

我们怀着这样的一种情感，一腔热忱，开始了工作。

我们几位志同道合者仔细研究，完善构想，又请来出版过此类中译外著作和古籍今译图书的出版社——外文出版社、湖南人民出版社、中华书局、现代出版社等，积极谋划。大家热情很高，组成团队。外文局副局长黄友义，外文社总编辑徐明强，时任图书司司长阎晓宏，现代出版社总编辑马欣来，湖南新闻出版局局长陈满之，副局长张光华，湖南人民出版社社长熊治祁和后来的尹飞舟等等都成为团队的核心，大家互相鼓励，通力合作。

团队中各出版社，不分彼此，各出高招。设计封面时，张光华同志组织湖南的美编拿出二十几个方案，一个一个比较。外文社总编辑徐明强亲自到印厂调整版式。马欣来为了最科学的物美价廉，计算出多个成本方案。到目前，参加并承担《文库》工作的出版社已达到30余家。

新闻出版署党组大力支持。1994年7月，新闻出版署批准了以现代出版社名义申报的"关于《大中华文库》的立项报告"。《大中华文库》正式立项，随后列入国家"八五"出版规划。

在《大中华文库》的封面设计上，我们突出了三个标志性的图案，可以看出我们编辑这套大书的志向。

一个是中国传统建筑大门上的"门环"，以此作为本书的标志。门环图案是复制的故宫大门上的"门环"，象征着去叩开中华民族文化的宝库。

二是封面上汹涌澎湃的黄河壶口瀑布。黄河是中华民族的摇篮，源远流长，奔腾向前，最具中国特色。

三是书脊下方的长城垛口图案。当整套书摆在一起的时候，书脊上的长城垛口连接起来，便构成连绵不断的长城，象征中国文化如万里长城般巍峨挺立，悠久绵长。

为了不辜负这三个标志，我们制定了编辑《文库》"三个精"的原则，以求达到国家出版水平的高标准。大家从这三个方面保证质量：一是精选书目；二是精细翻译；三是精心印制。

一 "精选书目"是根本。 中国古代典籍约有 20 多万种，从中选出能代表中华民族传统文化的精华是搞好这套《文库》的根本。工委会三次座谈、两次发调查表，征求北大、清华等全国著名高校和中科院、社科院、军科院以及国家图书馆专家的意见，反复论证，最终确定了 110 种典籍。这 110 种典籍，上自先秦，下至近代，内容涵盖哲学、宗教、政治、经济、军事、历史、文学以及科技等各个方面。既有已广为国外所了解的《老子》《论语》《孙子兵法》等经典，更多的则是目前没有译本，或没有完整译本，很少为国外所知的经典。我们担心优秀的图书漏掉，《文库》全部选题落实后，再一次征求各学科有代表性的专家意见。专家们一致表示，选题包括很全面，一流的书基本都入选了。

二是"精细翻译"，质量第一。 2001 年朱镕基总理、李岚清副总理视察新闻出版总署，听我们汇报这套书时，镕基总理说："这套书不错，应该很有读者，很有市场啊。"岚清副总理说："关键是要搞好翻译，保证翻译质量。"他们的意见是很中肯的，成为我们编译工作的指导思想。

《文库》把保证翻译质量作为首要任务，组织中外专家进行翻译审校，中文原文也都经过了精心选择、认真校对。

一开始是几家做过类似图书的出版社参加，逐渐有近20家出版社加入进来。实施大工程，组织工作是关键。我们设有两个委员会，**工作委员会**负责出版社的遴选、签订出版合同、制订出版计划等组织协调工作，从而保证文库工作有计划稳步进行。**总编辑委员会**负责版本选择、译者确定、内容审查。在翻译质量上，出版社进行一、二、三审，总编委会进行四审和五审。四审主要请外文局的一大批外文专家以及学术界的中文专家论证审稿，五审由总编委会总编辑和副总编辑进行，如果不合格就要退回去重新做编辑加工，以确保质量（后文附有审读案例）。此外，《文库》还按照国际惯例，编制了词目索引，撰写"导言"，满足现代读者需要。

三是"精心印制"，要体现中国出版风格和水平。因为此项工作先后有30余家出版社共同参与，而且图书品种、印制数量庞大，不可能一次印制完成，为了保证全书质量、外观的一致性，保证多批印制纸张颜色、质量的一致性，在总编辑委员会下设印制小组，主要工作是统一版式、统一纸张、统一印刷、统一装帧，达到四个统一。《文库》是个大工程，由于坚持了质量第一，坚持了四个统一，保证了工程的整体质量。

2004年8月，《大中华文库》汉英对照版第一批15种正式出版。

第一回合的胜利，一批带有故宫门环图标、黄河壶口瀑布图像、连绵不断的长城墙垛图案的精致图书摆在我们面前，大大鼓舞了参与工作的全体出版编辑同志。这第一批文库图书，先后获得了国家图书奖最高奖"国家图书奖荣誉奖"、全国古籍整理优秀图书一等奖。

三　得到国家总理的高度赞扬

2004 年 8 月 16 日上午，我们把第一批汉英对照的 15 种图书和汇报的信给总理送去。为了郑重，我们特地请《文库》顾问任继愈先生署名。当天下午，温家宝总理的秘书打电话告诉我们，总理给你们写了回信，请你们派人来取。当时我们真是大出意外，上午刚送去，下午总理就回了信，总理是多么重视我们的工作啊！温总理的信很让我们感动，温总理在信中说：《大中华文库》收到，甚为高兴，谨对您及从事这项浩繁工程的各出版单位和全体工作人员表示衷心的感谢和热烈的祝贺！这部巨著的出版是弘扬中华民族优秀文化的有益实践和具体体现，对传播中国文化、促进世界文化交流与合作具有重大而深远的意义。这部文库翻译和出版质量之高反映了我国出版水平。我国有着悠久而灿烂的历史文化，希望你们以伟大的爱国热忱、宽广的世界眼光和严谨的科学态度，锲而不舍地把这项光辉的事业进行到底，我坚信你们一定能够做到，也期待看到你们新的成果。

温总理写了这么长的一封信，充满激情和赞赏，并且说这是一项"光辉的事业"，要求大家要以伟大的爱国热忱、宽广的世界眼光、严谨的科学态度去做，一定要锲而不舍地把这项光辉的事业进行到底。

接下来，2005 年 8 月，第二批书出版了，我们又把第二批书给温总理送去。隔一天，温总理又回了信。信中说：一年来你们取得的重大进展令人振奋，你们做了很好的工作，向你们致谢，并请代向全体工作人员致谢。

2006年春节前，温总理委托他的秘书给我打来电话，让我代表他，向所有从事这项工作的编辑出版人员问好。祝大家节日快乐。

我从来没有听说过更没有经历过，国家总理打电话给普通的编辑出版人员拜年，诚挚地祝大家节日快乐。

这之前，中办、国办"两办文件"《关于进一步加强和改进文化产品和服务出口的意见》，其中特别提到**文化广电新闻出版部门要组织文化出版单位，生产适合海外受众的影视作品和节目，抓好大型对外出版工程《大中华文库》的出版翻译工作**。看了文件以后我们感到无比光荣，也感到巨大的压力。中办、国办文件点名要求一定要出好一套书，恐怕还不多见。

这些事都让我们认真地思考。我们做这样一件事情，为什么得到总理这样高的评价和重视？并且"两办"还在中央文件中专门做出指示。后来胡锦涛同志去美国赠送给耶鲁大学的是这套书，温家宝去西班牙，李克强去韩国，刘延东去英国，李长春去印尼、澳大利亚、新加坡都带着这套书。李长春到塞尔维亚访问没有带，还给我们打来电话，让我们赶快整理一套给塞尔维亚寄过去。

接着我们又搞多语种版。2009年温总理去西班牙访问，把《大中华文库》赠送给西班牙的塞万提斯学院。学院院长送给他一把象征友谊和谐的钥匙。温总理赠送《大中华文库》时，非常具体地阐述了弘扬中华民族精神的意义。他说中国五千年的文明史概括出自强不息、刚健有为的进取精神，以和为贵、和而不同的和谐精神。这让我们体会到，他送这套书是为了宣传和介绍中华民族的优良传统和民族精神，让世界了解和认识中华民族从来是热爱和平、勤劳勇敢、与人为善的。

不久，这个赠书仪式消息和温总理讲话刊登在《人民日报》上。看了报道以后大家十分振奋，但另一方面又觉得我们的工作还没有做好，没有做到位。如果我们能出一套西班牙文版的《大中华文库》，温总理把西班牙文版的《文库》送给西班牙人岂不是更好？更能体现中华民族文化的渊博，更能体现泱泱大国、人才济济的伟大。

工委会认真研究之后，我们就动手搞"多语种"版。联合国通用的六种文字，再加上德、日、韩共九种文字，与中文对照出版。经过一年的努力，《老子》《论语》《孙子兵法》这三部中外对照、九种文字、一共 24 册出版了（汉英、汉西、汉法、汉俄、汉阿、汉德、汉日、汉韩）。总理很快做了批示，**他说：感谢同志们为提升中华民族文化国际影响力而付出的艰巨努力，祝同志们成功！**他批示的内涵是什么呢？总理认为这项工作是"提升中华民族文化国际影响力"的工作，意义重大；这项工作是很不容易的，大家付出了"艰巨"的努力。这个批示充分体现了总理对这项工程的理解和关心。

特别要说的是，2014 年 9 月 16 日，习近平总书记访问斯里兰卡，向斯里兰卡总统赠送了《大中华文库》。陪同赠书的还有当时新闻出版总署领导。我们得知这些情况，更增加了出好这套《文库》的使命感。

这时，我们对中央领导为什么这样重视和鼓励更加明确了，更加体会到中央领导重视《大中华文库》工作的深层次意义。特别是当我们学习了党的十八大、十九大报告后，认识就更加深刻了。党的十八大报告在"扎实推进社会主义文化强国建设"这一章的第一句话就说：**文化是民族的血脉，是人民的精神家园**。这个论断，力压千钧。一个是**血脉**，一个是**家园**，这两者对于一个人、一个民族都是不可或缺的。习近平总书记报告中强调，**文化的软实力集中体现了一个国家基于文化而具有的凝聚力和生命力，以及由此产生的吸引力和影响力**。这些论断，所反映出来的历史性的认识，体现出来的那种横亘古今的精神，让我们感受到中央对文化建设前所未有的气魄，让我们体会到文化对铸造民族和民族精神的决定性意义。随后，党中央在报告中具体讲怎么做，要全面快速地发展文化事业、文化产业，促进文化和科技融合，"**发展新型文化业态，提高文化产业的规模化、集约化、专业化水平**"，"**要加强重大公共文化工程和文化项目建设**"，"**要造就一批名家大师**"。体制、机制、人和项目都讲到了。所以，我们的工作，不仅仅是向全世界宣传、介绍中华民族优秀的传统文化，而且关系国家软实力的强大，关系民族的复兴。对于出版业来说，要深化出版改革，在产业的业态和体制上努力创新。对于一个出版工作者来说，就是通过一本一本图书、一项一项文化工程体现的。诸如《中国大百科全书》一版、二版和三版的实施，"二十四史及清史稿"点校工程的开展，《辞海》工程的不断修订，日臻完善，《中国美术全集》《甲骨文合集》《中国通史》《工程控制论》《杂交水稻育种栽培学》

等等，都体现了这种精神。

四　一个团结有效率的集体

我们的工作不是一个人或几个人干出来的，它是一个团队、一批出版社，共同奋斗的产物。我们的工作团队十分强大，先后加入《文库》具体领导工作的同志都是令人敬佩的、有出版经验、有事业心的人。他们中：

有外语专家又懂出版的黄友义、徐明强、陈万雄；

有招之即来、来之能干的图书司和出版社领导阎晓宏、张光华、熊治祁、尹飞舟、李岩、徐俊、徐步；

有编辑、审读、装帧设计专家马欣来、梁良兴、胡开敏、廖铁；

有事无巨细、操心敬业的黄松、张若楷；

有财务管理严格细密的中华书局和外文社的刘宏、顾铭；

有热情关注，时时提醒我们的顾问杨宪益、任继愈、季羡林、袁行霈、金开诚；

有出版方面的领导许嘉璐、刘杲、石宗源、柳斌杰；

后来，又有财务上给我们特别理解和巨大支持的财政部有关领导金立群、王家新。

大家有一个共同的品格，不为名、不图利，全心全意为译介推广中华民族文化尽心竭力。

刚开办初期，那时总署还没有设立国家出版基金，《文库》没有任何工作资金和会议经费，全靠参加工作的所在出版社支持。有一个文化商人，听说了这项重大工程，认为有利可图，便打算出巨资收买项目。并说，你们工作人员我也发放津贴，你们不必局限目前社会上的标准，算一笔账，用最高标准，我全数支付，并许以 4000 万元作为首批出版资金。

那是 1994 年，25 年前，4000 万是一笔大钱。工委会的同志们不为 4000 万元所动，一致表示不能与这样的书商合作。因为他是为个人牟利，把我们出版社编辑作为打工者雇佣。"道不同，不相为谋"。目前的经济困难是暂时的，我们自己可以克服。大家的这种高风亮节，在没有任何经费补贴的情况下，不被高薪诱惑，是《文库》成功的一个重要原因。

工委会"开工"的第一次工作会议，研究时间计划、选题原则、第一批选题目录以及印制等等大的问题。会议开到晚上六七点钟，我说，这是第一次会议，我请大家吃顿饭，庆贺庆贺。吃饭地点就在原东四南大街 85 号新闻出版署旧址斜对面一个小饭馆。六七个人花了二百多元钱。结账时，还是马欣来个人抢着付的款。

双语对照，尤其是将中文译成外文是一项难度较大的翻译工作。为了保证《文库》质量，我们聘请了一批优秀的外语专家，建立起一个"专家库"。各个语种的专家尽量配齐，每个语种至少二位。

《文库》稿件由出版社三审，然后送交工委会进行四审、五审。四审都是由我们专家库中的外语专家进行。他们说，我们要为《大中华文库》负责，不能影响《文库》的声誉，我们也要为自己的名誉负责，经我们看过的外文稿，一定要有好的质量。这是很高尚的职业品格。我举两个例子，看看他们在为《文库》质量把关上起的重大作用。

如对汉西版《荀子》的专家审读意见：

　　《荀子》的西班牙文版的翻译工作是由古巴资深翻译家和作家合作完成的，并经国内资深汉译西专家审校。

　　该译文的特点是，文字平实无华，语言通顺流畅，正是因为这一特点，我们国内出版的一些外文读物的通病，即中式外文，被彻底避免了。其用词造句贴近西语国家读者的阅读习惯，不会给读者带来阅读障碍。从翻译的角度上讲，该译文没有按照原文死译，逐字逐句译，而采用了灵活变化的翻译技巧。在保证中文原义的前提下，使用了一些变通翻译，使行文更加通畅，更符合其受众的阅读习惯。鉴于此，我认为《荀子》西文版的译文已经达到了国内的外文出版水平，可以出版了。

再如对汉俄版《西游记》的专家审读意见：

　　整体评价：该译本译文流畅，意译较为准确，基本能够表达出《西游记》中丰富的人物、场景及对话的原意。译文表现出译者对中国传统文化的深刻理解和领悟。

　　同时，译文中也存在一些问题，总结概括为三个方面：

　　一、语法问题：例如在第33页第3行等处，语法关系不通，可能是大意马虎所致。

　　二、编辑加工问题：包括移行问题（例如在第3页，第23页第6—7行；45页），字母大小写问题（如在第

63页）等。破折号有高有低（例如67、159页），破折号在段首时离字母较远。个别地方排版松（例如第1049页），使人感觉排版不规范，不符合严格的出版要求。

三、用词的时代性问题：该译本出现了一些词汇的旧式用法，人名翻译也存在类似问题，如孙悟空、猪八戒等人名中用短横隔开，现代语法已不用；个别标点使用不当，如1581页"六个小妖，云里雾，雾里云"等，不应用破折号，应用引号等，概因译本翻译时间较早，应改用现代表达方式。

建议对该译本再一次编辑加工，解决文中存在的以上问题，再考虑发排出版。

这样的专家审读意见，每部书都有，对译者、对出版社是很大的帮助，这是保证《文库》质量的一个有效措施。

我们与印刷厂有密切友好的合作。我们认识到，要想把书做好，与印刷厂的合作是绝不能忽视的一个重要环节。

在选择印厂时，我们派人广泛调研，选出印刷质量好、性价比合理的工厂。

我们不是把印刷厂只当作听从出版社安排的被动合作方，而是把印厂当作整个《文库》质量的一个重要环节。大家明白印装不好同样不能成为一部优质图书。我们在召开《文库》出版工作会议时，也请他们来参加，请他们谈在印刷时发现属于编辑的问题，以及对出版方的建议和希望。同时他们也听到编辑的发言，了解出版社的想法，促进他们改进工艺，提高质量。二十多年来，几百卷书，几亿字，《文库》

始终在深圳佳信达印务有限公司（现为碧兰星印务公司）印制。质量平稳、可信。公司负责业务的叶卓强成为《文库》的朋友。他们也以印刷这套书为荣，把《文库》图片放在工厂的宣传册中。

这样一个团结有效率的工作委员会，很得参加《文库》项目的出版社信任，30 余家出版社同心同德，这是工作顺利进行的保证。

五　向第三个高峰前进

《大中华文库》汉英对照版 110 种，已经全部出齐。为进一步扩大国际影响和受众覆盖面，2007 年启动的汉语与联合国另 4 种官方语言（法语、俄语、西班牙语、阿拉伯语）以及其他 3 种重要语言（德语、日语、韩语），共 7 种语言的双语对照版 25 种典籍 175 个品种也已全部出齐。

目前，为配合中央关于"一带一路"建设，又策划"一带一路"沿途语种的双语翻译工作。第一批涉及 29 种语言（如缅甸语、柬埔寨语、泰语、乌尔都语、波斯语、保加利亚语、乌克兰语等），84 种典籍，得到中央领导及有关部委和国家出版基金办的鼓励和支持，2019 年已列入国家出版基金项目。

"一带一路"倡议植根于历史。古代中国丝绸之路精神延续千年。今天我们正是继承古代中国丝绸之路精神，发扬光大，把我国的发展同"一带一路"沿线国家的发展结合起来，赋予古代的丝绸之路以新的时代内涵。在实施这项宏伟工程的过程中，向"一带一路"沿线国家介绍中华民族文化是《大中华文库》义不容辞的责任。

大家说，如果汉英对照版是《大中华文库》的第一个"高峰"，多语种双语翻译是《大中华文库》的第二个"高峰"，那么，"一带一路"上的语种双语互译就是《大中华文库》的第三个"高峰"。目前，已组织了30多家出版社，共同投入到这项工作中来。这些出版社设计方案，打磨译文，严格执行《大中华文库》编辑规程，精心设计，精心施工，质量不断提高，决心为"一带一路"建设做出贡献。

《大中华文库》的出版还得到了外国驻华使节的重视和关注。近年来，埃及大使、爱尔兰大使、日本公使、伊拉克大使、卡塔尔大使、冰岛大使、法国和德国的文化参赞陆续与《大中华文库》工委会会晤，商谈双方传统文化的交流推广和合作出版事宜。

任重而道远。继续向《大中华文库》第三个高峰前进的脚步已经迈出。《大中华文库》工委会在认真地总结经验，邀请中外汉学家、知名学者，对已出版的各种文本进行再修订，努力将《大中华文库》打造成21世纪20年代最好的双语对照版本。工委会的同志们牢记使命，不辜负学术前辈嘱托，不辜负中央领导期望，决心把这一"光辉事业"进行到底。

历史的记忆和传承的平台

——《中国古籍总目》编纂随想

一

《中国古籍总目》正式出版了。这5大部、26册、2000万字，加上4大册索引，真是卷帙浩繁，洋洋大观。最为重要的是：这套"总目"，第一次对"浩如烟海""车载斗量"的"中国古籍"给出了一个数字：20万种。

经过千百年的岁月沧桑，斗转星移，经过无法回避的皇帝们的烧书，形骸化灭，陵谷变易，几千年过去，中国的古籍文献仍然还有20余万种，让人心中不禁无限感慨。我又一次想起了黑格尔老人无比羡慕的论断，他说："中国有完备的国史。"像中国这样充分、完备的历史文献，世界独此一家。

有这"国史"，中华民族就有历史的记忆。

有这"国史"，中华民族就有传承的平台。

《中国古籍总目》就是这历史记忆的载体，就是中华文化传承平台的索引，尽管它还是第一步，但它搜集和编纂的意义将载入史册，并将与日俱增。

二

中国历代封建统治者，多少朝代，多少皇帝，有几个为了中华民族文化事业的传承而清理过历史文献的家底？我们脑子里多是"焚书"的记忆。

从我们记忆中第一个跳出来的自然是秦始皇。他听从了丞相李斯的建议而大张旗鼓地焚书。公元前 213 年，博士淳于越要求恢复分封制。其根据是"事不师古而能长久者，非所闻也"。李斯认为这个主张是破坏统一，是搞倒退，"诸生不师今而学古，以非当世"，如不加以制止，后果会不堪设想。于是李斯提出"焚书"的建议，得到秦始皇的同意。他们认为书籍文献烧掉了，人们的思想异端就没有了。

当时所焚之书包括两部分：一是统一前的列国史记，二是百姓私藏的《诗》《书》和百家语；至于秦国的史书、博士官收藏的图书和百姓家藏的医药、卜筮、种树等技艺之书，则不在此列。所禁书籍都必须在三十天之内上交地方官府焚毁。为此还制订了一系列法律，如偶语《诗》《书》者弃市，以古非今者族，吏见知不举者与同罪，令下三十日不烧黥为城旦等。焚书对于古代文化典籍是一个极大的破坏。由于六国史记被焚，战国纪年至今还不能完全搞清楚。

焚书总是和整治写书、读书的人连带着的，也就是说焚书接着就是整治知识分子，就是坑儒。

公元前 212 年，一些书生对秦始皇不满，说秦始皇："天性刚戾自用"，"专任狱吏"，"乐以刑杀为威"。秦始皇大怒，说，我对你们不薄，我本打算请你们一起为天下"兴太平"，可你们却"为妖言以乱黔首"，于是下令逮捕这些书生，严刑拷问，一举坑杀460人。秦始皇恶狠狠地说，"使天下知之，以惩后"。秦始皇的长子扶苏劝他，这样做恐怕"天下不安"，不利于统治，应该宽厚对待书生。秦始皇很不高兴，就把扶苏外放边远，去监督蒙恬军。这个事件在《史记》《资治通鉴》《藏书》中都有记载。

但东汉卫宏在《诏定古文官书序》还有记载：秦始皇还有第二次坑儒。而且规模更大，一下坑了700余人。后来唐张守节的《史记正义》，颜师古的《汉书·儒林传》注，都把卫宏的记载编入，故事情节还颇为曲折。不知为什么《史记》没有记载。现略述于下，供大家参考。

坑杀了咸阳的460多个书生后，秦始皇暗想着要把天下的书生全部杀光，以绝后患。但又怕书生听到风声逃跑，秦始皇就想了个计策。他命令地方官员，访求各地有影响、有名望的书生，送到京城告以重用。不过几个月，各地方就送来了700多名一心想当官的书生。秦始皇命这700多人先任郎官，这让书生们喜出望外，一时颇为高兴。

接着，秦始皇便痛下毒手。这年冬天，有人报骊山的马谷中瓜果开花。大家都觉得很奇怪，秦始皇就让这700多书生去马谷看一看。这700多书生到了马谷，看到果然瓜果花开，迎冬而长，颇为新鲜。大家正在议论之时，就听一声爆响，随后石头像雨点一样从谷上落了下来，瞬间，700多书生全被砸死在谷中。而所谓的瓜果开花，是因为马谷地下有温泉，所以四季如春。秦始皇密令心腹，早早在谷内种上瓜果，知道花开就启动计谋。这些书生哪里知道秦始皇的阴险毒计，全部屈死在马谷中。

第二个焚书的皇帝是梁元帝。公元554年10月，西魏派兵五万南下攻梁。魏军攻破江陵，梁元帝叹曰："读书万卷，犹有今日！"于是下令将宫中14万册图书一把火烧掉。这是"文化大革命""读书无用论"的滥觞吧？肚子疼埋怨灶王爷，可笑！

第三个焚书的是著名的"春花秋月何时了"的作者南唐后主李煜。他酷爱文学，好词不少，在位时收集了大批书画珍品。公元975年，宋军兵临城下，他知之不保，便下令全部烧掉。说："此皆吾所宝惜，城若不守，尔可焚之，毋使散佚。"于是，又一批珍贵图书文献被付之一炬。宁可烧掉，也不让别人得到。

第四个是乾隆帝"焚书"。乾隆即位后，从1773年到1782年，组织了360多位有名的文人学者，历时10年，编撰出了我国封建时代一部空前绝后的大型丛书——《四库全书》。《四库全书》的问世，对于保存中国的古代文化典籍，传播古代学术文化起到了重要的作用。但是，乾隆编书的根本目的在于推行文化专制主义，以巩固清王朝的统治。开始编书时，他曾两次提出：对古籍该"毁弃"的应予毁弃，该"删改"的应予删改。因此，有些书往往被弄得面目全非。据统计，在编书的10年中，仅浙江省就毁书24次，被毁书籍达538种、13862部之多；江西巡抚海成，仅在乾隆四十一年（公元1776年）就搜缴焚书8000多部。整个乾隆时期，共焚毁各种书籍达 71 万卷之多。可见，乾隆"焚书"是中国封建社会最大规模的一次"焚书"。

吴晗说过："清人纂修《四库全书》而古书亡矣！"更有甚者，不能销毁的乾隆就下令加以篡改。《四库全书》所收古籍许多经过篡改是尽人皆知的事实。《四库全书》的编纂者按照皇帝的旨意对于反映民族矛盾、民族压迫和民族反抗的作品尽量摒弃和抽毁，对于不能不收录的名家名作则大肆篡改。如岳飞《满江红》名句"壮志饥餐胡虏肉，笑谈渴饮匈奴血"。"胡虏""匈奴"在清代是犯忌的。于是《四库全书》馆臣把它改为"壮志饥餐飞食肉，笑谈欲洒盈腔血"。张孝祥名作《六州歌头·长淮望断》描写北方孔子家乡被金人占领："洙泗上，弦歌地，亦膻腥。""膻腥"犯忌，改作"凋零"。根据一些近代学者发现的宋代刻本看，很多描绘金元屠杀的史料，在《四库全书》中，全部遭到了删除和篡改。最为严重的是，清统治者还通过篡改文献，达到颠倒史实的目的。如他们宣称，张献忠立的碑文，内容是："天生万物以养人，人无一善以报天，杀、杀、杀、杀、杀、杀、杀。"但根据四川考古工作者找到的张献忠碑文看，实际却是："天生万物与人，人无一物与天，鬼神明明，自思自量。"根本没有这七个杀字。

鲁迅评价《四库全书》说："文字狱的血迹已经消失，满洲人的凶焰已经缓和，愚民政策早已集了大成，剩下的就只有'功德'了。"这的确是一针见血的论断。

从上述的几次重大的焚书历史事件，我们会看得很清楚：封建统治者保留了一批文献典籍，那是他们所需要的，符合他们要求的，而凡是不同观点、不同意见的尽力焚毁。他们宣传尊重历史，实际上是为了强调他们的祖宗章法不可改，皇家血统代代传。他们独尊儒术，又说儒释道并存，实际是为了显示他们的"宽容"与"大度"，证明他们统治的合法性。总之，无论正面标榜、还是反面消除，封建皇帝的目的只有一个，他们整理、撰修古籍文献，只是为了维护他们的统治。顺我者昌，违我者亡，前人留下的图书文献也不例外。

著名的英国人韦尔斯的《世界史纲》评论"秦始皇焚书"时说道："秦王深深感到当时的传统在国内所造成的祸患，决意要销毁全部中国文献。他的儿子秦始皇竭力搜寻当时存有的古典书籍，加以销毁。"韦尔斯看清了焚书的目的。但他也说："但是，在他死后，隐藏的书籍又悄悄地出现了。"是啊，否则我们今天又编什么"总目"呢?

回顾历史，我们肯定都会想到 1966 年的"文化大革命"。那些人以"破四旧""铲除封、资、修"为名大肆焚书，整个中国只剩下八个样板戏、一部《金光大道》，同样是以极左的面目，倒行逆施，达到不可告人的目的。

三

写到这里，当我们回忆我们这部《中国古籍总目》的诞生经过，不免产生了一种历史责任感和前无古人的成就感。

《中国新闻出版报》在报道这件大事时说："《中国古籍总目》的编纂出版，是我国古籍整理出版事业基础性、奠基性的工程，它的成功出版不仅标志着我国古籍整理工作取

代表新闻出版署向十一世班禅祝
贺生日。右一为王兆国同志。

得重大成果，而且标志着我国在目录学领域取得重要进展。"说得恰当。但作为编者，我们却深深地感到这部《中国古籍总目》历史的厚重，和我们这一代人内心的深沉和博大。历代的皇帝忙着烧书，忙着销毁删除于自己不利的文字，我们却着眼于摸清祖宗留下的家底，找全了，收回来，记录下，保存好，千万别再遗失、破损！不论那些文献对我们今天的观点有利还是不利，我们认为对还是不对，我们都珍惜保藏。我们着眼于先贤前哲在什么情况下，提出什么观点，采取什么对策，效果如何，以及他们为什么那么说、那么做。正因为此，我们的原则，第一是全，第二是准，第三是便于使用。

为了全，我们动用了全国的力量。

第一，我们收罗了参与编纂工作的国内各大图书馆的馆藏。自二十世纪中叶以后，绝大部分的存世的中国古籍，已成为国家及各地公共图书馆、高校及科研机构的图书馆馆藏，总数约占现存古籍百分之九十以上。这是基础。

第二，我们又吸收了各大图书馆历年编纂的丛书、方志、家谱等联合目录的成果，所录古籍收藏机构已逾千家，这又是一个更细的网，更大规模的网罗。

第三，遍寻港澳台地区，以及日本、韩国、北美、西欧等地中国古籍，采录了中国大陆地区图书馆未见著录的古籍品种。为方便读者查找使用，稀见品种还著录了海外收藏机构名称。

为了准确，我们请了许多著名学者、目录学专家审核。

第一，我们选择国内著名的图书馆专家，特别是高校科研单位的专家学者牵头编纂。如经部：北京大学图书馆；史部：

上海图书馆；子部：天津图书馆；集部：国家图书馆；汇总统稿：复旦大学图书馆。家家值得信赖。

第二，每完成一个单元，我们就请有关图书馆专业人员帮助校对；每完成一个部分又会召开审读会，请著名目录版本专家审核。

第三，努力吸收古代文献研究的最新成果。《中国古籍总目》初稿完成后，编委会即分邀各学科专家学者集体审稿。参与审稿的数十位专家学者，来自文学、史学、哲学、宗教、军事、地理、医学、科技、艺术和出版等领域，还有台湾和海外的专家。他们悉心校核、拾遗补缺，多所匡正，及时反映和补充了古代文献研究的新成果。

为了方便读者使用，我们在继承传统目录版本学经验的基础上，努力创新。

第一，中国传统分类法是经、史、子、集四部分类法，为照应现代图书馆编目收藏实际，我们将"汇编丛书"单列为"丛书部"，与经、史、子、集并列，成五部分类。又如明清以来方志、家谱编纂兴盛，成果甚多，我们又在史部增设"方志类""谱牒类"，在子部增设"新学类"。这些新办法，必然会帮助和方便读者即目求书。

第二，《中国古籍总目》在各书名之下，分别注明本书的卷数、编撰者时代、题名及撰著方式、出版者、出版时间、版本类型及批校题跋等信息，特别还标列了各书的主要收藏馆舍，方便读者查找。

第三，编纂了《中国古籍总目》全书索引。索引包括"书名索引""著者索引"。每类索引下面又设字头笔画检索和字头拼音索引，大大方便不同习惯读者的需要。这部索引近700万字，是要花很多功夫、做很大投入，是要下很大决心的。

上述的特点，保证了这部大著的价值。

这部《中国古籍总目》耗时前后十七年，其中停而又起，散而再聚，艰难曲折，多所烦难。但它终获成功，其关键在于国家规划，继承为本；专家负责，三界（学术界、图书馆界、出版界）融合；切磋打磨，质量第一。在这前后十七年的持续努力中，培养造就了一大批古籍整理编目骨干，这对于"浩如烟海"的中国古籍的整理与出版事业是最大的收获，最大的贡献。

古籍整理与书目编纂是一项逐步积累、不断完善的事业。前出未密，后出转精，期待着新的成果不断涌现。

《史记》修订本的成绩和出版的意义

一

中华书局"二十四史"及《清史稿》修订工程的第一项,《史记》修订本正式出版了。这是修订工程的一件大事,是阶段性的成果,值得我们大家为之庆贺。

在正式发布会之前,中华书局(2013年10月19日)已经举办了《史记》修订本的全球首发式。在北京、上海、香港、台北,以及纽约、伦敦、东京等25个城市的31家书店同时展出这部著作,得到了广大读者和媒体的热切关注。无论对于拥有悠久出版历史的中华书局,还是对于古籍整理出版事业,举办全球范围的这样大规模的新书首发式,这是第一次。古籍整理图书是比较小众的图书,它的出版并不是每一个读者都特别关注的,但我们的学者、出版者,充分认识到它在文化事业中的重大意义,毫不犹豫地在这样一个事业中奉献了毕生的精力,特别是广大读者,通过各种形式和途径关注、支持《史记》修订本的整理和出版工作,让我们这些从事古籍整理与出版事业的人很受鼓舞。所以，我们有信心，把传承中华民族传统文化的事业继续下去，让中华民族的伟大精神发扬光大。

"二十四史"及《清史稿》的修订工程由《史记》首先告竣，这是很有意义的。《史记》对于中国历史，甚至对于后世人生观、人生哲学的形成，它的重大贡献不言而喻。从中国文化的发展来说，《史记》开创了纪传体史书的先河，建立史学作为独立学科的地位，确立了史传文学的传统。可以说，任何一个学习、研究中国文化的人，没有谁不受到它的重大影响。我们的每一篇论文，每一部著作，都直接或间接地受益于《史记》这部伟大的历史典籍。司马迁以其顽强的精神，杰出的才华，辉煌的成就，沾溉着后人。

《史记》内涵广博，有"实录"之美誉。可惜，司马迁去世不久，《史记》即已残缺。《汉书·艺文志》便说："太史公百三十篇，十篇有录无书。"所以，从魏晋时期起已有人进行整理。南朝宋《史记集解》（裴骃）、唐《史记索隐》（司马贞）、《史记正义》（张守节），史家称为"三家注"，奠定了《史记》通行本的基础。两千年来，历代史学家倾注心血，努力探索司马迁书稿的完整和文字的深义，试图恢复《史记》的原貌，取得了丰富的成果。1959 年，新点校本的问世，开辟了《史记》整理的新时代。

二

回顾 1959 年的《史记》点校本，我们不能不对前辈学者表示由衷的敬意。

原来《史记》的点校本是顾颉刚先生领衔，由贺次君、宋云彬、聂崇岐等多位前辈学者共同完成的。从点校时间上看，自1958年接受这个任务起，到1959年《史记》点校本出版，似乎只有一年多的时间。但是我们考证顾颉刚先生的"日记"，便会发现，在此之前，顾先生对于《史记》的标点整理工作已经进行了几十年。《顾颉刚日记》记载，早在1923年顾先生就着手标点《史记》。他在这一年的5月11日的日记中写道："与圣陶到予同处，谈标点《史记》事。"5月13日又记："标点《史记》约四卷。"后来又有整理《史记》的成果问世。所以，《史记》点校本的整理过程也是积数十年之功的。据史料记载，顾先生等人整理的《史记》出版后，毛泽东曾三次电话索书。看后表示满意。顾先生感慨道："斯我辈多人之积年辛勤之收获也。"

其次，我们不能忽略这样一个事实，那个年代的学者，是在传统文化的熏陶中成长起来的，是读着古代的原典积累起来学识的，他们所接受的教育体系和我们当代学者是有着较大的差别的。以我们今天的环境和条件，我们对于古书的理解，与他们是有差距的。因此，在整理古书这方面，尽管受到当时客观条件和技术手段的限制，可能有一些不够完善的地方，但原点校者们所做的工作，往往是卓有创建的。这次的修订确立了一个总的原则，就是"可改可不改的，不改"。这是我们这些后来人对前辈工作的信任和尊重。当然，每个人对"可改""可不改"的尺度把握不尽相同，但这条原则提醒大家，在做改动的时候一定要慎重。毕竟我们是"修订"，是站在前人的肩膀上更上一层楼。弥补和纠正前人的缺误，当然是我们的目标。可是如果我们稍有不慎，把原来正确的改错了，就违反了修订的原意。这一点《史记》修订工作考虑得很周到。这是一个值得其他修订工作借鉴的经验。

中华书局是十分慎重的，坚持并发扬了中华的优良传统。《史记》修订本正式出版之前，中华书局做了许多征求意见的工作。比如，特地印制了 300 套"征求意见本"，约请一些未参与修订的专家学者提意见。修订组的同志和中华书局的编辑、校对同志，吸纳了专家的大部分意见，除了表格部分七百多面全部重新排版外，还抽换了正文七百余面，总体的质量有了较大的提升。这是中华书局一百年来求精和严谨传统的继续。

在"二十四史"中，《史记》不但是最受各方面关注的一部书，也是修订工作最为繁复的一部书。1959 年版的点校本《史记》分段精善，校勘审慎，标点妥帖，有关技术处理得当，出版后受到学术界好评和广大读者的欢迎，成为半个世纪以来最为通行的《史记》标准本，这是很好的基础。但由于时间仓促，再加上几乎就是依靠顾颉刚、宋云彬等几位先生个人之力完成，比较多地依赖于清张文虎的校勘成果《校刊史记集解索隐正义札记》，不理想之处不少。所以，顾先生在《史记》出版之初即表示还要重新校点。并对多处校勘记被删除，表示不满。他说："只要用事实说话，不多说空话，就不能说是繁琐考证。"正是汲取这个经验教训，新的修订工作借鉴吸收了顾颉刚等学者的意见，改进作法，采用对每一史另做"校勘长编"的方式，说明存在的问题和处理的理由。

因此，可以说，《史记》修订本在更新程度上是有重大突破的。

三

以赵生群先生为主的《史记》修订组成员，都是南京师范大学古典文献系的教师，长期从事古典文献的整理和相关研究。从 2006 年 5 月最初的调研阶段开始，连续不断地工作了七年多，厘清了很多复杂的学术问题和校勘细节，成果丰硕。《史记》修订组"八年抗战"，尤其是主持人赵生群先生，几乎把全部精力都投入到这项工作中来，光是版本通校就做了十多个，补写校勘记三千四百条左右，改动标点六千多处。修订的后台工作相当繁重。今天我们看到的这一部装帧精美、质量厚重的修订本，是全体修订者多年努力的结果，当然也包含了编辑人员、审读人员的心血。

"二十四史"及《清史稿》的修订工作制定的总体目标，主要包括两个方面：一是，保持点校本已取得的整理成果和学术优势，通过各个修订环节，消弭点校本存在的缺憾，并认真吸收前人与时贤的研究成果，包括当代学术研究的新发现（文物、文献资料）、新结论（学术定论），使修订本成为符合现代古籍整理规范、代表当代学术水平，能够体现二十一世纪新的时代特点的典范之作。二是，解决原点校本各史体例不一的问题，做到体例基本统一。这两个方面，现在看来，《史记》修订本都做到了。

具体来讲，《史记》修订本的主要成就表现在下面几个方面：

第一，广校诸本。修订组全面而系统校勘了北宋至清有代表性的多种《史记》刻本，以及十余种日本钞本、敦煌写本。其中有"世间乙部第一善本"台湾傅斯年图书馆藏北宋景祐监本《史记集解》、中国国家图书馆藏南宋绍兴本《史记集解》、日本国立历史民俗博物馆藏南宋建安黄善夫刊《史记》三家注合刻本、南宋淳熙三年张杅刊八年耿秉重修《史记集解索隐》合刻本、日本藏六朝钞本、日本藏唐钞本、法藏敦煌残卷等。选用善本之精，校勘规模之全，超过此前各家。

第二，新撰校勘记三千四百条左右。原点校本使用方圆括号表示文字增删，未撰校勘记以说明理由。修订组复核了点校本对底本所作的全部校改，包括方圆括号改补和暗改。已经厘正的从之，存疑的慎重斟酌，错误的予以纠正，统一撰写校勘记，涉及增删的重要改动都出校说明。

第三，订补疏误，后出转精。修订本对原点校本的分段优化、调整，改正破读之处，纠正讹脱衍倒。全面检核三家注相关引文，确立引文的精确起讫和来源。充分利用清代至今前贤时彦及日本、海外学者的校勘、研究成果，适度参考出土文献，择善而从。

第四，尊重底本、优化完善。由清张文虎主持刊刻的金陵书局本，是清末以来最为流行的《史记》善本。修订本一仍点校本《史记》选用清代金陵书局本作为底本，尊重、保留金陵书局本、点校本的整体面貌和优秀成果。依据当代《史记》研究成果和读者需要，修订本对于金陵书局本删削的唐代司马贞《史记索隐·补史记条例》和《三皇本纪》，重新恢复其原来面貌。保存了文献，方便了读者。

第五，多领域专家协作。点校本《史记》修订同时约请天文、历法、礼制、中西交流等专门领域研究名家参与修订工作。并约请多名文献家、史学家审读修订稿，提供专业审读意见，供修订者参考、吸收，以期完善。

可以这样说，在前辈学者成果的基础上，修订本利用现在的很多便利条件，包括能看到更多的好版本，参考新出土的一些重要的文献资料，采用先进的科技手段，再加上有更多学者的参与和智慧，在质量上确实比"点校本"提高很多。在标点和校勘方面，《史记》修订本改正和弥补了许多"点校本"的疏漏之处，使《史记》的整理更臻完善。

《史记》修订本的审稿编辑工作，前后进行了近两年的时间。其间召开各种相关的评审会、讨论会、定稿会等十余次，中华书局投入了很大的力量，总的来说，收到了好的效果。但是，也有一些值得注意的问题。《史记》修订本出版以后，认真总结，可以为以后的工作提供参考。这些值得注意的问题如下：

1. 要遵循基本的修订程序，以减少周折，保证修订工作的可回溯性。程序设计是每个古籍整理项目一开始就应重视的工作。中华书局多年来做大型文献整理工作累积出来的一个重要经验是，一定要重视撰写长编资料。如果做不到每一条都有长编，每一条长编都详实，在后面的审稿和编辑加工中势必会出现问题，重复劳动，甚至造成错误判断。另外，撰写的长编，应该对每个细节都有反映。这样，不管到什么时候，接着做的人就能清楚地明白前面的结论是怎么来的，有利于提高工作质量和效率。

2. 坚持严格的评审和编校程序，保证书稿的质量。修订工作另一个重要的方面，就是要有完善的专家审稿和编辑审读制度。一套完整的审稿程序，也是保证修订质量的基础。包括《史记》在内的各史修订方案、样稿审读，都有审定委员和外审专家参与。《史记》定稿和付印前，都要约请专家分别审读，听取他们的意见，从多个环节保证质量。

从出版社内部说，坚持三审三校制度也是十分重要的，在《史记》这样的重大项目上，审校的次数必然要大大超出其他图书。专家校勘工作重要，出版社的审校工作同样重要。俗话说"术业有专攻"，专家、编辑、校对，各有专长，各司其职。大家同心同德，各展所长，才会事半功倍。

3. 借助修订工作所提供的机会，各修订项目承担单位和中华书局，都要重视积极培养古籍整理出版专门人才，巩固已经形成的古籍整理队伍。利用项目培养队伍，借助队伍推进项目，古籍整理与出版事业就会后继有人。中华书局还应该在各史修订完成之后，继续保持与修订组的密切合作，有条件的可以共建研究基地，在古籍整理队伍建设上，在重大古籍整理项目的开展上，做一些新的有益的探索。

4. 整理和扩展修订资料，继续出版一批高质量的延伸成果。中华书局在修订工程的配套项目中，还设计了两套丛书："二十四史校订研究丛刊"，"二十四史研究资料丛刊"，集中出版关于点校本的校订成果和相关研究成果，作为修订工作的学术支撑。现在陆陆续续出版了一些，比如王仲荦先生的《宋书校勘记长编》，吴玉贵先生的《唐书辑校》，陈美东先生的《历代律历志校证》，丁福林先生的《南齐书校议》，台湾詹宗祐先生的《点校本两唐书校勘汇释》等等，目前还有在编辑过程中的若干种图书即将出版。

在修订本出来以后，修订组的同志还有许多工作要做，一定要将工作成果做到位，把经验总结好，推进古籍整理与出版事业前进。

四

五十多年前整理出版的点校本"二十四史"及《清史稿》，是古籍整理领域一大成功的范例。参与其事的前辈学者，其大无畏的开创精神，其深湛的学术功力，其恪尽职守的道德风范，在学术界乃至广大读者中长久流传，倍受尊崇。如今，五十年光阴过去了。在新的历史时期所开展的这一修订工作，是对前辈工作的继承和延续，无疑是一项十分重要的，同时一定是一项长期的、艰苦的劳动。我们欣喜地发现，即使有着诸多的不利因素，仍然有相当多的年轻学者对于古籍整理、对于传统文化保持着尊重、珍惜和热爱，珍惜这半个世纪以来的唯一一次修订机会，热爱中华民族传统文化的博大精深，满腔热忱地投入到这项伟大事业中来。

当然，我们必须看到，修订工作的有些项目进展比较缓慢，问题还不少。这里面，有着各种各样的客观原因，但归结起来，恐怕还得从思想上的重视程度上找原因。很多学者，承担了大量的科研工作，高校的老师们还有繁重的教学任务，时间有限，只能从现实考虑，有选择地进行。这就出现了有时间就做一点，其他的事情来了就先放下的情况。

在学术研究中，古籍整理这项工作，本来应该是最重要、最有价值的基础性工作。道理很简单，没有准确、可信的材料怎能做好科研工作？但有的地方却从现实考虑让步于其他一些项目了。应该说，"二十四史"及《清史稿》修订工程是目前古籍整理出版界影响最大的国家重点工程，读者翘首以盼，又因为原点校本影响巨大，中国学术界瞩目，世界学术界瞩目，无论从哪一个角度来说，都是一项不能不高度重视、不能不争分夺秒的工程。至于它的价值，我大胆地说，再过个三十年、五十年，有多少今天所谓的学术成果还能留存在学者们的视野里？一年出版的 41.4 万种图书，有多少还能保留下来？但我们这个修订本，一定会成为承前启后的重要典籍。有一些数字很能说明问题。点校本《史记》从 1959 年 9 月出版第一版、1982 年出版第二版，到今年总计 54 年，共印行 27 次，发行近 60 万套。近十年来，点校本《史记》每年发行量都超过一万套，还不算那些形式各异的衍生品种。为中国历史文化研究，为广大读者的阅读学习，为中华文化的继承和发展，做出了重大的贡献。我们现在所做的修订工作，有着同样重要的价值。特别是当后人想到，今天在那么一个急功近利的环境中，那样一个五光十色的社会里，还有这样一批学者，十年面壁，孜孜以求，一定会赞赏和感动的。

是否可以这样说，点校本"二十四史"及《清史稿》的修订，是千百年来前人整理校勘工作的继续，是为后人铺路搭桥，修订中遇到一些困难，实属正常。就说其时间跨度之长，又必须要坐得住冷板凳，就是一个严峻的考验。我还记得在 2007 年第一次修纂工作会议上，国务委员陈至立代表党和政府来表示祝贺。她说："很多事情都会像潮流那样一个一个过去的，而很多我们一时觉得好像属于低潮的事情一定会回归的。在昙花一现的东西消失以后，退潮以后，金子就会显露出来。我们现在就要为那个时候的到来做准备。"这话很有道理。数百位专家学者，本着对国家、民族和历史高度负责的态度，怀着强烈的使命感、责任感，积极参与到这项工作中来，同时，作为承担单位的各个院校和研究机构，也提供了大力支持，大家为着同一个目标焚膏继晷，相信没有什么不能解决的难题。

点校本"二十四史"及《清史稿》自上世纪五十年代启动以来，至本世纪全面修订再版，历经五十余年。五十余年间，一代又一代学者接力赛跑，前仆后继，默默奉献，倾尽心力，让我们这些后继者钦佩不已。早在1960年，时任国务院古籍整理出版规划小组组长的齐燕铭同志，就曾对点校本提出过两点明确的要求：其一是，在学术成果上要"超越前人"，其二是，经过重版修订使之"成为定本"。"点校本"的推出，已经超越前人，创造了历史。而今再经全面修订，在保持原有学术优势的基础上，继续有所提高，形成一个"体例统一、标点准确、校勘全面、阅读方便的全新升级版本"，也是可以预期的。

《史记》修订本问世，标志着修订工程已经进入出版阶段。大家再接再厉，全面圆满地完成修订工作也为期不远了。

2013 年 11 月

追求·创新·超越

——关于《中国大百科全书》第三版的构想

中国大百科全书出版社自 1978 年成立至今 40 周年了。它是为《中国大百科全书》而生，40 年来，也是围绕着《中国大百科全书》而发展，而繁荣。2011 年，国务院立项，实施《中国大百科全书》（第三版）工程，中国大百科全书出版社又开始了新的征程。

回忆《中国大百科全书》发展的历史，我还是缘分不浅。二版立项前，我作为新闻出版署分管出版的图书司司长，曾和百科社的同志一起去国务院秘书局说明工程的意义和我们的要求；工程进行中，我又以副署长的身份，和百科社的领导去当时国务院主管副总理李岚清同志处汇报；二版完成时，在人民大会堂召开表彰大会，虽然由于偶然原因我没能与会，但因为我是总编委会副主任之一，所以，出席会议的名单中仍然有我的名字。真是机缘巧合，表彰会后一个月，我又被任命为《中国大百科全书》的总主编。我和大家一起接过胡乔木、姜椿芳、梅益、周光召和徐惟诚等前辈的大旗，继续前进。

我们从事的事业是光荣的，光荣的事业常常是十分艰巨的。我们谨慎、周密地策划，放眼四方去调研，从投入这项工作开始，到现在有七年了。这七年，我深深体会到，做好这项工程，要牢牢把握六个字：追求、创新、超越。

《中国大百科全书》（第三版）的工作是在党中央、国务院的支持和关心下进行的。二版完成后筹划进行三版的时候，中央领导明确指出要不断前进，不断创新，特别提出"传播力决定影响力"的观点，要求我们改进传播方式，不但要搞纸版，还要数字化，搞网络版，要跟上世界的潮流。特别要提出的，在文化出版领域，《中国大百科全书》（第三版）这样的项目，可以说是近10年仅有的一个由国务院立项的工程。这个工程是中办和国办印发的《国家"十三五"时期文化发展改革规划纲要》中仅有的三个"国家重大出版工程"之一，而且是名列第一位的工程。可见党中央、国务院对这项工程的重视和期待。

2017年，第一次在科学院的科学网上披露三版工作情况，引起海内外媒体的广泛关注，国内的《参考消息》《中国新闻出版报》《中华读书报》《环球时报》和香港《南华早报》，国外的美联社北京分社、新加坡《联合早报》、《新西兰先驱报》、英国BBC等纷纷发表消息和评论，可见世界对中国编制新一版《中国大百科全书》的特别关注。

今天，借庆贺中国大百科全书出版社成立40周年这个机会，我谈谈在从事《中国大百科全书》（第三版）工作中我的一些认识和体会。

2011 年 11 月 5 日，国务院批复《中国大百科全书》三版立项。2013 年 11 月，资金到位。应该说真正开展《中国大百科全书》第三版的工作，是从 2014 年起，至今已近五年，如果加上前期一年半左右的调研工作，到现在有七年之久了。三版设有总编委会，其中有大科学家、著名学者，包括院士、教授、研究员和各部委领导共 25 位，主任是第十二届政协副主席原社科院院长陈奎元。

我是做编辑工作出身，先后在中华书局、新闻出版总署、中国出版集团任职，后来又做《中国大百科全书》（第三版）的工作，前后五十余年，总的来说都是做编辑出版工作。但是，在这之前，我没有编过百科全书，所以编辑百科全书我是初学。这几年下来，我感到这项工作、这一部书，意义非比寻常。几亿字的大书我编过，小书三五万字的我也编过，杂志、"活页文选"，每一篇文章几千字的我也编过，但是《中国大百科全书》它不是简单的一部书，它是文化的万里长城，所以我觉得《中国大百科全书》这项工程意义非比寻常。我有幸参与其中，受益良多。

第一点，这项工程是光荣而艰巨的。

为什么说光荣呢？它是一项重大的文化工程、重大的学术工程，代表着国家的形象和科技文化水平，体现着每一个撰写条目的学者的学术价值，它是国务院立项的一个国家重大项目，能投身到这样的事业中去还不光荣吗？为什么说是艰巨呢？因为它承担着准确、权威地传播、宣示各种学科科学知识的任务。它是标准，要传播得好，还要准确、权威，不辜负广大读者的信任，那还能不艰巨吗？

我投身到《中国大百科全书》的事业中之后，学习百科全书的编纂出版历史，为一部优秀的百科全书的价值深深震撼。

1772年，以法国哲学家狄德罗为代表的法国启蒙运动的倡导者们用了二十年的时间，编写了世界上公认的第一部现代意义上的百科全书——《百科全书，或科学、艺术和手工艺分类字典》即《法国百科全书》。书一问世，恩格斯立即予以高度的评价。他说，《法国百科全书》成了一切有教养青年的信条，它的影响是如此的巨大，给了法国革命党人一面理论的旗帜。主编狄德罗说，这部巨著是改变人们思想方法的辞典，是一部以解放思想为目的的百科全书。另外他又说，用革新的态度介绍现代知识，特别要重视先进技术的工业应用，即促进知识向现实生产力的转化。他不但讲了政治上的巨大意义，还讲到科技的发展对现实生产力的作用和价值。

恩格斯、狄德罗及经典作家们对一部"百科全书"的评价是如此之高（是革命党人一面理论旗帜，是改变人们思想方法的辞典），让我震惊。今天，当我有幸投身到《中国大百科全书》的编辑出版工程中来，顿感使命的庄严和神圣。

第二点，项目重大又十分具体。

说重大，大家常说百科全书是没有围墙的大学。说它具体，因为需要一个条目一个条目地写，好比万里长城，要一块砖一块砖地砌起来，哪一块砖都得严丝合缝，否则就会影响整体工程的稳固。

辞书编纂专家们说：辞书编写是个系统工程，是个完整细密的整体，工作流程环环相扣，各个步骤间紧密衔接，不认真考虑，事先安排好，到头来还得补课。这就必须要有一种"水磨工夫"，反复打磨，细之又细。

第三点，反映最新的科研成果，又要深入浅出、雅俗共赏地表达出来。

不反映最新的科研成果就不可能权威。国际的水平已经达到一个新的层次、新的境界，你还说一二十年前的老话，怎么行呢？另外，还必须做到，反映最新的科研成果还要表达得深入浅出、雅俗共赏。举例来说，你是力学家或物理学家，你讲的道理你认为很基本，很普通，但大百科全书的读者并不都是学力学、物理学的，他们就会认为太高深。力学家、物理学家读其他学科的条目也会有这样的问题。编纂大百科全书的原则之一，就是它编写的条目是给非本专业的读者使用的，所以，为了让这些非本专业的人能读懂最新的科研成果，就要深入浅出、雅俗共赏。

第四点，这部书既影响深远，又是读者的日常工具。

说到影响深远，就想到万里长城、想到金字塔，应该说《中国大百科全书》以及世界上很多著名的百科全书，都是文化上的万里长城和金字塔，耸入云天，万人瞻仰，成为人类引为骄傲的共同的文化遗产。现在有了网络，各种资料库，甚或"大数据"，查阅资料十分方便，但大家还是要使用纸版的或网络版的百科全书，更信任百科全书，百科全书成为每个人、每个读者日常的学习工具和读书的可靠宝典。

第五点，完成这样重大的工程，作者既要有精湛学识，又要有无私的奉献精神。

从作者方面说，一个条目千百字、几千字，谈不上是学术著作，可是如果没有专门的研究、没有高深的专业水平，这几千字是写不出来的。这几千字的条目可能是他们一生研究的结晶，没有研究无从落笔。超长、特长的条目字数会比较多，但这样的条目并不是很多。各位专家学者和院士都肩负重任，身上都有不少重大的科研项目，还要挤出时间来写这几千字的条目，这就需要一个很高的境界，需要有高尚的精神。这种精神就是奉献精神。

这使我想到科技创新和科学普及的问题。编写百科全书条目的各位学者都是搞科技创新的专家，同样是优秀的科学普及的教师，因为大家都知道没有科技常识的普及，没有科普打造起来的基础，科技的金字塔就构筑不起来。百科全书的重要性是由它的性质、价值决定的，它既是科技创新成果的体现，又是把创新的科技成果普及大众的一个平台。没有对大众的普及和素养的提高，科技创新的基础就不会雄厚，成果就不会源源不断。所以一个条目千百字、几千字，就这样与一个伟大的事业联系在一起了。

编纂"百科全书"的意义非比寻常，编纂《中国大百科全书》选题的运作，顶层的构建，页面的设计，同样非比寻常，要求精心设计，精心施工。

我们要怎样打造一个"充满活力"的百科全书呢？

第一，要努力追赶世界先进水平。

目前，在时代的压力和形势的压力下，三版工作正在十万火急、日夜兼程地努力进行着。国际上的百科全书创新不断，特别是网络百科发展迅速。

比如说《不列颠百科全书》，2012年3月突然宣布停止发行纸质版，要搞网络版，而且一上手就发展得很快，短短几年已经有15万个条目，可检索的条目达到98000个，照片9800幅，地图377幅，动画影像204幅，还可以链接纽约时报、英国广播公司等机构的新的文章，发展之迅速令人目瞪口呆。不列颠百科全书公司总裁豪尔赫·考斯十分豪迈地说：这个决定对百科全书意义重大，不是为了我们辉煌的过去，而是为了我们充满活力的现在和未来。

　　《维基百科》自2001年英文版成立以来，现在已经成为世界上最大的资料来源网站之一。280种以上的语言版本，近10亿的访客，号称"人人可以编辑的自由百科全书"，免费提供完整的内容。当然，它不同于《不列颠百科全书》《中国大百科全书》这样的高端百科全书，但维基百科的发展有这样三点特别值得重视：第一，条目量大，访客量大，必定是影响大，截至目前已有数亿访客。第二，读者认为它权威、有用，号称是"人人可以编辑的自由百科全书"，那就另有魅力。读者愿意使用它，它的影响当然就大。第三，到目前为止已有30多万个中文条目，这就加强了它在中国的影响，也加大了对三版工作的压力。

　　《俄罗斯大百科全书》于2002年10月开工，它是《苏联大百科全书》的一种延续，普京总统亲自签署总统令，任命科学院院长为编委会主席。现在它的纸版已经完成了，正在筹划数字版。

　　形势的压力、时代的压力，科技现代化发展的压力，就要求我们必须加快速度，共同努力推进三版的工作进程，争取早日完成《中国大百科全书》的网络版，适时推进纸版。

第二，靠质量打造品牌。

形势、时间的压力如此之大，我们该怎么办？我们是后来者。后来者要赶上去，超过去，后来居上，靠什么？靠的是质量，是权威和准确。所以，加速的关键是要把质量搞上去，靠质量打造品牌。质量是最大的政治。质量是百科全书的生命。国际上对于百科全书的质量有个评判的机制，它以百科全书被图书馆、评论刊物、专家、重要报刊引用的次数，图书要目、工具书收录的数据作为比较的标准。这个标准最高分是 15 分，现在《不列颠百科全书》《康普顿百科全书》《美国百科全书》都得到了最高的 15 分。我们必须赶上去，要形成我们的质量品牌。质的关键，一个是准确、权威，另外一点，更为重要的是要达到准确、权威，必须导向正确、导向科学。我们能不能做到恩格斯、狄德罗对《法国百科全书》的评价："一切有教养青年的信条"，"促进知识向生产力转化"？

应该说，我们并非无根据的盲目自信。我们具备保证质量的条件。我们有国家和各方面的坚强支持，我们现在已有两万五千多名专家学者投入到编写工作中来。有百科社在岗和退休的几百位编辑的精益求精的工作。他们兢兢业业，不计报酬，攻坚克难，团结奋战，这些都是我们后来居上的有利条件和可靠保证。

第三，创新才能超越。

要想超越，必须得有新思想、新思路、新设计，不迷信旧有的、现成的秩序。

毛泽东同志早年和王任重同志谈话时说：不如马克思不是马克思主义，等于马克思不是马克思主义，只有超过马克思才是马克思主义。这就是讲的创新与超越的关系，变化、发展、创新是马克思主义的灵魂，只有创新才能超越。

我们现在也有一些改革的考虑，也可以说是新思路，但仅仅是初步的，还要请大家出谋划策。

（一）关于网络版

网络版要有鲜明的中国特色和风格，重视对中国各民族的历史文化遗产、科学技术成就和各方面情况的介绍。在注意稳定性的条件下，充分阐述建设有中国特色社会主义理论和实践的成果。

网络版进行多媒体配置，运用文本、图片、音频、视频和交互产品，体现科学性、知识性、文献性、艺术性、趣味性，努力运用现代科技生动活泼地展示人类创造的科学知识。

网络版分为专业版、专题版、大众版三个板块。

专业板块是网络版的核心、主体。它的框架以科学分类为基础，既要有稳定性，又要具有时代性、开放性。专业板块按学科分工编撰。其中人文科学、社会科学内容的比重略大于自然科学和工程技术科学，经加工、整合为一体。以大学及其以上文化程度的非本专业读者为对象。介绍知识既要坚持学术性、准确性，又要深入浅出，具有可读性。

专题板块以各种特定课题为中心，以多作者、多视角、多条目汇集的形式编撰。这种专题汇集，可以方便读者阅读、深入探讨。对专题研究者会有裨益。

大众板块以满足人们对现实的经济、政治、文化、教育、医药、文艺、体育现象及日常生活知识的关注为重点，注意雅俗共赏。采用"开放集稿、封闭发布"的运作方式。以中等以上文化程度的读者为对象。

（二）关于纸版

"纸网互动"。现在国家给我们提供了条件，网络版纸版都要做。我们先做网络版，在网络版的基础上，再做纸版。纸版与网络版先后成型，这就给两个版本的结合或互动创造了条件。

因为网络上的东西肯定更丰富、更多彩，不但有文字还有图像，有声音、动漫，是多媒体的。纸版上的东西是从网版几十万上百万条目中筛选出来的，更精粹。但是为了扩充纸版的内容，增强它的表现力，在重要的条目下面增加二维码链接。比如"郭沫若"一条，不可能写得很长，后面加二维码，郭沫若科学方面的文章、郭沫若的诗歌、郭沫若的小说等，只要是网络上有的，用二维码都能链接起来，这就形成纸网结合和互动。

另外，我们在设计纸版如何分卷的时候，根据读者的意见，计划最终要采用"大类集成"的办法来分卷，相关相近的学科结合在一起，成为一个"学科群"。用"大类综合"的办法来编纂，在一个大门类中，尽量减少、避免重复。比如，你是学历史的，那么你需要看中国文学、外国文学、中国历史、世界历史、中国哲学、世界哲学，如果把文史哲编成一个大类，综合在一起，成为一个学科群，一大卷，使用起来就会很方便。又比如：地球科学学科群，包括地球科学、地理学、大气科学、海洋科学、地球物理学、地质学、生态学、环境科学、中国地理、世界地理等，汇编成为一个学科群，研究地理的人，一卷在手，左右逢源。同样一个人物又可以集中一起来写，不必分散在不同学科的各卷中去。当然，做起来有难度，但会给读者带来很大的方便，就值得一试。

我们还想每个学科前面有一个"超长条目"，这个超长条目可以是一两万字、两三万字，读者通过阅读这个超长条目，可以了解这一学科发展的历史、现状，了解学科的发展规律，进而展望学科未来的发展趋势。其实，超长条目等于是把这个学科的从前、现在和未来做了一个总结概括。所有的（103个学科）超长条目，结合在一起，又是一部了不起的学术巨著。

考虑到我们已有网络版，纸版不可能像过去只有纸版时需要那么多，但是中国又有中国的特点，一些读书人特别是年长的学者，图书馆、学校、研究单位还需要纸版，我们将采取按需印刷的办法，做到按需供应。

第四，对百科全书编纂的艰巨性和复杂性一定要有充分认识，对它所要求的科学性也要有足够的理解。

质量问题关系重大，一个是国家的文化形象，一个是学者的个人形象。须知整部大百科全书，前面置有"中国"二字，每个条目后面都署着作者的名字。所以，我们对编纂《中国大百科全书》的艰巨性、复杂性、科学性要有足够的认识。我们下笔时要想到《中国大百科全书》光荣的传统。

在第一版出齐之后，当时主持工作的梅益先生写文章总结第一版的得失。他说第一版有很多长处，总的来说是好的，有些卷达到了国际水平，是世界一流的。但他还是不无遗憾

1996年，陪同乔石同志（右一）参观中国
出版成就展。左起：于友先、杨牧之。

地说，整体来看编辑工作还有两点不足，或者说两个缺陷：一个缺陷是，编纂工作前期，缺乏一个完整的以学科分类为核心的总体设计，导致全书列卷参差不齐，综合百科和专科百科混淆，后来调整起来费事不小，也未必如意。另外一个缺陷是，有的卷未能贯彻执行编辑体例，编辑把关不严，而且缺乏统一标准，影响了全书应有的统一性、规范性。这就是一版出版之后，作为具体主持工作的梅益先生的遗憾之处。他希望今后修订时能不断地改正。《中国大百科全书》一版是几万名高明的专家、学者打磨了 15 年之久，耗尽心血之作，主编者尚有如此多的不满意之处，岂不令人感慨。一方面确实体现了他们对自己要求之严、之高，精益求精的精神，另一方面警诫我们这些后生，对事业要心存敬畏，加倍努力，慎之又慎！

从事这项工作的，一个是编者，一个是作者，从百科全书这个角度来说，它的特点整体来说应该是编写合一的，它不像其他的书那样编辑是编辑，作者是作者。这样对科学性的认识，对最新研究成果的汇聚，必然带来艰巨性。而且，要统一格式、吃透体例也是一个很复杂的、很重要的问题。

编纂百科全书是标准化工程，是规范化的工程，一般来说它不是个性化写作。有的学者谈体会说："从内容到形式，都要求有标准化的书写，必须依照统一的体例、格式来撰写，不能自己想写什么就写什么，爱怎样写就怎样写。"所以，既然是标准化的工程，标准是科学的、实践的总结，首先就得吃透标准，严格遵照标准的要求去做，做到从严把关、从严审稿、集体讨论、共同商量。

写到这里，我想起狄德罗在《法国大百科全书》"百科全书"条目中的表述。他说："我们深知编写这样一部百科全书，这样的事业只能产生于一个富有哲学精神的时代"，"我们感到自己心里正酝酿一种行为的愿望，它使我们为达到目的而不惜做出牺牲。"这里，借用前辈的这些话结束我的感言。我坚信，在诸位专家学者的齐心努力、鼎力支持之下，经过中国大百科全书出版社全体编辑出版同志的共同奋斗，一部崭新的包括网络版、纸版的《中国大百科全书》第三版，一定能够完美问世。

2018.8 大雨

附录：在"中国大百科全书出版社成立40周年暨中国百科出版事业发展座谈会"上的发言

（人民大会堂·2018 年 11 月 18 日）

各位领导，各位专家学者和编辑朋友们：

大家好！中国大百科全书出版社自 1978 年 11 月 18 日成立至今 40 周年了。它是为《中国大百科全书》而生，40 年来，也是围绕着《中国大百科全书》而发展、繁荣。2011 年，国务院立项，实施《中国大百科全书》（第三版）工程，中国大百科全书出版社又开始了新的征程。

我和大家一起接过胡乔木、姜椿芳、梅益、周光召和徐惟诚等前辈开创的现代百科事业大旗，接过一版、二版专家学者和同志们的事业，继续前进。

今天，2018 年 11 月 18 日，我们读到习近平总书记关于《中国大百科全书》第三版工作的重要批示，给我们极大的鼓舞和鞭策。《中国大百科全书》第三版开始了一个新阶段。

从 2011 年起，我们对《中国大百科全书》三版网版的可行性和顶层设计进行调研，得到了广大专家学者和编辑出版工作者的广泛支持。2014 年正式启动，至今已过去 4 个多年头。在这个过程中，我们深深体会到，做好这项工程，要牢牢坚持正确的政治方向，坚持以习近平新时代中国特色社会主义思想为指导，一定要"守正创新"。

《中国大百科全书》第三版的工作是在党中央、国务院的支持和关心下进行的。二版完成后，中央领导明确指出要不断前进，不断创新，特别提出"传播力决定影响力"的观点，要求我们改进传播方式，不但要搞纸版，还要数字化，搞网络版，要跟上世界的潮流。特别要提出的是，《中国大百科全书》第三版这个项目，是由国务院立项的工程，得到了财政部大力支持。在中办、国办印发的《国家"十三五"时期文化发展改革规划纲要》中，把它列为"国家重大出版工程"。今天又学习了习近平总书记百忙中作的重要批示。这一切，充分体现了党和国家对这项工程的重视和期待。

今天，借座谈会的机会，向领导和同志们汇报我们在从事《中国大百科全书》（三版）工作中的一些认识和初步体会，表达我们落实总书记指示的决心。

我们从事编辑出版工作的同志，深深感到，这项工作、这一部书，意义非比寻常。它不是简单的一部书，它是文化的万里长城。我们有幸参与其中，受益良多。

首先，我们认识到，这项工程是光荣而艰巨的。要做好这项工程，必须充分认识这项工程的重大意义。《中国大百科全书》是一项"传承文明，启迪智慧"的国家重大文化工程，代表着国家的形象和科技文化发展水平。同时它承担着准确、权威地传播、宣示各种学科科学知识的任务。它应该成为标准。要不辜负广大读者的信任。所以，在感到光荣的同时，也一定不能忽视这项工程的特别艰巨性和重大的责任。

特别是投身到《中国大百科全书》的事业中之后，学习百科全书的编纂出版历史，我为一部优秀的百科全书的价值深深震撼。1772年，以法国哲学家狄德罗为代表的法国启蒙运动的倡导者们，用了二十年的时间，编写了世界上公认的第一部现代意义上的百科全书——《法国百科全书》。书一问世，恩格斯立即予以高度的评价。他说，《法国百科全书》成了一切有教养青年的信条，它的影响是如此的巨大，给了法国革命党人一面理论的旗帜。该书主编狄德罗说，这个巨著是改变人们思想方法的辞典，是一部以解放思想为目的的百科全书。他又说，用革新的态度介绍现代知识，特别要重视先进技术的工业应用，即促进知识向现实生产力的转化。恩格斯和狄德罗，他们不但讲了《法国百科全书》在政治上的重大意义，还讲到百科全书总结的科技的发展对现实生产力的促进作用和巨大价值。

恩格斯、狄德罗及经典作家们对一部"百科全书"的评价是如此之高,让我们大为震惊。《中国大百科全书》一版、二版的贡献,让我们崇敬。今天,当我们投身到《中国大百科全书》三版的编辑出版工程中来,顿感使命的庄严和神圣。《中国大百科全书》同样肩负着宣传、阐释新时代习近平中国特色社会主义思想的重大任务。同样,要用革新的态度介绍现代科学知识,促进知识向生产力的转化。

第二点体会,项目重大又十分具体,必须精心设计、精心施工,一丝一毫不能马虎。大家常说百科全书是没有围墙的大学。说它具体,因为需要一个条目一个条目地写,好比万里长城,要一块砖一块砖地砌起来,哪一块砖都得严丝合缝,否则就会影响整体工程的稳固。

辞书编纂专家们说:辞书编写是个系统工程,是个完整细密的整体,工作流程环环相扣,各个步骤间紧密衔接,不认真考虑,事先安排好,到头来还得补课。这就必须要有一种"水磨工夫",反复打磨,细之又细。我们在施工中,一定要牢记质量第一,强化精品意识。

第三点体会,完成这样重大的工程,作者和编者既要有精湛的学识,又要有无私的奉献精神。几年来,我们从专家学者身上学到了许多优秀的品质。从作者方面说,一个条目几百字、几千字,如果没有专门的研究、没有高深的专业水平,这几百字、几千字是写不出来的。这几千字的条目可能是他们一生研究的结晶,没有研究无从落笔。 各位专家学者都肩负重任，身上都有不少重大的科研项目，还要挤出时间来仔细打磨这几千字的条目，应该说他们都有很高的境界，有高尚的精神。这种精神就是奉献精神。值得我们好好学习。

截至目前，《中国大百科全书》第三版网络版已取得阶段性成果。4年来，我们组织了近百个学科的编委会，组织了一支3万余人的作者团队和百余人的专业编辑团队。已经组稿30多万条，回稿21万条；编辑一审、二审、三审工作正同步有序进行；完成多媒体（图片、音频、视频、动画）配置总计2万余件；已有3万多条目进入编辑发布平台，准备上线测试。这是第一阶段成果。

我们要怎样继续努力，按总书记的要求"打造一个有中国特色，有国际影响力的权威"百科全书呢？经过几年的实践，我们有如下4点考虑。

第一，要努力追赶世界先进水平。

目前，三版工作正在十万火急、日夜兼程地努力进行着。国际上百科全书创新不断，特别是网络百科发展迅速，都给我们以冲击。

《不列颠百科全书》，2012年3月突然宣布停止发行纸质版，要搞网络版。不列颠百科全书公司总裁豪尔赫·考斯十分自豪地说：这个决定对百科全书意义重大，不是为了我们辉煌的过去，而是为了我们充满活力的现在和未来。

《维基百科》自2001年英文版成立以来，现在已经成为世界上最大的资料来源网站之一，免费提供完整的内容。而且，他们的资料库中中文条目不断增加，这就加强了它在中国的影响，也加大了对三版工作的压力。

《俄罗斯大百科全书》于 2002 年 10 月开工，它是《苏联大百科全书》的一种延续，普京总统亲自签署总统令，任命科学院院长为编委会主席。现在它的纸版已基本完成，也在筹划数字版。

形势的压力、科技现代化发展的压力，就要求我们必须加快速度。而《中国大百科全书》第三版是一个全新的项目，网络版的《百科全书》如何搞，在有网络版的情况下纸版如何设计，多媒体如何配合，怎样让网络版动起来、活起来等等，都需要再三调研和反复设计，所以前期占了较多时间。这是必需的，也是应该的。前期论证清楚、合理，下面工作将会有章可循，进度自然会加快。

第二，靠质量打造品牌。

形势、时间的压力如此之大，我们要赶超过去，后来居上，只能靠质量，靠权威和准确。所以，加速的前提是要把质量搞上去，靠质量打造品牌。质量是百科全书的生命。我们要赶上去，就要形成我们的质量品牌。质量的关键，一个是准确、权威，另外一点，更为重要的是，要达到准确、权威必须政治导向正确，紧扣传播先进文化这一根本任务。

应该说，我们具备保证质量的条件。我们有党和国家以及各方面的坚强支持，有近三万名专家学者投入到编写工作中来，有百科社在岗和退休的编辑的精益求精的工作，这些都是我们后来居上的有利条件和可靠保证。但是，对于这样一个网版、纸版同时构建的项目，从作者到编者面对的都是全新的东西，都要在学习和摸索中编制，而且，按常规，中后期稿件回来的速度会加快，这样，编辑队伍明显不足，仍需采取多种办法，增加编辑队伍数量，提高编辑队伍素质。

第三，创新才能超越。

要想超越，必须得有新思想、新思路、新设计，不迷信旧有的、现成的编写框框。

我们从大家的建议中总结出来一些新的思路。我简要作一汇报，还要请大家出谋划策。

（一）关于网络版

网络版百科不同于一、二版纸版的显著特点是数字化的媒介形式，可以进行多媒体配置，运用文本、图片、音频、视频和交互产品等数字化的技术手段，生动活泼地展示人类创造的科学知识。

网络版分为专业版、专题版、大众版三个板块。

专业板块是网络版的核心、主体。它的框架以科学分类为基础，按学科分工编撰。其中人文科学、社会科学内容的比重略大于自然科学和工程技术科学。以大学及其以上文化程度的非本专业读者为对象。

专题板块以各种特定课题为中心，以多作者、多视角、多条目汇集的形式编撰。这种专题汇集，可以方便读者阅读、深入探讨。

大众板块以满足人们对现实的经济、政治、文化、教育、医药、文艺、体育现象及日常生活知识的关注为重点。强调雅俗共赏，以中等以上文化程度的读者为对象。

（二）关于纸版

第一点是"纸网互动"。这是一个创新。国务院批示网络版、纸版同时进行。在网络版的基础上，再做纸版。纸版与网络版先后成型，这就给两个版本的结合或互动创造了条件。为了扩充纸版的内容，增强纸版的表现力，在重要的条目下面增加二维码，链接我们的网络版，这就形成纸网结合和互动。

第二点是分两步走。纸版的第一步，是按学科分卷。初步设计有80卷。第二步，我们将根据读者的意见，采用"大类集成"的办法，把相关相近的学科结合在一起，成为一个学科群。方便大家使用。在一个学科群中，用"大类综合"的办法编纂，尽量减少、避免重复。

第三点是，在每个学科前面设一个"超长条目"，可以是一两万字、甚至两三万字或更长，这个"超长条目"，介绍这一学科发展的历史、现状和规律，进而展望学科未来的发展趋势，等于这一学科的"简史"。所有学科的"超长条目"，汇合在一起，又是一部厚重的学术巨著。

第四点是，采取按需印刷，按需供应，有针对性地满足一些读书人、图书馆、学校、研究单位的需要，避免供不应求或积压。

第四，我们体会到，对百科全书编纂的艰巨性和复杂性一定要有充分认识，对它所要求的科学性也要有足

够的理解。

《中国大百科全书》关系重大，它是国家知识传播服务平台，它关系到国家的文化形象，因为整部大百科全书前面，置有"中国"二字，每个条目后面都署着作者的名字。所以，我们对编纂《中国大百科全书》的艰巨性、复杂性、科学性要有足够的认识。我们下笔时要想到《中国大百科全书》光荣的传统、党和国家的要求和广大读者的期望。

在第一版出齐之后，当时主持工作的梅益先生总结第一版经验时，他说第一版总的来说是好的，有些卷达到了国际水平，是世界一流的。但他仍然希望今后修订时能不断地提高。《中国大百科全书》一版是几万名高明的专家、学者打磨了 15 年之久，耗尽心血、精雕细刻之作，主编者尚希望后继者不断提高。一方面确实体现了他们虚怀若谷，对自己要求之严、之高，精益求精的精神，另一方面警诫我们这些后继者，对事业要心存敬畏，加倍努力，慎之又慎！

我们坚信，在党中央、国务院的领导、支持下，有诸位专家学者的鼎力相助、团结奋斗，经过中国大百科全书出版社全体编辑的努力，一部包括网络版、纸质版和外文版，"有中国特色、有国际影响力的权威的知识宝库"《中国大百科全书》，一定能够圆满问世。

谢谢大家。

信念、信心是做好新一版百科全书的基础

—— 与初参加《中国大百科全书》工作的青年朋友谈心

今天和刚参加三版工作的青年朋友谈谈心。一方面是借此机会通报三版工作情况；另一方面， 也是请大家来出谋划策，把每个人的责任担当起来，把每个人的智慧投入进来，群策群力，共同把这项工作做好。

我先谈谈我对百科全书的认识，对《中国大百科全书》三版的信念和今后工作的信心。我认为信念、信心是根本，特别对年轻的同志，二三十岁，三四十岁的年轻人，对一项事业的信念，对一项工作的信心，是非常重要的，因为有信心就能创新搞出与从前不同的东西来，有信心才能全心全意地去投入，有信心有信念才能不计较那些零零碎碎的东西，而每天热情奔放地工作。

我对百科全书所知甚少，过去我虽然做过几十年的编辑，但我没有做过百科全书的工作。不过我和《中国大百科全书》还是缘分不浅。二版在立项时，我还在新闻出版署工作，我和百科社的有关同志到国务院秘书局去商量立项的事，这是第一次。二版进行中间，我和社里的领导到国务院领导李岚

清那里做工作汇报。二版完成的时候，在人民大会堂召开表彰大会，我虽然因为偶然的原因没能与会，非常遗憾，但是大会邀请名单上也有我的名字，所以感到很光荣。表彰会之后一个来月，中宣部任命我做《中国大百科全书》第三版的总主编，我觉得从这时开始，我和大家一起接过了胡乔木同志、姜椿芳同志、梅益同志、周光召同志和徐惟诚同志的大旗，接手他们的事业干起来。到今天，几年过去了，我们干得怎么样？

百科全书事业是伟大的事业，是总结传输人类知识的事业。从世界范围来讲，狄德罗被认为是"现代百科全书之父"，他的《法国百科全书》是世界公认的第一部现代意义上的百科全书，恩格斯曾给过高度评价，他说"《法国百科全书》成了一切有教养的青年的信条，它的影响是如此巨大，给了法国革命党人一面理论的旗帜"。这个评价太高了。这是我没有想到的。还有《不列颠百科全书》，到现在也是世界上百科全书最大的权威之一。作者阵容强大豪华。我看了有关材料，4277位撰稿人来自一百多个国家，绝大多数条目是权威人士写的。比如"人口"条目是世界闻名的经济学家马尔萨斯写的，"进化论"条目是《天演论》作者赫胥黎写的，"心理分析"条目是精神分析奠基人弗洛伊德写的，"俄国"条目是俄国大文学家克鲁泡特金写的，"列宁"条目是被斯大林批判的托洛茨基写的，"古典政治经济学"条目是大卫·李嘉图写的，甚至"批量生产"条目也是请汽车大王福特写的，还有爱因斯坦、萧伯纳等一大批诺贝尔奖获得者撰写条目，真是阵容豪华。因为豪华的阵容，必然会给读者一个信号，那就是这部书一定很有权威。当然，我们无法和他们相比，但是，我们所从事的事业却是和他们一脉相承的。

我们是踩着前辈的脚印前行的。仰之弥高。但我翻看百科全书研究的一些论文，就像这样权威的百科全书，在他们起步的时候，在他们的第一版，甚至第二版时，也是有不少不满意处，甚至是缺陷的，也都是一版一版地不断改进的。《不列颠百科全书》第一版的时候很保守，没有收录"人物"条目。第二版的时候正逢美国独立战争，但它也没收这个条目。到第三版时，竟然给路易三世写了敬献题词，说《法国百科全书》怎么不好，使人们造反，我们这部书就是要抑制他们这种思想，我们相信，陛下对我们这样做一定会非常满意。这样的献词遭到了学术界、百科全书界的嘲笑。可见《不列颠百科全书》走到现在也是不容易的，也是有一个不断完善的过程的。

《法国百科全书》得到恩格斯那样高度的赞扬，但是百科全书专家也说，书中间也有不少问题，其中许多条目充满了冗长的辩论，不像百科全书条目。后来我想这也有它的道理，为什么条目中会充满辩论的气氛呢？就像恩格斯说的，它给了法国革命一面理论的旗帜。他们的批判没有局限于宗教信仰问题，他们把批判扩大到他们所遇到的每一个科学传统和政治措施。狄德罗们把百科全书当作与封建势力斗争的武器。这是当时法国革命的需要。《法国百科全书》是时代的产物，为法国大革命做出理论贡献，我们不能简单苛求。但从百科全书角度讲，他们把条目作为论战的武器，突出了辩论气氛，条目的知识化就受了影响。百科全书已经不是单纯的检索类的工具书了。这就和今天百科全书的条目书写原则和宗旨不一致。所以，作为一部典范的百科全书来要求，它也是有缺陷的。

《中国大百科全书》第一版做出了杰出的贡献，是伟大时代的产物，结束了中国没有百科全书的历史，给中国人争了气。我们翻翻档案，那时，连墨西哥这些小国都有百科全书。自从有了《中国大百科全书》第一版之后，中国就结束了没有现代意义上的百科全书的历史。这个贡献我们怎么评价都不为过。可是当时，它也确有不尽如人意之处。梅益同志说，一版开始的阶段，"主要问题是缺少完整的以学科分类为中心的总体的设计"。这给后来造成了很多的被动，有的学科卷很厚，有的学科卷很薄，有的条目比较零碎不完整，原因就是刚开始工作时，总体设计不完善的缘故。另外，一些编辑没有严格地按照编辑体例进行，这就造成了缺乏规范、缺乏一致性。二版试图在一版的基础上认真修订，不断地完善。我看了一个材料，举了一个例子，印度文学家马宁，这卷说生在多少年，那卷说生在多少年，同一本大百科全书，出现四五次的一个人，就有四五种生卒年的说法，而且都说得比较含糊，这就不够规范和严谨。

我的意思是说，《中国大百科全书》无论一版还是二版，都是伟大时代的产物，为中国的百科全书事业做出了杰出的贡献，结束了中国没有百科全书的历史，给我们做出了榜样。

我借鉴专家们常举出的上述几个例子，目的就是激励我们在前人的基础上，如何搞得更好，精益求精。一个伟大的作品是时代的产物、是时代的要求、是时代的呼唤，有时代的光荣也有时代的局限，都需要我们不断地改进、充实和完善。纸质版有纸质版的优势。纸质版当然没有网络版便捷，没有网络版生动，所以我们的任务就是把前人，把国内、国际编制百科全书的经验继承下来，努力创新，在巨人的肩膀上前进。

二是，做好三版工作，关键在于一种精神。大家总讲盛世修典，怎么理解盛世修典呢？不是只看表面字句，繁荣昌盛去编大书。不完全是这样。盛世修典至少要包括这样几个内容吧：国家太平，经济繁荣，环境安定；饱学之士可以聚集一起，集中精力编书；必要的物质保障；广阔的图书市场和读者需要。我想，至少有这样几条才可以称得上是盛世修典吧。而这样几条我们今天基本是具备了的。除此之外，我觉得还要加上一条，就是"昂扬的精神和干一番事业的信念"，要"接过前辈的大旗把它举下去，举得更高"这样的信念。我们不能光看眼前，大家很辛苦，每天一条两条三条这样编辑审读，多少年之后才能看到这一套书出来，不像一般的编辑弄一本书，有个一年半载的就弄出来了，看到自己的劳动成果会很快乐。另外收入也就那样，我觉得这些都是实际情况。但我们如果光考虑这些，就没办法干事情了。

我们现在使用的《新华字典》《现代汉语词典》《词源》《辞海》等大型工具书也是经过多年打磨而成。《新华字典》最早的主编叫魏建功，他当年去台湾推广普通话，肃清日本殖民统治 50 年的影响，回来以后，又主持编写《新华字典》，为辞书社打下了很好的基础。这本字典一代一代地传下来了，到现在也只是一本小小的字典，但却是"大工具书"，因为不论是大学、中学、小学，教师、学生、机关工作人员，每人每天都要用。十几亿人口都在用。功比天高。商务当年做百衲本《二十四史》的时候，日本鬼子轰炸上海，印好的图书被炸掉，商务再收集，再描摹，再印，费了很大功夫，对保存中国文化立下汗马功劳。这确实要有一种精神。

《不列颠百科全书》2012 年 3 月突然宣布停止发布纸版，要下大力气集中财力搞网络版。一上来就发展很快。当时，我们大家都莫名其妙，说这个纸版搞得好好的，为什么要把纸版停了呢？不列颠百科全书公司总裁豪尔赫·考斯说："这个决定对百科全书意义重大，不是为了我们辉煌的过去，而是为了我们充满活力的现在和未来。" 充满辉煌的过去已经过去了，充满活力的现在和未来是他们要做的事情。在功成名就、成绩显赫的时候，豪尔赫·考斯却要舍近求远、另开新篇。狄德罗在当年编《法国百科全书》时说，"我们深知编写这样一部百科全书，这样的事业，只能产生于一个富有哲学精神的时代，我们感到自己心里正酝酿一种行为的愿望，它使我们为达到目的而不惜做出牺牲。"都是因为有一种信念在那鼓动着，有一种投入的精神，勇往直前，为社会服务而不怕牺牲。又比如大家经常提到的中国现代百科全书之父姜椿芳先生，他的事迹也正体现着这样一种精神。姜椿芳先生从 1968 年 9 月 16 日被捕到 1975 年 4 月 19 日解除监禁，在监狱里蹲了 2407 天，差不多七年的时间。出狱不久，编译局的领导人去看望他，见面之后，姜老不谈牢狱折磨，不谈身上疾病，却首先向他们讲述狱中设想，建议编纂出版中国大型工具书——《中国大百科全书》。1978 年，在中国社

2006年，刘云山同志视察中
国出版集团改革发展成就展。

科院的内刊发表了《关于编辑出版〈中国大百科全书〉的建议》，立即得到叶剑英、李先念和邓小平的大力支持，并任命姜椿芳同志为《中国大百科全书》总编辑。从此开始了《中国大百科全书》的事业。这种榜样的精神很了不起。想做好一件事情，一些具体的工作保障，一些必需的工作条件，是必要的，但最重要的是要有献身精神，为这份事业和信念去投入。 这是我要谈的第二个问题，关键是要有一种精神。

正是在这种精神的感召下，百科社继续前进，在第一版、第二版的基础上做第三版。第三版必须要比前人有所创新，如果只是增加几百条，减少几百条，或修改几百条，当然这个工作也应该做。但是跟时代的要求，跟信息时代、网络时代、数字时代的要求距离就太远了。所以我们必须创新。先是跟上，然后要超越。超越就得创新。

下面，我再概括一下我们这几年大家共同探讨的几个创新点。我们三版的创新点在什么地方？

第一，我们的优势是网络版和纸质版同时进行，纸网互动，这是一个创新。中央的决策，给我们提供了有利的条件。《不列颠百科全书》纸版停了只搞网络版。中国的国情是什么？中国的读书人，图书馆、研究室、学校还仍然有许多人需要纸版。我们一定要充分理解这个决策，把纸版和网络版搞好，把纸网互动搞好。我们在用纸版的时候，就可以利用二维码和网络版链接起来。我们的网络版又能和优秀的资料库，数据库链接起来。纸版也好，网版也好，都扩大了信息内容。

第二，明确《中国大百科全书》的网络版，是大百科全书这个高端工具书的网络版，不是百度那样侧重于数据库的形式。《中国大百科全书》这个高端工具书的网络版，它的读者对象是大学和大学以上。当然网络版，比如说大众板块可能读者水平会稍低一点。但是总的来说，我们的读者对象是大学及以上水平，是高端的工具书，不会像百度那样，它们规模很大，基本上像一个资料库、数据库。我举个例子说，有一次出国，现在的箱子都比较小，像从前那么大的行李箱还能挂西服，现在不能挂，你得叠起来，这样，长途旅行后西服就容易皱了。下了飞机就要开会，皱皱巴巴没办法穿出去。 我说看看百度有没有办法。我一查，百度给我提供了四种办法，讲解如何把西服装箱子，到了宾馆打开不会有明显的皱褶儿。《中国大百科全书》的网络版不会这样做，也可以说是各有各的分工。如果我们也这样做的话，就不是《中国大百科全书》这一高端工具书的品质了。所以大家这个要明确，不但我们自己明确，而且要让别人明确，不要等我们一出来的时候，有人会说怎么没有西服怎么装箱啊？这是一点。

另外我们有三个板块，专业板块、专题板块、大众板块，这也是我们网络版的一个亮点。专业板块是主体，30万词条。以后随着时代的发展还会增加，专题板块和大众板块是我们的发明创造。什么是专题板块？就是一个问题，不同作者，从不同角度，谈的不同观点的文章，放在一起，构成一个专题。比如说南海问题，设计成一个专题。把张三怎么说，李四怎么说，王五怎么说，我们怎么说，放在一起形成一个专题。摆事实，讲道理。读者查起来也很方便。再如，香山黄叶村是不是曹雪芹的故居。有人说，发现那个墙皮上的诗，是怎么写的，有人说举家食粥，甚至穷得乞讨，附近没人，去哪要饭去呢？也有各种各样的说法，我们把不同作者、不同的观点，放在一块是一个专题。这类专题资料可能会给读者帮助，会受到欢迎。大众板块，一方面是雅俗共赏给高端的学者用，比如说物理学家、医学家他不见得懂得音乐、美术、戏曲，那我们通俗地讲讲音乐、美术、戏曲。用音频视频，很生动。懂音乐、美术、戏曲的人也不见得懂物理、化学，我们也做些雅俗共赏的知识放上去。包括养生、健身、旅游。一方面雅俗共赏，为高端人群服务，一方面也能够吸引一些普通读者。纸版在网版基础上精简精编，形成一部新的百科全书。一些重要的条目之后，放上二维码链接我们的网版，产生纸网互动的效果。

第三，采用大类集成的分卷法。我也看了过去一些学者的论文，谈大类集成的优势和不足。所谓大类集成，就是把相关相近的学科集合在一起，成为一个学科群，读者使用起来很方便，最起码不用花很多钱购买整套书了。一个学科群中各学科间同样的条目放在一起，尽量避免重复。比如郭沫若，文学、历史、科学等学科中都会出现，在一个学科群中只设一个条目，是不是可以省去不少重复？

第四，超长条目，也就是概观条，每个学科卷前设置一个超长条目，字数可以多些，一二万两三万字都可以。这个超长词条概括这个学科的过去，描述它的现在，展望未来的发展。这个词条就相当于这个学科的一个简史。当我们把近百个学科的超长词条抽出来，汇在一起，又是一套巨著，那就是中国学术发展史啊。

纸版印制的办法，因为已有网络版，就可以采取按需印刷。 按需印刷，北大要 3 套，清华要 5 套，社科院要 8 套，还有一些单位，凑在一起总计要 500 套，我们就先印 500 套，先交 30% 的预订款，经济问题不就解决了嘛，我也没有库存了。可以到工厂去直接提货。

从财政部要钱虽然挺费劲，但人家还是保证了我们资金，每年都按照预算拨付，国家给予了大力支持，所以，我们一定要把我们的纸版和网络版搞好。无论如何想办法要突破，要有创新，要与众不同。当然了这个创新也可能很满意，也可能不很满意，也可能一般化，也可能不成。但是，我刚才讲一些伟大的百科全书都是在不断的修正中间完善的。凭什么给了我们条件，我们就不能创新，不能不断地完善和修订？关键在于我们要有这种精神，不断完善，不断修订，不断创新，不辜负国家的希望，也不辜负我们自己的追求。我们在这儿辛辛苦苦，一年两年三年八年干下去，干出什么样的东西？就是既不辜负国家的期望，读者的要求，也不辜负我们自己的心血和劳动。

第三点，当前一些紧迫的问题。一个是队伍不一样了。作者队伍和从前大不相同。倒回过去十年二十年，那时一个国家项目，作者是十分踊跃地投入的。现在情况变了，现在人家的项目很多，人家项目的资金比我们多得多，白春礼院长给咱们承担了 30 多个学科，每一个学科都拨了 20 万元的开会经费，很支持。咱们要召开会议，只能小规模地请几个学科到这来座谈一下，然后就到我们食堂吃饭。因为我们预算中间没有这笔钱。现在，很多作者承担国家的重大项目，资金很丰富很充足，再说写个词条，大概三五千字，五六千字，也算不上学术著作。要人家优先做你的活，凭什么？可是，在《中国大百科全书》词条后面，署上作者的名字，他们还是感到很光荣的。为百科全书撰写条目，标志着他是读者认可的大学问家。所以这一点对文化人还是有吸引力的。当然最主要的是他们还是要把《中国大百科全书》的事业推动前进，内心充满爱国的热情。但毕竟跟从前大不一样了。

我给大家讲讲当年中华书局校点"二十四史"的情况。那还是在"文化大革命"中，毛主席说校点"二十四史"的工作要接着搞。那时请人，可是太方便了。启功先生，大书法家。有一篇文章说得很精彩，讲当时邀请启功先生，军宣队通知他，说"你明天到二十四史去开会"，因为是军宣队通知，他听成24师了，把他吓坏了。启功先生后来说"当时我想，我今天没干什么坏事，24师找我干什么，是不是又要挨批呀"，很紧张。第二天早上怕启功先生忘了，又一次通知他，原来是去中华书局，搞二十四史，不是军队24师。启功先生一听如释重负，拿起简单的行李，马上到中华书局报到。他说"从此开始我最安稳的十年"。那时中华书局校点"二十四史"，汇集了几十位大专家，都是国内外知名学者。他们在那埋头苦干，夜以继日。跟中华书局职工在一个食堂吃饭。到中午时，这些老先生拿着搪瓷饭盆，缓缓走向食堂，那真是中国社会文化史的一景儿，到现在都难忘。那是在特殊情况下，那个不叫"盛世修典"，那叫"奉旨修典"。与今天不一样。今天我们有这么好的环境，有国家政策的有力支持，但是，人家学者有更多的工作，这就要求我们去做更多的思想工作，请他们大力支持。另外，编辑也是一样，编辑都年轻化，过去做一版、二版的编辑都七八十岁了，退出一线了，这种状况，要求我们青年人快速成长。上次开那个促进会，有几个学科有意见，他们说：反映了一些问题，一些想法，半年、一年没有反馈。我就跟他们解释，这主要责任在领导，不在我们的编辑，这是一。第二，我说编辑比较年轻，刚工作两三年，他们缺乏经验，有时候犹豫不决，拿不准，你们多谅解。我说等三版做完到四版的时候，他们就都是专家了，就成长起来了。那就是说，我们要在从事一项大工程的过程中间锻炼、培养一支队伍。经过艰苦的努力，每个人都成为专家。第三，工作过程中一定要抓典型，带一般。典型就是进度慢的、严重滞后的一些学科，也有不少吧，咱们要拜访到。我们也请他们来，到底是什么情况。还有好的典型，把他们的经验在简报上发表，进展滞后的，他们谈的理由，我们也在简报上发，对大家会有启发。工作方法上一定要抓典型，带一般，做深入细致工作。别看着，别等着，别看着他们进度慢，我们也不去了解情况。这是国家的任务，我们理直气壮，所以我们得主动去谈。第四，要有决断力，要有强的执行力，做事情，一件事情要有三定方案——什么事情，谁负责，什么时间完成。凡事都要有三定方案。比如说专题板块设计，谁负责？什么时间弄出来？写在纸上，到时候就检查。完成没完成？没完成是什么原因？还有几天能完成？第五，要建设良好的企业文化。要团结协作，不要没有根据地乱猜、乱传、乱说。我不是说一定有这种情况，我是说要建设良好的企业文化，首先要团结好，有话要摆在桌面上。

第六，刚才国辉也讲了，讲挖掘人才潜力，社内社外的，只要我们能够调动起来，都请他们来帮忙。我看老专家总结一版的时候，天文卷有几百个专家做这项工作，后来又聘请了其中八位专家来做编辑，到社内帮助审稿，这个方法咱们可以借鉴。矿冶卷不是写好了吗，请几个人帮我们审稿。这个办法现在行不行？我怎么办更好？都可以讨论，但精神是挖掘人才潜力，无论社内和社外的力量。

总之，我们一定要搞好三版。我还要重复那句话，质量第一，质量是经过各个环节的努力、完善，最后形成的质量，我的意思是强调，每个环节、每个人的工作，都关系到全书的质量。第二句话，一定要抓紧时间。现在中宣部领导已明确要求，2022年网络版50万条整体上线，纸质版基本完成，陆续出书。这是个艰巨的任务，但又是一个必须坚决保质、按时完成的任务，希望大家牢记。

我上面所讲，就是我现在对《百科全书》三版的一些理解，我的信念和信心。希望跟在座的青年朋友一起接过前辈大旗，去创新，去搞出新的网络版和纸版。

"整理古籍是一件大事，得搞上百年"

——兼谈全国古籍整理出版规划小组的变迁

一

中国是有五千年悠久历史的文明古国，保存的古籍文献世界第一。中国也是一个尊重和珍惜古代文献的国家，历代王朝，特别是有作为的君主，大都重视古籍整理，以便从中借鉴有益的东西。《汉书·艺文志》记载："汉兴，张良、韩信序次兵法，凡百八十二家，删取要用，定著三十五家。"这是汉代第一次对古籍整理的记录。唐建国刚刚五年，高祖李渊下令撰修大型类书《艺文类聚》。宋官修《太平御览》《太平广记》《文苑英华》和《册府元龟》，至今被我们所使用。明修《永乐大典》，清修《古今图书集成》《四库全书》等等，都对保存和发展中华民族文化作出重大贡献。开阁设馆，积聚人才，优良传统代代相传，使中国成为全世界古代文献最丰富的国家。

新中国建立以来，古籍的规划与整理有序进行，成绩卓著。我整理了国家古籍整理出版规划小组的变动情况，从中可见党和国家对祖国文化遗产的高度重视和认真保护。古籍整理出版规划小组的建立和不断完善，就从领导、组织、队伍几个方面对这项关系子孙后代的百年大业做出了保障。

一、第一个古籍整理出版规划小组

1958 年 2 月，在国务院原科学规划委员会下，成立了国务院古籍整理出版规划小组，国务院副秘书长齐燕铭同志任组长，成员包括范文澜、吴晗、翦伯赞、顾颉刚、陈寅恪、郑振铎、潘梓年等。指定中华书局为办事机构。齐燕铭同志特别强调："古籍整理出版规划小组指定中华书局为办事机构。中华书局接受了小组的委托以后，它的任务更重大了。希望它今后继续加强工作，在整理古籍方面开拓一个新局面。"小组制定了 1962—1972 年古籍整理出版十年规划，组织力量整理出版了二千余种古籍。在北京召开了第一次全国古籍整理出版规划会议。

这次会议的贡献在于创立和规划。它为古籍整理出版事业开了好头，打下坚实的基础，居功至伟。这一时期的重要成果有：组织"二十四史"的整理校点工作，并相继出版五六种。还出版了《文苑英华》《全唐诗》《全宋词》《明经世文编》，以及重要类书《册府元龟》《太平御览》《永乐大典》等。

二、"文化大革命"后恢复古籍整理出版规划小组

1981 年 9 月，中共中央发出《关于整理我国古籍的指示》（中发 [1981] 37 号），指示说："整理古籍，把祖国宝贵的文化遗产继承下来，是一项十分重要的、关系到子孙后代的工作。""整理古籍，需要一个几十年陆续不断的领导班子，保

持连续的核心力量。""整理古籍是一件大事，得搞上百年。"

1981 年 12 月 10 日，国务院发出通知恢复成立古籍小组（国发 [1981] 171 号），李一氓同志任组长，周林、王子野为副组长，充实了小组成员和顾问，接着，召开了第二次全国古籍整理出版规划会议，并制订了 1982—1990 年规划。至 1991 年，整理出版古籍累计四千余种，同时培养起一支古籍整理出版和研究教学队伍，新建立了十余家专业古籍出版社。

从 1981 年第二次全国古籍整理出版规划会议以来，主要成果有：《甲骨文合集》《先秦汉魏晋南北朝诗》《世说新语笺疏》《中外交通史籍丛刊》《大唐西域记校注》《吐鲁番出土文书》等。正在进行的重大工程有：《中华大藏经（汉文部分)》《全元诗》《全明词》和《全清词》，影印《清实录》。

1991 年夏，匡亚明同志接任组长，召开了第三次全国古籍整理出版规划会议。江泽民同志为大会题词："整理出版古籍，继承祖国优秀的文化遗产，为建设有中国特色的社会主义服务。"会议通过了古籍整理出版十年规划（1991—1995—2000 年规划）。1996 年又制订了"九五"重点规划。同时开展普查现存古籍，组织编纂《中国古籍总目》。

1998 年 2 月，匡亚明同志去世后，经请示国务院领导同意，任继愈同志任新一届小组组长。杨牧之同志为常务副组长。

三、新闻出版署组建全国古籍整理出版规划领导小组

1998 年 3 月 29 日，国务院《关于议事协调机构和临时机构设置的通知》（国发 [1998] 7 号）指出，经国务院第一次全体会议审议，决定撤销国家古籍整理出版规划小组，工

作由新闻出版署承担。国务院办公厅《关于国家新闻出版署（国家版权局）职能配置内设机构和人员编制的规定》（国办发 [1998] 91 号）指出，"国家古籍整理出版规划工作，由国家新闻出版署（国家版权局）负责"。根据国务院上述规定，为了继续做好古籍整理出版规划工作，新闻出版署党组 1999 年 5 月 11 日会议研究决定，组建全国古籍整理出版规划领导小组。具体内容如下：

1. 成立"全国古籍整理出版规划领导小组"（以下简称领导小组），负责国家古籍整理出版规划工作。

2. 领导小组组长由新闻出版署署长于友先担任，常务副组长由副署长杨牧之担任。

3. 原"国务院古籍整理出版规划小组"成员和顾问改任"全国古籍整理出版规划领导小组"成员和顾问，根据人员变动情况可适当增补成员和顾问。

4. 根据署"三定方案规定"，全国古籍整理出版规划领导小组办公室与署图书出版管理司为一个机构。办公室主任由图书司负责人兼任；副主任和其他工作人员从中华书局遴选干部担任，负责日程工作。办公室可配备工作人员 5—7 名，占用中华书局编制，根据工作开展情况，分步配齐。其行政、工资及其他管理工作仍由中华书局负责。

5. 全国古籍整理出版规划领导小组办公室的职能是：在全国古籍整理出版规划领导小组的领导下，制订、落实古籍整理出版规划并检查执行情况；做好古籍整理出版方面的调查研究和信息沟通工作；组织有关重点项目的评审、资助、出版协调工作；组织有关的学术活动和学术交流工作；继续编辑出版《古籍整理出版情况简报》；承担全国古籍整理出版规划领导小组交办的其他事项。

从 1991 年第三次古籍整理出版规划会议以来，古籍整理与出版力量得到空前壮大和充实。全国专业出版古籍图书的出版社已达 20 多家，编辑队伍接近 600 人。全国高校设置古典文献专业已达 4 所，80 多个高校建立了古籍研究所，培养了一大批从事古籍整理和研究的硕士、博士研究生，在全国范围内基本形成了老、中、青的梯队。新版古籍的学术质量大大提高，专业整理出版古籍形成系统和较为完备的规模。如史学方面"历代纪事本末""历代会要会典""历代史料笔记丛刊"相继出版。文学方面从《诗经》《楚辞》，到汉魏唐宋元明清诗词文曲总集全部编纂出版，标志着自先秦至清季的历代文学作品均已大致搜罗完备，不但把某一代文学作品汇集于一书，从而窥见一代的文化风貌，而且便于深入研究。中医古籍、农学古籍、少数民族古籍等的空前成绩，大大拓展了中华古籍整理与出版的领域和成果。《大中华文库》（汉英对照）的出版，开启了系统全面地向世界介绍中华优秀传统文化的新阶段。另一值得记录的是《中国古籍总目》的完成。从 1992 年开始编纂，2009 年完成，历时 17 年，是迄今最大规模的对中国古籍的调查与搜集，第一次将中国古籍书目著录为 20 万种。

四、筹备第四次全国会议

2007 年 8 月，全国古籍整理出版规划领导小组办公室根据古籍整理出版界的要求和古籍整理出版业的成绩、问题，考虑到上一次全国会议是在 1991 年召开的，间隔已有 16 年之久，建议召开第四次全国古籍整理出版工作会议。总署领导要求，先做好领导小组调整等准备工作，再确定召开的具体时间。

2008年12月，新闻出版总署对全国古籍整理出版规划领导小组成员进行了调整，由新闻出版总署署长柳斌杰任组长。邬书林、袁行霈任副组长。

时间过得很快，转眼又过去5年，人员调整已经完成，领导也已确定，名单已经公布，但第四次全国古籍整理出版工作会议至今还没有召开。

二

回顾历史，从1958年成立以齐燕铭为组长的国务院古籍整理规划小组，到现在过去55年了。半个多世纪以来，古籍整理与出版战线的同志们全面认识祖国的传统文化，分清精华与糟粕，使之与当代社会相适应，与现代文明相协调，保持民族性，体现时代性，前赴后继为建设社会主义文化做出了自己的努力。披沙拣金，波澜壮阔，相信未来古籍整理与出版事业的成果一定会更加辉煌。

根据对50多年工作的总结与回顾，结合当前古籍整理与出版工作面临的任务，我提如下九点建议：

第一，清理总数，打好基础。

中国传统文化具有悠久的历史，其文献记载历数千年而未中断。中华民族的典籍文献，凤称汗牛充栋、浩如烟海，其数量之丰富，内容之深厚，举世无双。这些丰富的典籍不仅承载了中华民族的传统文化，并且对世界文明进程产生深刻影响，是全人类共有的宝贵文化遗产。

　　世界有四大文明古国，比如印度，历史非常悠久，东汉末期佛教从印度传到中国，对中国文化产生巨大影响。但发展到今天，如果没有玄奘的《大唐西域记》，印度的历史就很难撰写，因为《大唐西域记》所记载的印度那段时间的文献已经很不完整了。是《大唐西域记》的记载弥补了这段空白。又比如埃及，埃及大地上动辄是 5000 年以前、3000 年以前的文物，诸如神庙、金字塔、方尖碑，巧夺天工，灿烂辉煌，但它的文献有很大局限。刻在石头上的文字数量有限，又很难破解，现在还不能把字猜准、猜全。在纸草上书写也很有局限，何况纸草保存的时间不长。中国却不一样。中国从《尚书》《左传》到"二十四史"、《清史稿》，有丰富的系统的文献，用汗牛充栋、浩如烟海来形容绝不为过，这是中国得天独厚的优势。德国大哲学家黑格尔说，中国有完备的国史。确实如此。无论是印度、埃及、罗马，包括玛雅文化，都是中间断绝了的，搞不清楚当初是如何发展的，为什么达到那样的辉煌，是什么原因突然中断了，但中国历史却连绵不断。埃及在公元前 64 年有一把大火烧毁了许多古迹，又过了 200 年，寺庙里懂古文字的人又被全部赶走甚至杀掉，这样一来，就很难了解这段历史了。埃及卢克索神庙讲解员说，现在已经没有人能够了解神庙的历史了，"帝王谷坟墓的彩色壁画上隐约可见年轻法老神秘的微笑，但却无法明白神秘微笑的含意"。他们说，"要了解法老的历史，只有到比法老坟墓更深的地下才能知道"。这就是文化传承断绝了，历史搞不清楚了。

中国则不然，中国有持续的文献记载。秦始皇焚书坑儒，但他还统一了文字。统一文字，这是一个了不起的贡献。今天，在中国，一个字无论如何发音，写法总是一样的。我们联系世界上其他文明古国历史中断造成无法弥补的遗憾的事实，对统一文字怎样评价恐怕也不过分。怎样把历史文献保存好、整理好，为今天的经济、文化建设服务，这是我们的历史使命，否则上对不起祖宗，下对不起后代。

保护并继承中华民族文化遗产，要求今人对现在中国古籍做系统整理与研究，首先需要对文献资源做全面调查与清理。自1992年以来，国家古籍整理规划小组开始组织编纂《中国古籍总目》，历时十七年，于2009年6月终告完成。这期间规划筹备、调查清理、校勘定稿、印制出版，几十家图书馆几百名专家学者，大家同心同德，群策群力，完成了这次古籍文献的普查工作，第一次向世界宣布中国古籍文献总计有20余万种。在此基础上完成了《中国古籍总目》的编纂工作，应该说"清理总数"的工作首战告捷。

在中国历史上，像编纂《中国古籍总目》这样在全国图书馆界、学术界对古籍文献进行深入细致的清理，尚属首次。从这个意义上讲《中国古籍总目》的编纂出版，具有开创性与总结性，堪称中国古籍整理研究的重大成果。今后各界学者继续努力，一定会使"清理总数"的工作更臻完善。

第二，分出档次，分类进行。

清理总数是个大的工程，当然不可能一网打尽，还要逐步完善。大体清理完之后，就要分出档次，把古籍分出三六九等。根据科研、教学和出版方面的经验，总计20余万种的古籍，并不一定要全部整理出版。我看其中的大部分只要能完好保存就完成了任务。特别是现在有很多科技手段，如影印、缩微胶卷、扫描、光盘存储等，做起来更方便了。这是第一档。第二档，是供科研和教学人员使用的。对这部分，只要做好校勘，做好标点断句就足够了。如果一个科研人员进行学术研究要根据别人搞的选本、看别人作的译文，才能读懂原文，那他用的就不是第一手材料，这种材料的价值就要打折扣了。当然，特殊的图书例外。有的书，确实诘屈聱牙，很难读懂，做些简单的注释也还是需要的。但第二个档次，一般来说是供研究人员用的，不需要翻译，也不要搞选本，只需要校勘断句或简单的注释就可以。第三档次，是给一般读者看的，这部分应该是古籍中的精华。应该把传统文化中最优秀的东西普及给广大读者。但即使是精华，也有个时代的问题，也有剥离和转换的问题。比如古代讲的忠，与现在我们讲的忠于党、忠于祖国的忠，不一样。今天我们讲孝，和过去的含意也不一样。所以，古代的东西即便是精华，也需要批判地继承。唐诗、宋词是中国诗歌登峰造极之作，但它塑造的意境，抒发的情怀，仍然需要分析，批判地继承。《论语》《老子》有很多优秀的思想，但它们历史的局限、阶级的局限，仍然需要指出并告诉广大读者。这些作品总体上看是优秀的文化遗产，但整部书内容并不见得都是好的。这样的书，给一般读者看，应该有选本，应该有注释，有的应该有译文。如果我们把古籍分成这样三个档次，把该保存的保存好，然后集中力量把教学与科研急需的整理好，再选择精华进行普及，我们的工作就会有效率得多。

第三，选优荐精，避免重复出版。

新中国成立 50 多年来，包括新中国成立前几十年整理的古籍，有很多整理水平很高。但有一些常见的、大家喜闻乐见的古籍，却是不断地重复出版。今天一本《论语译注》，明天一本《论语译注》；今天一本《孙子兵法》，明天一本《孙子兵法》，出来出去，大同小异，甚至后出的还达不到早出的版本的水平。比如《论语译注》，大家公认杨伯峻整理的那本好，李太白的全集大家认为上海古籍出版社的校点本做得好，有这样版本的整理本，在一个时期内，还需要重新再搞吗？是否可以成立一个评议组，请专家对已经出版的古籍整理图书进行评议，比如说《孙子兵法》，有若干个译注本，经过评议，选出一个当前水平最高的版本，如果没有更多的地下文献的出土，至少在一段时期内不必再搞新的译注本了。当然这只是一个建议，是指导性的，不是指令性的。我们把评议结果排列编序，叫"新中国成立以来古籍整理的善本目录"，以古籍领导小组的名义公布，读者信任，既有利于宣传推广这些图书，也有利于集中力量整理未整理过的文献。古籍整理出版与当代其他图书的出版不一样。当代的新书，那是今天作者创作的或者编辑策划的。而古籍是把现成的东西、已有的东西加以整理，我们就可以更有针对性、更有计划性，避免重复和浪费，腾出更多的人力、资金、出版资源，去整理没人整理过或没有达到一定水平的文献。

第四，制订规划，重点资助。

清理了总数，分出了档次，评议了已出的书，在这个形势下我们再制订一个重点整理出版规划。这个规划就可以更实际，更扎实，更有利于把我国的古籍有计划、有步骤地按轻重缓急的安排整理好。制订了规划，分出了三六九等，分出了档次，在这个基础上就要资助重点。把钱花好。目的就是整理一本少一本，而不是越整理越混乱，甚至于越整理错误越多。"明人整理古书而古书亡"就是前车之鉴。

第五，建立集团，协同作战。

我个人认为，全国有二十多家古籍整理出版社，多了。如果不多，如果真需要二十多家，我们古籍社的出书总数中，古籍图书所占的比例就不是 27%，也不是 48%，而是 90% 或 90% 以上。正因为还有 73% 的力量，或者还有 52% 的力量在做别的图书，就证明不需要这么多古籍出版社。如果东西南北中各有一个古籍整理出版单位，形成几个中心，而这几个中心最后联合成一个集团，统一规划，重点资助，大力宣传，政策保护，我想一定能起到更大的作用，收到更好的效果。

第六，引进高科技，加快数字化进程。

古籍整理与出版工作一定要实现现代化，利用高科技手段。就从存储来说，一部经过缩印的《四库全书》摆放起来需 10 个 2 米高 1 米宽的书橱，那要多少纸？多少木材？成本很高。20 余万种需要的纸张、木材岂非天文数字？而《四库全书》的一套光盘，只需要占一两个不太大的抽屉。再说到数字化的检索，效率就更高了。

第七，建设网站，信息共享。

古籍出版社可以在有条件的时候共同搞一个网站，对内沟通情报，交流信息，对外宣传古籍整理出版业，既对国内宣传，也对国外宣传。这份财产是中国独有的，也可以说是

2002年，朱镕基总理、李岚清
副总理视察新闻出版总署。

古籍出版社独有的，设立网站，发布信息，内外交流，条件十分有利。

第八，培训队伍，后继有人。

这是当务之急，没有队伍的培训，这一事业就会断绝，就完不成中央交给我们"保持连续的核心"的任务。当前应办好古籍编辑培训班，培训编辑队伍。我们还期望高校和科研单位，多开办有关专业，多招收和培养古籍整理的研究人员和编辑出版人员。因为，没有一支高质量的队伍，古籍整理与出版的工作是做不好的。

第九，百年大计，质量第一。

古籍整理与出版是关系到子孙后代的大事。我们整理的图书不仅要为这一代人服务，还要为千秋万代服务，所以整理古籍，要尽量恢复古籍的原貌，要求高质量。整理的形式、整理的方法要创新，不要停留在乾嘉学派、停留在清人的水平上，要根据时代的发展，开拓创新。特别是现在有这样好的科技条件，一定要搞出高质量的古籍整理版本来，不要重复出版，不要乱加炒作，不要从言情小说中找出路，一定要从这样的境界中跳出来，站在弘扬中华民族文化遗产的高度看问题，站在存亡续绝的高度上看问题。古籍图书出版要树立精品意识，实施精品工程。既然我们从事这项事业，我们就要继承前人的优良传统，推陈出新，发扬光大。如果我们哪个出版社能策划出《史记》《汉书》《三国志》这样的选题，那是不朽之盛事。如果我们能编选出像《唐诗三百首》《古文观止》《诗经》这样的选本，读者将受益无穷。我们要继承前人打磨精品"传诸后世"的精品意识。我们今天的条件是前人无法比拟的，我们应该比前人做出更大的成绩。我们要实施精品工程，要搞出前所未有的好的整理本、前所未有的好的选本，那样我们就可以说，我们为子孙后代做出了我们应该做的贡献。

一个电话，开启了古籍整理的新阶段
——记陈云同志关于古籍整理的指示

　　1981 年 5 月 22 日，是一个很平常的日子。这天下午 4 点 40 分，陈云同志的秘书肖华光同志给中华书局总编室打来电话。电话是我接的，因为此事重大，加之随后产生的一系列重大结果，所以，至今虽然已经过去了 24 个年头，我仍然记得当时的情景和电话的内容。肖华光同志在电话里说："陈云同志七七年在杭州，看到中华书局校点的二十四史，甚为关心，曾询问：古籍的校点工作进展如何。最近又一次询问此事，并说：古书如果不加标点整理，很难读，如果老一代不在了，后代根本看不懂，文化就要中断，损失很大。一定要把这一工作抓紧搞好。"肖华光同志希望我们搞一个材料，说明古籍标点整理情况，并表示还会正式发一函给中华书局。我当时在中华书局总编室工作，接到电话后，就按规定填写了电话记录单。现在这份经过打印的记录，仍存放于中华书局的有关档案内。

　　肖华光同志代表陈云同志打来的电话，传达了陈云同志对古籍整理工作的指示，这是改革开放之后，中央领导对古籍整理工作首次提出明确的要求。这一指示意义重大。以这一指示为标志，新中国古籍整理出版事业开始了一个新的阶段。

回顾新中国古籍整理出版事业的发展历程，虽然一波三折，但是在波折中前行。全国解放之初，北京、上海的一些出版社延续新中国成立前的业务，有少量古籍图书出版。1952 年 10 月，人民文学出版社出版了《水浒》（七十回本）校注本。1952 年 10 月 27 日，《人民日报》发表《庆贺〈水浒〉的重新出版》的短评，标志着新中国古籍整理出版工作的起步。1956 年，第一本经过精心整理的史学巨著《资治通鉴》由古籍出版社出版，其整理者阵容之强，整理质量之高，速度之快，堪称一时之盛。1958 年，为了加强古籍整理出版工作的计划性，国务院科学规划委员会成立了古籍整理出版规划小组，文化部副部长齐燕铭同志担任组长，主持制定了《三年至八年（1960—1967）整理和出版古籍的重点规划（草案）》，并指定中华书局为古籍整理出版规划小组的办事机构。同时，文化部调整中华书局的出版范围，决定以中华书局为主要出版我国古籍的出版机构。从此古籍整理出版工作有了全面的安排和统一的部署，计划性、目的性大大增强。此后，大型古籍开始大规模出版，其中最有代表性的是"二十四史"和《清史稿》的点校出版工作，被后人誉为新中国古籍整理出版的标志性工程。1966 年，"文化大革命"爆发，古籍整理出版工作陷入停顿状态。1971 年，经毛主席、周总理特别关怀批准，"二十四史"和《清史稿》的点校出版工作开始恢复，并从全国高校和研究机构调集一大批专家、学者，集中到中华书局，继续进行这项宏大的古籍整理工程。但当时中华书局与商务印书馆合并办公，只保留了一个编辑组，除继续整理"二十四史"和《清史稿》以外，其他图书的出版包括古籍整理出版工作仍处于停顿状态。1976年10月粉碎"四人帮"后，古籍整理出版工作虽然开始恢复，但由于方针任务不够明确，加上人力物力等条件限制，也收效甚微。直到1979年8月，文化部出版局党组批准，恢复中华书局的独立建制，重新规定了中华书局为以整理出版古籍为主要任务的专业出版社，古籍整理与出版工作重新有了专门出版基地。但此时的古籍整理出版工作困难仍然很大，问题仍然很多，如缺乏统一的规划，在选题上开始出现重复和零乱的现象；在组织整理卷帙较多、难度较大的重点项目时力不从心；在排版、印刷、纸张方面受到很大限制；特别是整理古籍的专门人才十分缺乏，大有后继乏人之忧。

正是在这种形势下，陈云同志对古籍整理出版工作的指示犹如一股春风，使古籍整理出版工作者激动和振奋，给古籍整理出版工作注入了新的动力，随之产生了巨大变化。1981年6月11日，按照肖华光同志电话里的意见，中华书局向陈云同志呈交了关于古籍整理出版工作的《情况报告》。1981年7月9日下午，陈云同志委派秘书王玉清同志专程到中华书局又一次传达了他对古籍整理工作的指示。这次的指示更加具体。他说：

古籍整理还不光是解决标点、注解，这还不行。要做到后人都能看懂，要译成现代语气。

搞古籍整理工作，不是一朝一夕的事，要搞个十年、二十年、三十年，甚至更长一些时间。这件事一定要搞到底。

要搞一个班子。这个班子要组织起来，要准备三代人。

要花点钱。花十个、八个亿完全必要。当然，钱要慢慢地花，这对我们的后代有好处。

要搞个规划。开始不能搞得太大，要从实际出发。

学理工专业的大学生，也要懂得中国的历史。

王玉清同志在传达了陈云同志的指示以后，也谈了一些他对陈云同志指示的理解。他说："收到中华书局的《情况报告》时，正值十一届六中全会期间，陈云同志很忙，所以最近才看到。前天（7日）陈云同志找我去商议关于古籍整理的问题，要我和大家碰个头。在工作中遇到有些问题，我可以替你们跟有关部门联系，办下去。另外，希望中华书局找更广泛范围的同志开几次会，研究一下，先把班子组织起来，再制订出规划。他特别强调，等规划搞出来后，要把这件事当成一件大事来办，不是一般的事。陈云同志以前搞经济工作，前几年在中纪委搞纠正冤假错案。现在他正考虑国家一些长远的事情。他还十分具体地谈了一些意见，他说组织的班子要有个核心。先解决主要问题，再解决次要问题，一个个地解决。要区别轻重缓急。要从现有条件出发考虑，比较现实。古籍整理要花点钱，但根据目前国家的情况，要一步步来，太急了不行。不是把所有的古籍都翻译出来，主要是针对历史部分、古典文学方面很有意义的以及其他方面重要的典籍。这是个长期的工作，也可能三十年还不能都搞出来，只怕后继无人，就不好办了。要分期分批进行。现在社会上乱七八糟的东西不少。出版事业总要有个把关的地方，太自由是不行的。"

陈云同志两次指示之后，古籍整理出版事业如沐春风，变化一个接一个。古籍整理与出版事业一个新时期开始了。

1981年9月17日，中共中央书记处根据陈云同志的意见，讨论了整理我国古籍的问题，以中共中央的名义下发了37号文件《关于整理我国古籍的指示》，明确指出："整理古籍，把祖国宝贵的文化遗产继承下来，是一项十分重要的、关系到子孙后代的工作。""整理古籍是一件大事，得搞上百年。"为古籍整理出版工作进一步指明了方向，极大地调动了古籍整理出版工作者的积极性。

1981年12月10日，国务院决定恢复古籍整理出版规划小组，并根据陈云同志的提议，由李一氓同志担任组长。

1982年3月，在李一氓同志主持下，全国古籍整理出版规划会议在北京召开。

1982年8月，《古籍整理出版规划（1982—1990）》经国务院颁布实施，并拨专款用作古籍人才培养和古籍整理出版补贴。

1983年9月，全国高等院校古籍整理研究工作委员会成立，由国务院古籍整理出版规划小组副组长周林同志担任主任，负责组织协调高校古籍整理的科研和人才培养工作。

此后，全国部分省份及有关部委陆续组建古籍整理规划机构，各省市地方古籍出版社陆续成立，部分高校也相继建立了一批古籍整理研究机构，全国古籍整理出版工作在组织规划、人才培养和整理出版方面都得到了进一步的加强，出现了前所未有的繁荣局面，取得了十分可观的成就。

回顾历史，我们可以清楚地看到，中共中央《关于整理我国古籍的指示》带来了古籍整理出版大发展的局面。这个文件，在我国古籍整理出版发展史上树立了一座光辉的里程碑，表明了党中央大力发扬中华文化的优秀传统、大力弘扬中华民族的伟大精神的气魄和决心。而这个文件的产生，陈云同志起了极其重要的作用。武汉大学黄焯教授表示要向陈云同志行"九叩礼"，代表了老一辈文史工作者的心声。

1983年3月15日，陈云同志在高等院校古籍整理研究规划会议代表来信上批示："整理古籍是一件关系子孙后代的事情，国家应当给予支持。"1986年10月19日，陈云同志为中华书局成立75周年题词："做好古籍整理工作，继承民族文化遗产。"1991年7月，国务院任命匡亚明同志为新一届古籍整理出版规划小组组长，陈云同志"希望匡亚明同志继续组织大家，把古籍整理出版工作搞好"。一直到晚年，陈云同志都在不断地关注着古籍整理出版事业。

如今，在陈云同志诞生100周年纪念的日子里，回忆陈云同志对古籍整理与出版事业的关心和支持，总结古籍整理与出版事业的进步与发展，不禁对他为中华民族文化的传承做出的贡献表示敬意。

我对古籍整理与出版工作认识的三个阶段

一

今年是全国古籍整理出版规划小组成立 60 周年，回顾我与古籍整理与出版的缘分，颇多感想。

我 1966 年大学毕业，1967 年到中华书局工作，到现在五十余年了。这五十余年中，在中华书局二十年，到新闻出版署十七八年，主要分管出版、发行和古籍办，确实和古籍整理出版有不解之缘。

但是我对传统文化、对古籍整理出版的认识却有一个复杂的过程。这个过程，大体可分为三个阶段。

第一个阶段，在大学读书的时候，对学古典文献没有兴趣。我 1961 年考上北大，当时北大中文系是入学之后再报专业，有三个专业：文学专业、语言专业、古典文献专业。当时我报了古典文献专业。开课之后，我觉得学的内容实在太陈旧了，学《论语》《孟子》《左传》《诗经》《史记》，一本书一本书地学下去。再就是文字音韵训诂、古籍整理概论、目录版本学、校勘学，那时我十八九岁，整天学这些是我没有想到的，觉得很没有意思。

给我们讲《论语》的老师，是一位叫王孝渔的老先生。穿中式衣褂，一个包袱皮，裹着一本线装书，走上讲台，打开包袱皮拿出书来，照着前人的注疏一字一句地讲，讲完课后，学生还没有走完，教研室老师就和他算账，给他钱。这种现场交易的情景在大学校园里出现，当时觉得很不适应。

魏建功先生讲音韵学。魏先生是学问大家，年轻时为肃清日本在台湾奴化教育的影响，到台湾推行国语。1953年主持编纂《新华字典》，后来又主持编纂《简化汉字总表》，贡献很大。在北大文科的历史上有著名的三大"概要"，一是胡适的"中国文学史概要"，一是沈兼士的"文字形义学概要"，另一个就是魏建功先生的"声韵学概要"。课堂上，魏先生给我们讲今古音的区别，讲着讲着就吟诵起《醉翁亭记》，吟着吟着还流出了眼泪。这种专门学问今天怕没有几个人能讲了，那样敬业，当时我们却说他是"发思古之幽情"。那个年代，"发思古之幽情"并不是什么好事。

那时确实年轻，不知好歹，不愿意学。学了《论语》我还从中找到了理论根据。孔子说："知之者不如好之者，好之者不如乐之者。"我心想，我既不好也不乐，连孔老夫子都说"不好""不乐"根本就学不好，趁早别学吧。当时我就要求能不能给我换一个专业。系里不同意，说我这是学习目的问题。学习目的问题那是很严重的事，不敢再提了，只好忍着。那时，我一下课就跑到图书馆，看中外经典图书，一本接一本地看，我的中外文学典籍基本都是那个时候读的。

请赵朴初先生为《道德经百家书》撰文

有空就去听别的专业的课。被动学的是古典文献学，主动读的是中外名著。

毕业时，"文化大革命"开始了，在学校等了一年多才分配工作，我到了中华书局。那时候我对古籍整理和出版懵懂无知，没有兴趣，不愿意学，设法逃避，浪费了很多时间，很是幼稚。

二

到中华书局后开始了我认识上的第二阶段。1967 年分到中华书局，没过多久就到部队农场锻炼，接着又去"五七干校"。我去的时间比较短，一年半。为什么回来了呢？因为1971 年 5 月，毛主席指示继续校点"二十四史"，这之后从干校往回调人，我们得以逐渐回到北京。回来之后，我跟随周振甫先生、王毓铨先生二位著名学者校点了一阵儿《明史》。

后来，中华书局领导为了了解，像中华书局这样的古籍出版单位怎样才能够紧密配合政治斗争需要，便亲自带队到部队工厂去调研。工农兵群众反映，中央文件中经常引用的古典诗文弄不懂，最好能通俗地讲一讲，还提到活页文选这种形式好。调研之后，中华书局领导就决定抽几个年轻的业务骨干，集中精力搞活页文选。选目主要是法家著作，评法批儒，特别强调首先要注解翻译中央文件、领袖讲话中提到的古典名篇。当时，我们认为这就是为政治服务，为工农兵服务，而且是紧跟、配合，所以满腔热情。又加上毕业六七年了，岁月蹉跎，刚刚开始做一点正经事，一定要快马加鞭，

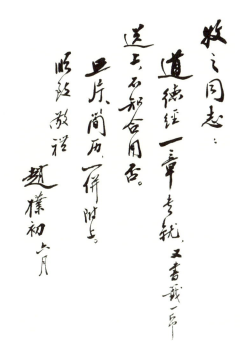

牧之同志：

《道德经》一章奉托，又书旧作一首送上，不知合用否。匆匆简历，不倦陈士。即颂敬礼

赵朴初 六月

赵朴初先生的复函

所以干得很起劲。

在活页文选的基础上，我又策划了《读〈封建论〉》。毛主席不是说"熟读唐人封建论"嘛，那咱们就想方设法把柳宗元的《封建论》给工农兵讲明白吧。领导让我和工人师傅一起搞，好知道什么水平、什么形式他们爱看，能看得懂。书印出来之后，当时一些同志说这种形式挺好，工农兵看得懂，而且知识分子和工农兵相结合，有利于知识分子的进步。后来全文大概四五万字的《读〈封建论〉》，在《人民日报》《光明日报》《北京日报》，连载了三四天。

我看过一个材料，在一次会议上，有人向周总理提出，古籍整理的标点符号也要突出阶级观点。周总理说不要这样搞了吧，标点只能反映原文的意思，怎么样体现校点者的阶级观点呢？当然这只是个别人的想法，今天听起来很可笑，但也能反映出当时思想领域的气氛。

1981 年我参与创办《文史知识》，还主持了六七年工作。因为"文化大革命"耽误了很多年轻人的学习，太需要普及文史知识了，所以干起来兴趣盎然。《文史知识》创办后第三年就被评为优秀文史刊物，两三年内，订数从四万猛增到三十万。编辑部被评为文化部优秀青年集体，中华书局还奖励了我 800 块钱。

这个时候大家都在反思，都在重新认识过去紧跟配合、为当前政治服务的做法和观念。那时我们为中央文件引用的古典诗文作注、为工农兵搞普及，当然是为政治服务（当然这里面还有一个为什么样的政治服务的问题）；但古籍整理更长远、更基础的工作，是搞好基本建设，是对浩如烟海、车载斗量的古典文献进行系统清理，批判继承。把优秀传统文化的精神提炼出来，把优秀传统文化中具有当代价值、世界意义的文化精髓提炼出来，为建设有中国特色社会主义文化服务。中央文件中说"得搞上百年"意思就在于此吧？如果仅仅把紧跟、配合当作是为政治服务，对古籍整理出版来说是不是就太狭隘了，很容易把一个宏大事业，变成政治的实用工具。"二十四史"校点能紧跟得上吗？但你能说"二十四史"校点不是为政治服务吗？这是我在前一个时期的经验、教训后的思考。这是我思想的第二个阶段。

三

再谈第三个阶段。1981 年陈云同志电话开启了一个新的时期。那时候我正好在中华书局总编室工作。那天下午 4 点 40 分我接到陈云同志的秘书肖华光同志的电话，传达了陈云同志的指示，说陈云同志最近问，古籍校点工作进展如何，还说古书不加标点整理，后代根本看不懂，文化就要中断了，损失很大，一定要把这一工作抓紧搞好。当时我虽然年轻，但也知道陈云同志的分量，立即写了一个电话记录报给领导。今天回头看一看，这一通电话太重要了。这是 1981 年 5 月 22 日。6 月 11 日，中华书局给陈云同志送去报告。一个月后，7 月 9 日，陈云同志又派秘书王玉清到中华书局进一步传达他的意见。9 月 17 日，中共中央便发出了可以载入中华民族文化史册的 37 号文件——《中共中央关于整理我国古籍的指示》（[1981] 37 号文件），文件明确指出古籍整理是一项十分重要、关系到子孙后代的工作，是一件大事，得搞上百年。大家看看时间，5 月 22 日、6 月 11 日、7 月 9 日、9 月 17 日，真是紧锣密鼓。接下来 12 月 10 日，国务院宣布恢复古籍整理出版规划小组。转年的 3 月，召开了全国古籍整理出版工作会议。古籍整理出版的新时期开始了。

1987 年 5 月，我奉命调到新闻出版署工作。当时离开中华书局我还是很留恋的。不过，到了新闻出版署以后，我在思想上、工作能力上、认识水平上，确实都有很大提高。在新岗位上，我有条件从全国和世界的角度去了解情况，去思考问题。比如，我作为中国文化代表团成员两次访问埃及，震动很大。地上动不动都是五千年以上的古迹，但是文字文献却很少，有的象形字到现在也无法破译。法老的后代、真正的埃及人血统已经很难寻觅。我们去博物馆参观，埃及历史学家说："要想了解埃及的历史，只有到比法老墓更深的地下。"也就是说，埃及的历史已很难了解了。这引起我很多思考。埃及的专家充分肯定历史，也肯定法老和帝王将相的作用，把他们作为一个时代的标志去讲。

又比如印度，有很多古迹遗存，但印度历史多有间断，没有留下记述，后人无法了解。十三世纪印度佛教的情况，连佛教圣地鹿野苑、那烂陀学院的情况，都是靠玄奘的《大唐西域记》才得以补齐。

相比较，中国的古籍世界第一。我们出版的《中国古籍总目》著录的古籍大约有 20 多万种。当然，这不一定完备，还会有新的发现。但总而言之，中国古代的文献是非常丰富的。这些文化遗产的作用在哪里？从这些文化遗产中，我们可以看到遥远先人的身影，可以了解他们的思想，感受到他们的情感和智慧，辨认出他们一步步前行的脚印，最终无非是弄清楚中华民族是从哪里来的，经过怎样艰难坎坷的历程，有哪些光辉灿烂的成就，前人的经验教训是什么，在此基础上才能明白我们要向何处去。所以，对传统文化，对优秀的文化遗产，保护整理出版是基础，然后，去粗取精，去伪存真，由表及里，深入地研究，总结出理论和规律，根本就是继承和延续中华民族的精神血脉和文化基因。搞古籍出版的人，确实要有使命感，要有竭诚的努力，要有全心全意投入到这项事业中来的使命感和责任心。

前些年的国学热，我们怎么认识？由于社会主义市场经济的建立和发展，人们的观念发生了深刻的变化，加上科技的高速进步，经济全球化促进了世界各国的往来，对传统文化的意义、地位和作用有了不同认识。有一些青年同志说，传统文化与现代化怎么可能连接到一起来？再讲以前那些"子曰""诗云"不是太落伍了吗？但是《于丹论语心得》的发行达几百万册，阐发《老子》的书一印再印，于丹、易中天、阎崇年等等成了大明星，高校讲古典文学的教师也成了各界欢迎的"坛主"，他们滔滔不绝地讲授着传统文化，而且呈现场场爆满的盛况，我们应该如何认识这一现象？我觉得，任何一种文化的发展，都具有连续性和交融性，一个有着悠久传统的文化尤其如此。无论我们承认不承认，一个民族的传统文化与现代化实际上处在同一体中，从来都没有分开。任何一种文化的现代化都是自身传统的现代化，不可能割断历史。任何一个民族文化的现代化，都具有本民族的特色和源头，不可能是从天上掉下来的。研究一个民族的现在，必须研究这个民族的历史。研究一个民族的历史，也是为了更好地服务于现在。

　　德国哲学家雅思贝斯在《历史的起源和目标》一书中提出"轴心时代"的理论。他说，公元前500年左右，世界范围内特别是中国、印度、巴勒斯坦、希腊等地区出现了大批哲学家，发生了哲学的突破，他称这一时期为轴心时代。雅思贝斯说，人类一直是靠轴心时代所产生的思考和创造的一切而生存，每次新的飞跃都要回顾这一时期，并被它重燃火焰，自那以后情况就是那样，轴心潜力的苏醒和对轴心期潜力的回归或者说复兴，总是提供了精神的动力。中国几千年的历史，各个阶段对传统文化的认识、利用、改造或继承也大体如此。

四

当前我们古籍整理出版的工作应该怎么做？2001年的时候，我曾经总结大家的意见和建议，在古籍整理出版培训班上提出古籍整理出版的十点建议。根据我的个人体会，和现在大家反映的一些情况，我认为现在有五点特别重要。第一，队伍的建设。一定要抓优秀的编辑，给他们经济上和政治上的支持，让他们觉得干这个事大有前途。这样你才能抓住人，齐心合力干事业。另外对他们还要严格要求，要树立使命感。第二，要做好规划。有计划有步骤地向前推进。保证质量。第三，抓好重大工程。一个时期要有一个时期的标志性作品，大家总是提到唐诗宋词元曲、四大古典名著，提到《辞海》《辞源》《中国大百科全书》，为什么呢？因为它们是一个时代的标志，是一个国家和民族文化的标志。我记得我们编制国家"八五"出版规划，"九五"出版规划、"十五"出版规划的时候，到后来觉得重大项目很难找到。在重大工程上我们要下大力气去搞，因为它既是时代的标志又能鼓舞人心。第四，加强古籍整理研究著作的出版。对传统文化，整理、出版目的是古为今用，出版可以起组织和引导作用。第五，加强通俗读物出版。通俗读物的重点是传统文化中的精华。我觉得这五个方面是非常重要的。

大家对《兰亭序》肯定都很熟悉,《兰亭序》中有两句话:"后之视今,亦犹今之视昔。"我们今天说"明人好刻书而书亡",后人会不会像我们评论明人一样地评论我们呢?我们要把古籍整理出版当作百年大计去做,当作事业去做,要有敬畏感。

马克思曾经说过一段话,很发人警醒。他说:"我们的事业并不显赫一时,而将永远存在;高尚的人们将在我们的墓前洒下热泪。"我们出版了皇皇巨著,又是发布会,又是电视报道,每个人都说"好书!好书!",但过了没几天,人家一翻,几十处甚至上百处错误!我们的事业并不是为了显赫一时,不是为了一时的光彩,而将永远存在,那时候后人会感谢我们今天做出的贡献。

(本文系作者根据 2018 年 8 月 28 日在"第 33 届全国古籍出版社社长年会暨全国古籍整理出版规划领导小组成立 60 周年座谈会"上的发言速记稿整理而成)

传统文化的立足点与着眼点

回顾新时期的古籍整理事业，或者说对传统文化的认识，我们会发现发生了令人惊诧的巨大变化。在不太远的一二十年前，由于社会主义市场经济的建立和发展，人们的观念发生了深刻的变化，加上科技的高速发展，经济全球化促进了世界各国的往来，对传统文化的意义、地位和作用的评价，对古籍整理事业的认识，发生了质疑。总的来说，那时，一些学者认为古籍整理离现实太远，现在是现代化、信息化、网络化时代，古籍整理已经没有多大意义。更有一些青年同志说，传统文化与现代化怎么可能连接在一起啊，再讲那些子曰诗云，岂非太落伍了。但是，曾几何时，《于丹〈论语〉心得》的发行达几百万册，阐发《老子》的书一印再印，于丹、易中天、阎崇年等等成了大明星，连高校讲解古典文学的教师也成了各界欢迎的"坛主"。他们滔滔不绝地讲述传统文化。而且，呈现场场爆满的盛况。

我们如何认识这一现象？

随着社会的进步、经济的发展，文化赖以存在和发展的物质基础、社会环境和传播手段都发生了根本性的改变，古籍整理和出版事业在新的历史条件下面临着新的考验。

任何一种文化的发展都是具有延续性和交融性的，一个有着悠久传统的文化尤其如此。这就是说，不论我们承认与否，一个民族的传统文化与现代文化实际上处在同一体中，任何一种文化的现代化都是其自身传统的现代化，不可能割断历史；任何一个民族的文化的现代化都具有本民族的特色和传承的历史，不可能是从天上掉下来。研究任何一个民族的现在，必须研究这个民族的历史。所以在建设有中国特色社会主义的进程中，在建设社会主义精神文明的实践中，对中华民族的传统文化必须抱有批判地继承的态度。

整理我国古籍就是对传统文化进行清理。去粗取精，去伪存真，就是为了继承和发扬一切优秀的文化传统，为建设社会主义精神文明提供借鉴。传统文化中的精华部分，说到底是民族性的表现，而民族性正是先进文化的显著特征。"三个代表"重要思想中很重要的一点就是代表中国先进文化的前进方向，而要把中国的文化建设好，确实代表中国先进文化的前进方向，就必须对传统文化去粗取精，去伪存真，取其精华，弃其糟粕。这个任务，可以说更加集中地落实到了我们从事古籍整理研究和出版工作的同志身上。古籍整理研究和出版工作就是为建设社会主义先进文化这一目标服务的，是一个重要的方面军。十分明显，古籍整理出版事业的发展，是由古籍整理的重要性和特殊性决定的。在当前这样有利的形势下，我们必须将古籍整理出版工作继续向前推进。

古籍整理研究和出版的着眼点是古为今用，立足点是当代的具体实践。胡锦涛同志在党的十七大报告中特别提到"要做好文化典籍的整理工作"。可以说，这是党中央第一次在这样高规格的报告中提到文化典籍的整理工作。我们从事这方面工作的同志，感到震动、鼓舞和激励。同时，也感到要努力做好这一工作的巨大压力。他又说："要全面认识祖国传统文化，取其精华，去其糟粕，使之与当代社会相适应，与现代文明相协调，保持民族性，体现时代性。"应该说，这已经十分清楚地为我们指明了古籍整理与研究的着眼点与落脚点。

怎样相适应，如何相协调？这其中有深刻而丰富的内涵。让我们稍做回忆。曾几何时，"戏说"成风，戏说乾隆、戏说康熙、戏说纪晓岚、戏说武则天，几乎历史上的一切都可以戏说，都在戏说。为什么？因为有市场。为什么有市场？人们需要了解历史、认识历史。客观地说，"文化大革命"把孔子变成"孔老二"，读者会问，孔子究竟是一个什么样的人？"文化大革命"把中国历史讲成帝王将相史、宫廷政变史，中国历史就是农民起义，今天打倒那个、明天推翻这个，读者会问，如果是这样，中国历史上的伟大业绩究竟是怎样产生的？历史究竟是谁创造的？历史学家们不能及时地、准确地、通俗普及地把历史的本来面目告诉人们。一般群众认为"戏说"就是最生动地讲解历史。"戏说"就在这样一个背景下发生、发展、街谈巷议而蔚为大观。

接下来，"正说"出现。"正说"是对"戏说"的批评，对"戏说"的指正，或者说"拨乱反正"。此风由中华书局带头吹起，出版了《正说清朝十二帝》等一系列图书。"正说"中国历史迅速遍及全国，"正说"之书几十种上百种问世。从这种现象也可以看出，历史学家们心中不平之气积郁已久，不满"戏说"之学风。

再下来就是《于丹〈论语〉心得》了。这又到了一个新阶段。《于丹〈论语〉心得》一下子印行几百万册。于丹成为广大读者心中的"明星"。为什么会有这样大的动静？我认为这是人们不但需要正确的历史知识，还需要提高，其关键是人们需要一种理论、一种观点来解释当前的具体实践和道德准则。人们要从古代的圣贤的言论、实践中寻找认识今天社会的答案。当然，《于丹〈论语〉心得》一类的书，还很难说是学术研究著作，但印行几百万册，有几千万读者，就说明了它的存在的价值。但是以《于丹〈论语〉心得》为代表的文史工作者不能满足，不能沾沾自喜，不能觉得自己已经最好，他们必须继续探讨、开掘，研究如何更好地"与当代社会相适应，与现代文明相协调"，否则，很快就将会被取代。犹如"戏说"出现观众如潮，犹如"正说"出世风行影从，但都是一个阶段，一个过程。时势造英雄。可以预见，对传统文化，对古籍的整理、研究和出版，很快会进入一个新的更高的阶段，也会产生新的、更多的了不起的学者。

对传统文化，我们还要坚持取其精华，去其糟粕，在"适应"与"协调"上下功夫，在"取"和"弃"上下功夫。还是要坚持批判继承的原则。毛泽东同志指出："中国的长期封建社会中，创造了灿烂的古代文明。清理古代文化的发展过程，剔除其封建性的糟粕，吸收其民主性的精华，是发展民族新文化提高民族自信心的必要条件；但是决不能无批判地兼收并蓄。"邓小平同志也说过："属于文化领域的东西，一定要用马克思主义对它们的思想内容和表现方法进行分析、鉴别和批判。"批判继承是每一个先进的阶级对待传统文化应有的态度，也是对历史、对未来负责的态度。

比如，孔子"仁"的思想，就是从日常生活中一点一滴积累起来的。他说："为仁由己。""仁远乎哉？我欲仁，斯仁至矣。"他还主张由己推人、己所不欲勿施于人，己欲立而立人、己欲达而达人；孟子提出恻隐之心人皆有之，羞恶之心人皆有之，辞让之心人皆有之，是非之心人皆有之，这些处理人与人之间关系的思想都蕴涵着宝贵的东西。今天的社会，物欲横流，己欲立而整人，己欲达而陷害排挤人，孔孟的这些思想会照出一些人的心肝，即使他们自己不以为耻，也会遭到社会唾弃。"万钟则不辩礼义而受之，万钟于我何加焉"，如果大家都认识到这一道理，贪污腐化就会少一些了吧。

又比如儒家轻视和贬低工商，就严重影响了社会的发展。士农工商，读书人排在第一位，倡导的是十年寒窗，一举成名，商是末位，是贩卒、末流。今天，我们就一定要对轻商的思想加以批判。

再比如忠、孝。我们提倡忠于祖国、忠于人民。我们不同意愚忠，不能为被埋葬的旧阶级、旧事物去"忠"。我们提倡"孝"，孝顺父母，友悌兄弟，但我们不能愚孝，不能为尊者讳，为长者隐。忠、孝二字形式相同，但内容很不一样了。这就需要我们在剔除和剥离之后，才能进行汲取和弘扬。

儒家思想也不主张冒险。"父母在不远游"，"身体发肤，受之父母，不敢毁伤，孝之始也"，这些古训必然导致不愿冒险、温和懦弱、害怕变化。岂不知冒险精神常常与创新、创造相联系，敢于突破才能取得进步，只有发挥敢作敢为的精神，才有可能成功。连倡导儒学的李光耀都认为迫切需要"特立独行的人"，需要"冒险家和见解独到的思想家"推动新加坡前进。

道理也很简单，思想文化是一定的经济基础和上层建筑的反映，并反过来为一定的经济基础和上层建筑服务，作为从封建社会经济基础和上层建筑产生出来的文化，必须用今天的社会主义精神文明、社会主义市场经济去考核和检验，否则就会精华糟粕不分，或者打倒一切，批判一切，或者认为"今不如昔"，让腐朽的东西复活。

文化的传承是一个社会问题，所以才会有"戏说"成风，才会有"正说"热潮，才会有《于丹〈论语〉心得》畅销，而只有当传统文化被广大群众所认识、所理解、所掌握，才能保证持久的、正确的方向。这又是广大文化工作者的历史重任。

不久前，我看到两条消息。一条是深圳要在梧桐山南麓建立"老子文化园"。一条是安徽和县扩容改造"刘禹锡陋室"成为新的"陋室园"。老子既不是出生在深圳，也没见到学者考证老子的足迹到过深圳，而目前拿牵强附会的材料，论证其为老子出生地或老家的已有多处，深圳何苦花巨资再建"老子文化园"？是否是为了借人们读老子《道德经》之热，建园卖票？深圳人把小渔村建成现代大都市，被人们赞誉"深圳速度"，何苦非得拉上老子来光大自己？陋室，再经全新打造，我们还怎么去读陋室铭？有人说，这两件事反映了地方发展的"创造力匮乏症",也许是,但我认为根本原因是没有弄明白"适应"与"协调"问题,是我们文化工作者工作没有做好。

德国哲学家卡尔·雅斯贝斯在《历史的起源和目标》一书中提出"轴心"的理论。他说,在公元前500年左右,世界范围内特别是中国、印度、伊朗、巴勒斯坦、希腊等等地区,出现了大批哲学家,发生了"哲学的突破"。他将这一时期称作历史的"轴心"。他说:

> 人类一直靠轴心时代所产生的思考和创造的一切而生存。每一次新的飞跃都回顾这一时期,并被它重燃火焰。自那以后,情况就是这样,轴心潜力的苏醒和对轴心期潜力的回归,或者说复兴,总是提供了精神的动力。

这个思想,主要是讲传统的价值和意义以及对传统回归、复兴亦即继承的看法。中国几千年的历史,各个阶段阶层对传统文化的认识、利用、改造或继承,也大体如此。

但是,历史就是历史,它是在历史的土地上发生、发展、变化和达到高峰的。

现实就是现实,它需要传统文化,是要吸取其精华,为今天服务,从而将文化推向一个新的高度。而这个我们觉得很是不错的"新文化",后来人还会根据他们的标准和需要去鉴别和扬弃。

作为一个文化工作者,一个古籍整理研究工作者,今天的研究、今天的整理,要有世界的眼光和五千年中国历史的气魄。怎样才能有世界的眼光和五千年中国历史的气魄，让我们继续努力探讨吧。

2008 年 10 月

精品图书七说

——关于打造精品图书的讲演稿

作为一个编辑，我们的目的就是要打造精品，为出版优秀图书奋斗。当前，无论是出版集团还是有特色有品牌的中小出版社，从规模和质量上来说，当然要加强产业规模化、集约化、现代化，做强做大。但"强"和"大"体现在什么地方？我认为其中最主要的是出多少好书，是优秀图书的不断涌现，是精品工程的厚重和传承价值。这里，我谈谈我对"精品图书"的认识。宋人献曝，聊供参考。

一　精品的概念

不论是做编辑的，还是搞管理的，首先要有一个崇高的标准，要讲究文化品格，要有战略眼光。出版业在改革的做法方面有热烈的讨论，但是要树立精品意识、实施精品战略这一点，在整个产业都是认同的。

"树立精品意识、实施精品战略"是十四届六中全会文件提出来的。在这个要求之后，文件又进一步地指出，要努力创作出一批思想性、艺术性统一，具有强烈吸引力、感染力，深受广大群众欢迎的优秀作品，带动社会主义文艺事业的全面繁荣。十八大文件讲得更为具体。讲到发挥文化引领风尚、教育人民、服务社会、推动发展的作用。特别讲到重大文化工程和文化项目的建设，讲到造就一批名家大师和代表人物。我们完全可以把这些论述理解为对精品的解释。其中，特别突出的是两层含义：一个是内容方面，优秀的作品应该是思想性、艺术性统一，具有强烈的吸引力、感染力，具有持久的生命力。第二点是，这样优秀的作品，能够带动社会主义文艺事业的繁荣，还要引领风尚，起到教育人民、服务社会、推动发展的作用。表彰一部书，表彰一个电影，表彰一出戏剧，表彰一件美术作品，是有深层次的意义的，要起到引领风尚的作用。

通过对中央文件的学习，纵观中外文化历史，我们是不是可以这样认为：

精品是一个国家、一个民族时代精神的集中体现；

精品代表一个国家的文化水平，反映一个国家的文化发展方向；

精品在整个精神产品的创作和生产过程中，具有重要的示范、带动和引领作用。精品要有鲜明的人民性，来自人民，服务人民；

精品要有持久的生命力，弘扬真善美，培育民族的自尊和自信；

精品唤起人们积极向上的信念，造就一批名家大师，千帆竞发，百舸争流。

新闻出版署（总署）历届领导。左二起：刘杲、杜导正、宋木文、于友先、石宗源、龙新民（右一）。左一：杨牧之，右二：桂晓风。

精品的本质是创造，是创新与实践，精品应该是前所未有的。

出版的水平主要不在数量多大，是 30 万种还是 40 万种。美国只有 16 万种。俄国不过 8 万种。乾隆大皇帝写了 6 万首诗，谁记住了一首？王之涣的诗只留下 6 首，"欲穷千里目，更上一层楼"，"羌笛何须怨杨柳，春风不度玉门关"，句句精彩。宋朝潘大临的"满城风雨近重阳"只一句，却至今让人们传说。周巍峙的"雄赳赳、气昂昂"志愿军战歌，连前奏加在一起刚好 30 秒，却可以写入中国音乐史。

精品意识就是战略意识，体现一个出版工作者对事业的追求和奋斗。

十八大报告中讲到，建设社会主义文化强国，关键是增强全民族文化创造活力，让一切文化创造源泉充分涌流，社会文化生活更加丰富多彩。当然，也不可能要求每部书都是这样，但是我们所要求的精品和优秀的出版物一定要有这样的内涵。

典范的精品应该是超越时空的。在中国有价值，在全世界得到认可，在今天有价值，几百年后仍然令人向往。比如曹雪芹的《红楼梦》、司马迁的《史记》，唐诗、宋词、元曲，西方的蒙娜丽莎、《蓝色多瑙河》、贝多芬的《英雄》《命运》《田园》交响曲，都是伟大的经典作品。几百年前甚至上千年前的艺术品今天仍然打动人心、产生震撼，就是因为抓住了人类相通的东西——真善美。

十八大报告强调要"弘扬真善美，贬斥假恶丑"，意义深远。真善美的东西，会被不同时代和不同国度所认可。大家为什么觉得《巴黎圣母院》经久不衰，爱斯梅拉达、卡西莫多有美的灵魂。只有抓住真、善、美才能超越时代。在那个时代过去之后，只要人类存在，艺术魅力就存在。到故宫看看，到罗浮宫看看，那样的作品，不但属于那个时代，还属于今天、属于未来，成为人类文化史上的坐标。

什么叫坐标？我们说唐朝说唐诗，说宋朝说宋词，元朝是元曲，明清是小说，19世纪法国的巴尔扎克，俄国的托尔斯泰，这是坐标，这才是精品。《红楼梦》《水浒传》，代表了一个时代、反映了一个时代。中国的青铜器，大家为什么喜欢看？青铜器古色斑斓，包含深厚的文化内涵。晋唐的书法，龙蛇飞舞，雍容丰厚。李白、杜甫、辛弃疾、苏东坡，他们说出了我们根本感觉不到的美，或者感觉到了而说不出来的美。敦煌雕塑大家为什么爱看？因为反映那个时代激情浪漫的民族精神。我们看印度、埃及文化，包括玛雅文化，对人的生与死有很多看法。他们的生死观念：其中最主流的是人死之后还会复活。玛雅文化认为人死之后四年会复活，所以要给死者准备四年的吃、用；埃及文化认为人死后三千年还会复活，所以弄个木乃伊，藏在金字塔里面，目的是等他活了以后身体别受到损毁；敦煌壁画，一个老者快去世了，周围围着一圈人，大家并不哀戚，敦煌学家解释说这个老者虽然要死了，但是他的儿女认为他是到另外一个世界去了，那里会很快乐，而且过多少年之后可能还会回来。这种认识，反映出当时人对生与死的浪漫情怀。

还包括通俗的东西。通俗的东西也能成为经典。比如《古文观止》《唐诗三百首》《三字经》《百家姓》，现在大家还在看。

现在搞了很多种唐诗三百首，但是最好的恐怕还是清朝人蘅塘退士编的那本。《古文观止》今天还是学习古文很好的选本。《诗经》305 篇，其中的国风多是从民歌中选出来的，现在也变成经典了。

这些典范作品给我们什么启发呢？真、善、美这是持久的生命力的原因，雅俗共赏是上下皆宜、广受欢迎的原因。

我们应该刻苦地锻炼自己、提高自己，使自己拥有高超的眼光，健康而高尚的感情，具有抓住人类相通东西的本领。我们要面向现代化，面向世界，面向未来，要建设民族的、科学的、大众的社会主义文化。这其中，我们首先要有一个高的目标，要有一个崇高的标准。如果没有一个高的目标，没有崇高的标准，那就没有重点，没有追求，还谈什么精品，谈什么引领风尚？

二 为什么出版家都追求重大选题，开启重大工程

正如十八大要求我们的，要加强重大公共文化工程、文化建设项目一样，在精品中间要抓重大的选题和重大的文化工程。什么叫重大选题？第一是对建设文化强国起重大作用的图书。第二，一般要是具有巨大文化积累和传承价值，或者能产生重大影响的图书。这样的书的编辑、出版才会成为标志性工程。

温家宝总理在去年读书节时讲了一段话，他说中国有光辉的历史，有造纸、印刷术的发明，造纸和印刷术的发明使出版得到了繁荣和发展。他又说，积累和传承是出版的特性。

一个发达的出版业的重要标志，在于出版物的质量。传承和积累文化靠什么呢？我认为主要靠高质量的重大工程。

我以大家都很熟悉的商务印书馆、中华书局发展竞争的故事为例。商务印书馆和中华书局是两家历史悠久的出版社，商务印书馆说近代中国出版从他那里走出，中华书局说我是百年老店，以弘扬中华民族文化为己任。他们在近百年历史中如何竞争的？他们竞争的实质是什么？用什么竞争呢？就是重大项目、重大工程。竞争的实质是什么？归根结底是对中华民族文化的贡献。当然，出版商也好、出版家也好，他们主观上也有自己的名和利，但不论如何他们所看重的是对中华民族文化的贡献，在历史上刻下了什么样的印迹。

20 世纪初期，他们都在策划重大的工程，商务印书馆先编了《辞源》，中华书局编《中华大字典》。《中华大字典》先出，成了当时收汉字最多的汉语字典，出版以后一印再印，影响巨大。接下来商务出了《辞源》，一炮打响，后来中华书局又出版了带有百科知识性质的综合性《辞海》，可以说是中华跟商务相竞争的第一个回合。后来因为上海打了一个报告，他们要编新《辞海》，毛主席批准了，《辞海》成了上海辞书社的事了。这是第一个回合。

中华、商务第二个回合，先是商务印书馆出版《四部丛刊》。经、史、子、集四部，商务是怎么做的呢？他们选择最好的版本进行影印，这样就对保存优秀的版本做了很大贡献。中华书局跟着搞了《四部备要》。商务选择最好的版本、最好的刻本加以影印，中华另辟蹊径，选择最好的校本，经过后人校注过的好本子，集中出版。双方各有创意，读者各有需要，又打了一个平手。

第三个回合是整理二十四史。二十四史约有四千万字。黑格尔说他很羡慕中国，因为中国有最完备的国史，我想，主要指的是二十四史。其他各国文化中断了，包括埃及文化、犹太文化、罗马文化，都在发展过程中因为各各原因中断了，只有中国文化没有中断。中国二十四史等典籍一直流传下来。黑格尔说中国有最完备的国史，他下面还有一句话，他说中国虽然有完备的国史，但是中国没有完备的哲学。哲学还处于史前状态。我觉得这话说得很不科学。为什么呢？《论语》《老子》《庄子》《孙子兵法》，百花齐放，百家争鸣，这中间有多么高深的哲学思想。其实黑格尔的话也可以理解，他没看过完整的原文，因为过去没有系统的翻译过。过去传教士翻译成的拉丁文，质量不高，也不完整。我相信如果他看过上述经典完整准确的译文，就不会这么说了。

商务印书馆先搞百衲本。百衲本，是选择历史上较好的版本，汇集而成，这个版的选一种那个版的选两种，就像和尚的百衲衣，所以叫百衲本。这样的做法，可以真实地保留历史上最好的版本，对科学研究很有价值。商务的百衲本，1930年3月正式征订。1932年日本飞机轰炸上海，印出来的部分都被炸毁了。商务又重新搜集、重新描摹，费了很大功夫，对保存中国文化真是立下了汗马功劳，学术界、出版界都很钦佩商务的老板张元济先生的奉献精神。征订发行情况很好。

商务这样做，中华岂甘落后。反复研讨，再发创意，中华搞了个聚珍本。什么叫聚珍本呢？当时西泠印社创始人丁辅之研究出一套字形，很清秀、很雅致，商务本来想跟丁辅之合作，但丁不同意在商标中删去"聚珍"二字，谈判未成。要价又太高，合作未成。中华下决心花重金把丁辅之的创新买过来了，变成中华的了，叫聚珍体，中华用这种字体重新排印，就叫聚珍本。

一个是影印本，一个是排印本。说到版本的权威，得说百衲本。商务挑选的是宋元珍本加以影印，真实可靠。说到阅读起来很享受、很清晰，得说聚珍本。聚珍本字大，新刻的，好看。两个版本各有千秋，互相呼应。人家说百衲本和聚珍本是双子星。今天回忆这段历史，我们怎能不佩服我们的前辈的敬业精神，他们用他们的追求谱写了中国出版史的新篇章。这是第三个回合。

两家像斗宝似的实施重大图书工程，原因是什么？原因就是这些大工程是标志性的，标志着出版者的文化品位和经济实力，标志着他们的文化素养。这些大工程，可以烘托出出版社的形象，体现出版者的气魄和眼光，所以他们各展所长，推陈出新。我们也一样，我们下大力气打造的项目，就应该是慎重策划、反复选择的优秀的选题。但是选择者、培育者得有眼光，像张元济、陆费逵、金灿然、陈翰伯那样的眼光，像卞和识玉那样的本事。只有这样我们才能开拓具有文化积累和传承价值的重大出版工程。

还有一个例子，是出版中文大字典。到现在为止收汉字最多的字典有四个。最早的是日本出版的《大汉和辞典》，收录汉字4.9万个。接下来我国台湾人搞了部《中文大辞典》，收汉字5万个。后来我们在1994年出了一本《汉语大辞典》，收汉字5.6万个。最近韩国搞了部《汉韩大辞典》，编了十几年，韩国政府大力支持，终于竣工，收录汉字6万个。如今《汉韩大辞典》成为收汉字最多的辞典。日本、中国台湾、中国大陆、韩国为什么都在不断地努力往"大"和"全"方面去搞呢？我觉得也有文化品位、文化价值和抓重要工程的问题。日本用汉字，韩国也用汉字，韩国更有意思，好像中国的很多东西都是他们发明的。

上世纪，中国出版业出了许多重大工程，《中国大百科全书》、"二十四史"和《清史稿》、《辞源》修订本、《辞海》修订本、《汉语大字典》、《汉语大词典》、《中国美术全集》等等，都是一代人乃至几代人前赴后继共同努力的结果。不能说是哪个人打造的高峰。后来，新闻出版署制定"九五""十五"规划时，重大工程的选拔比较困难，这就需要群策群力，需要大家共同努力策划。回头看看这些重大工程，我们什么时候看到这些伟大的图书，都会敬仰前辈们的才智和奋斗。所以，十八大特别强调加强重大文化工程、文化项目的建设，意义深远。

简单说，没有重大工程，就谈不上时代文化繁荣。

三　多出雅俗共赏的书

前一阵子　有一个作者写了一篇文章叫《焚书指南》。他说，假如遭遇一场千年不遇的严寒，恰巧逼迫你躲到了图书馆，你快冻死了，只好烧书取暖。那么，你会先烧什么书？他说毫无疑问，第一批投入火堆中的书是成功学和励志的书，这类书太多了。第二批投入火堆的是生活保健书。第三批投入火堆的是各类明星写的自传、经历和感悟的书。这篇文章是一个极端的例子，也是对我们出版的一个批评，图书同质，不好不坏，40余万种，又多又滥，我们对出版生态应该有所反思。

我们要出什么书？一个是重大学术著作，第二是雅俗共赏的书，两翼齐飞。我做出版，从毕业以后到中华书局干了20年，后来到署里搞出版管理17年，之后有幸任职中国出版集团，现在荣幸地和大家一起搞《中国大百科全书》第三版，前后总共46年。我主张出版这两方面的书：一翼，重大工程。作为一个社长、一个责任编辑，我们要为重大工程搏击、奋斗，争强好胜，发展中华民族文化。另一翼为出"雅俗共赏"的书卖力。什么叫雅俗共赏呢？就是一个科学家他需要阅读，比如钱学森、茅以升、杨振宁，他们也不见得各个学科都懂，也需要看一些其他学科通俗的东西。高明的人需要，一般的读者要上进，也需要。看起来有些难度，但他跳一跳，蹦一蹦，也够得着，努把力也看得懂。这种书就叫"雅俗共赏"的书。"雅俗共赏"的书不是《乌鸦》《口红》《木子美日记》这种书，这种书不叫雅俗共赏，叫低俗；也不是《痛并快乐着》《无知者无畏》《零距离》这类书。前一种，总是勇气十足地突破大众认可的伦理道德标准；后一种能满足人们崇拜名人、窥视名人隐私的心理。虽然这些书给人一时的痛快，但是这些书不是我说的雅俗共赏的书。

什么是雅俗共赏的书？我举几个例子，比如当年吕叔湘、朱德熙先生写的《语法修辞讲话》，在人民日报连载，普及语法修辞讲话，培养了一大批党和国家的干部、学者。我在中华书局编《文史知识》时，请李学勤先生给我们写有关古文字学的文章。他问写大的、中的还是小的，我说写小的，一篇5千字。小的是普及的，最难写。我答应他一边写、一边连载，出齐12期，然后再出本书，出书时候可以再扩充。他说行，就写小的。连载了12期后，出书时叫《古文字学初阶》，第一版印了2万。如今已累计印了10多万册。一本讲古文字的书能印这样多，很不简单。朱光潜的《谈美书简》，爱因斯坦的《物理学进化》，奥尔巴赫的《原子时代的遗传学》，赵树理的《小二黑结婚》，《孙悟空大闹天宫》、《宝葫芦的秘密》，日本的《阿童木》（成人也看《阿童木》，挠挠脑袋出智慧），《白雪公主》，这都是雅俗共赏的书。还有中国古代的《唐诗三百首》《古文观止》《三字经》《百家姓》，都是雅俗共赏的。我常常跟古籍出版社的同事谈，如果今天能策划出一本像《唐诗三百首》《古文观止》这样的通俗读物，我们就真的是功德无量了。能策划出像《史记》《汉书》这样的选题，我们就很了不起了。特别是在中国，13亿人口中间，大多数是中等和中等以下文化水平的，更得为他们服务，为他们现在服务，为他们的发展和未来服务。看"木子美""乌鸦"能发展什么？我们得给他们提供好的东西，优秀的东西，让他们学习，让他们健康发展，增强民族凝聚力。不能整天戏说，任意涂抹中国历史，热闹热闹，但那不是真正的历史。

四　畅销书的三个原则

说到雅俗共赏的书，就得讲讲畅销书。畅销书到底是怎么回事儿？现在畅销书是出版社的宠儿，为什么呢？一本畅销书一出，印几十万、上百万，钱就来了。责任编辑可以评职称、分房子，可以多得奖金。对畅销书究竟应该怎么认识？欧美非常注意打造畅销书，我认为"畅销"这一个词是经济学范畴的问题。比如英国一个记者把他妻子自杀身亡的过程写成了一本书，叫《简的去路》，受到警察局调查。后来他又写了《最终出路：自杀手册》，又一次受到警察调查和干预。终因出版自由，一边打官司一边卖。书印了47万册，畅销，发了大财。

我对畅销书的认识有三个原则：

第一条，畅销书本来是一个纯商业的概念，就是卖得快、卖得多。但是中国的畅销书不能只有这一个标准，必须是内容健康的，广大读者喜闻乐见的。这种喜闻乐见不是对低俗口味的迁就和附和，也不是对市场的讨好与乞求，一定是引领人向上的，给人以精神的享受的。

第二条，畅销的不一定都是好书，好书也不一定畅销，不能以畅销书多少来评价一个编辑、评价一个出版社的好坏。

第三条，畅销一定要变成常销，最后变成经典。一本书如果没有价值能常销吗？一本书如果没有生命力能变成经典吗？这种书难打造，但是确实不乏先例，要使畅销变成常销，最后变成经典。所以，我们说的畅销书一定要加"优秀"两个字，优秀畅销书。

美国人是如何打造畅销书的？美国出版商打造畅销书可以说是绞尽脑汁，千方百计。比如《飘》，这些年这部书又热了，为什么呢？出版商想了办法，《飘》跟美国南北战争弄一块，弄了好多旅游景点，于是人们先看小说，再去探访景点，看完景点回来以后再看小说。《廊桥遗梦》弄得处处是廊桥，处处卖小说。还有兰登书屋出版的《善恶园中的午夜》，很有代表性。怎么打造的呢？请了一个人，期以十年之功打造一本畅销书。先查找刑事案件，发现在美国乔治亚州撒瓦那镇，1981 年时，发生过一起杀人案，曲折离奇，现在也没有破案。于是就用那里的地名、人名，以那个案子为线索，加上渲染，写了一本书。作者写作时，巧妙地将故事情节和当地风光、社会风俗融为一体，铺陈出引人入胜的故事。出版商跟当地镇长联合一起做广告宣传，吸引游客到那里去。这本书先后印了 56 次，卖 100 多万册，为了吸引外国游客，用 6 种外文出版。

　　当然，也有用很多手法出版发行一部著名的书的。比如爱尔兰人乔伊斯 1922 年出版的《尤利西斯》。这部书曾被评为"20 世纪著名英语读物 100 种"的第一种。当时因为一些情节，美国把它定为禁书，不许引入，不许出版。可是这部书太有名了，很多美国游客到法国、英国、爱尔兰去的时候，都带一部回来。兰登书屋老板看到这个商机，怎肯错过，就挖空心思策划了一个方案。他委托一个人专门去法国，回来时带进一部《尤利西斯》。交代说，你在过海关时一定要让海关检查出来，让他们没收。老板搜集了这本书的书评，都贴到书里。美国法案规定，证据必须一体，分开的不算，所以把书评都贴到书里。到海关的时候，恰逢天气炎热，海关不愿意检查，挥手放行。那个人急了，说你得查查我的行李，看看有没有违禁品啊。海关发现了《尤利西斯》。因为当时很多游客从法国回来都带这部书，已经不算什么事了，就说走吧走吧。那个人说这部书是违禁的啊，你怎么不没收呢？海关只好把书留下。兰登书屋老板高兴了，起诉，找了著名的律师，应允打赢了官司付给高额的律师费。再了解哪个法院的哪个法官是懂文学的，到那位法官值班时律师就起诉了。法官喜欢文学，拿过来看了几天。法官说这可是一本好书啊，为什么我们国家不能出版呢？那个书里有什么让一些人看不上眼的情节呢？书中写了主人公一日一夜的故事，因为书里有手淫的情节，被美国有关部门定为禁书。法官说这是一本好书，那情节不算什么。打官司的过程沸沸扬扬。最后兰登书屋官司打赢了。书出来以后，因为打官司的过程大家已经深知《尤利西斯》了，人们都想一睹为快，一下卖了很多。兰登书屋的老板真是煞费苦心。

英美的一些出版商打造畅销书就是为了赚钱。把老婆自杀的过程都写得清清楚楚，居然卖了几十万册，有什么道德可言，引领什么风尚？包括名社，兰登书屋绞尽脑汁，弄出一本《善恶园中的午夜》，也是看到了商机，也是为了挣钱。他们策划这类书时很难谈是承担什么文化使命，很难谈是为了提高人们道德素养。对于我们来说，我们不能这样做，我们有我们的使命，所以，在畅销书前面一定要加上"优秀"二字。我们图书的内容要健康、快乐，让大家昂扬向上，给人以快乐。

五　创新与创造

　　十八大报告里对创造、创新用了很多词汇，"充分涌流""持续迸发"，关键是"全民族文化创造活力"等等，很值得我们认真地思考。

　　创新是非常重要的问题，是发展、前进的关键。"文化大革命"之后，我曾经读过王任重同志的一篇文章。在文章里他引了毛主席的一段话，他说毛主席说：不如马克思不是马克思主义，等于马克思不是马克思主义，只有超过马克思才是真正的马克思主义。王任重在文章里说，"文革"前他写文章引了毛主席这几句话，在"文化大革命"中受到红卫兵严厉批判，说他造谣，毛主席不会这么讲，谁敢超过马克思，这是老祖宗。王任重讲，这段话是很辩证的，不如马克思当然不是马克思主义，等于马克思，没有创造、发展，还是照搬，只有与时俱进，超过马克思才是得到了马克思主义的真髓。马克思主义灵魂是讲变化、讲发展、讲前进的。马克思没有见过社会主义社会，不超过马克思就没有邓小平理论，也就没有改革开放。王任重说要创新，不能墨守成规，创新才能发展。

　　为什么要创新？生产力发展了，生产关系要适应生产力。经济基础决定上层建筑，经济基础发生变化了，上层建筑能不跟着变化吗？有这样一个故事，很生动，很说明问题。有一幅照片大家都见过，毛主席穿着绿军装、戴着红卫兵袖章接见红卫兵，举手检阅。老师指着大照片上的毛主席问小学生，你们认识这个人是谁吗？小学生说不认识。老师说这是毛主席，毛爷爷。又问你们知道毛主席在干什么吗？这次小学生异口同声地说：打的。这段话蕴含着深刻的道理，这就是生活内容发生了变化，孩子认为毛主席举手就是打的。我们小时候出租车太少了，也打不起。那时候不会觉得举手就是打的。现在生产力发展了，生活发生变化了，打的也是家常便饭，所以小孩说毛主席举手是在打的。比如小说《高玉宝》，学生看不懂了，学生问老师，地主学鸡叫干什么？叫长工起来干活。学生说不是有闹钟吗？手机也可以定时，放在枕头边上可以叫早。学生又问，长工为什么非得给他干活？老师说吃不上饭，没饭吃。孩子说没饭吃没关系，还有肯德基呢。比如写现代战争活捉本·拉登。美国海豹突击队几十人，两架黑鹰直升机，降落到院外，队员帽子上有发射探头。奥巴马、希拉里坐在白宫盯着看现场。发现，击毙……前后40分钟。生产力发展了，形势变化了，思想、观念必须跟着变。

创新需要有人，要有富有创造性和掌握知识的人去实现。创新要有环境，允许鼓励争鸣的环境。十八大讲到坚持为人民服务、为社会主义服务的方向，坚持百花齐放、百家争鸣的方针，贴近群众、贴近生活、贴近人民的原则。在工作中，要团结一批具有创新思想的人。要是来自五湖四海，要有讨论、有争论。《参考消息》摘了美国《商业周刊》的一段话，说中国人很强调群体性，通常会选择和自己所熟悉、信任的人一起工作、交流，共享信息。而即使同在一个公司或大学，不同部门和分支的人之间通常会产生排斥，更何况是团体之外的人了。这些积习，使得人们并不欣赏与自己思想行为不同类型的人群，这就大大影响了不同意见、不同思想的争论。

生活是这样，工作学习也是这样，甚至研究问题的时候也找说得来的人一块研究。这就很难争鸣，很难接受到各种各样的思想。

创新的动力是什么？我觉得创新的动力、创新的激情，源于远大的抱负、成功的欲望、浓烈的兴趣和执着的追求。

抱负、欲望、兴趣。投身其中，执着追求。说到这里，我想起温家宝总理给《大中华文库》工委会的信。他说，我国有着悠久而灿烂的历史文化，希望你们以伟大的爱国热忱、宽广的世界眼光、严谨的科学态度锲而不舍地把这项光辉的事业进行到底。这就是一个阶级、一个民族的追求目标。创新，特别是选题的创新、内容的创新、形式的创新，这里边有深刻的内涵，比如从学科总结性方面来谈，从编辑角度方面来谈，从填补空白角度来谈，从引进最新的科技成果角度来谈，都是创新的角度。我有一个朋友博士论文做的是澳门的《蜜蜂华报》。中国人的报纸，但是在澳门用葡萄牙文出版的，是中国传媒史上一份特殊的报纸，过去没有人研究，也没有相关论文。这个人为做《蜜蜂华报》的博士论文，专门到外语学院学了一年葡萄牙语，经过长时间的努力，写出了一部20万字的书，这本书获得了吴玉章人文科技成果优秀奖，还获得了一些其他奖项。我问研究这么一个报纸的价值何在。他说价值就是填补空白，既是填补空白，也就是创新。《新华字典》出几十年了，发行几亿册了，又出双语版，汉英对照的《新华字典》，这就是新的角度。引进名著的新的科技成果，比如《西式内科学》，出很长时间了，但是世图公司出了最新版本的，那就有价值。这些都说明创新不是高不可攀的，是一点点积累、一步步开拓之后慢慢做起来的。

六 品牌是什么

创新最后必然跟品牌联系在一起，创新要有结果，要创出一个品牌来。改革开放几十年了，新中国六十多年了，中华民族几千年了，有多少著名的品牌走向世界？相反，欧美一些国家他们的品牌多少？我们给人家做，我们赚几毛钱、几块钱，人家几十万、几百万，为什么呢？因为品牌不是我们的。创新一定要跟品牌联系在一起，最后的目标是打造出品牌来。

品牌是什么？品牌是一个企业、一个出版社的命根子，品牌是一个企业与出版社的无形资产，品牌是消费者对某类商品形成的一种观念存储和心理认同，存储在读者脑子里的购买意向。比如你要买马列的书，到人民出版社，买古籍到中华书局，中外工具书到商务印书馆，你为什么到那里去买？你觉得那里出的书质量好，这就叫品牌认同。人家的品牌树立起来了，懂这个叫懂行，不懂这个就叫外行。说你买马列的书，上中华买去了，买古籍却去了人民，说明不懂行。你到人民去买说明识货，识货就是懂得品牌。

国际经济论坛形成一个共识。认为 21 世纪成功的因素不是金钱，不是机器，是人和品牌。马克思在《资本论》中说到品牌，讲得十分生动。马克思论述品牌，是从他的妻子燕妮买服装得出的结论。马克思说他的妻子总到那家商店买这种牌子的衣服。马克思把同类衣服都找来，量了尺寸，看了颜色，分析了材料质量，大同小异，而价格别的店却比燕妮去的那个店便宜得多。他把这个发现告诉他夫人，但是他夫人还是到那个店买衣服。这就是追求品牌，这就是观念存储和心理认同。马克思说他考虑品牌的出发点是他妻子的购物行为。其他店尽管便宜，但是他妻子不去。这种作用是超感觉的感性的东西，凭超感觉和感性的东西表现出品牌的强大力量。

一个出版社出一本好书、两本好书不难，难的是不断地推出好书，进而形成出版社的风格，形成出版社的品牌，让购买者将购买观念存在他脑子里，让购买者产生心理认同。如果说一个出版者树立这种观念还不算难，但还仅仅是第一步，做起来、坚持下去并真正创出品牌来，却并不易。它需要抱负、智慧和韧性。再加上体制方面也有原因。一个编辑当社长以后，50多岁了，过几年退休了，他可能想赶快挣钱，把出版社的效益弄上去，体面退休。一个优秀品牌岂是三五年可以形成的，它甚至需要几代人的努力奋斗。这就跟体制有关系了。体制也要为创造品牌而改革。

七　引领时代和与时俱进

十八大报告讲到要发挥文化的引领风尚、教育人民、服务社会、推动发展的作用。要做到这一点，首先要解决道路、方向、方针和原则问题，最后要实现面向现代化、面向世界、面向未来，民族的、科学的、大众的社会主义文化。否则引领什么，用什么教育人民，怎么样服务社会？所以，根本一点首先要解决道路和目标的问题。与此相联系的是要弄明白出版的价值和意义，出版通过什么发挥巨大价值，是赚点钱给 GDP 增加零点几的比例？还是什么？我们在国民经济中才占 3%，财政部如果靠我们赚的这几个亿，那国民经济就坏了。经过长时间讨论和实践，大家在这个问题上基本上达成了共识。比如复旦大学出版社社长贺圣遂说，出版的最大价值、最主要的特征是发掘文化、传播文化，它的更重要的意义并非直接创造的经济效益，而是间接产生的社会思想风尚、经济观念和体系等泛效益的价值，讲到了引领社会风尚的问题。上海陈昕说的一段话也很精彩，他说，从社会宏观背景中，从产业角度考察，出版业从来都是一个小产业，自身的经济功能和产业价值有限，一个出版集团做强做大的根本标志在于通过优秀出版物的传播影响，为社会创造更多的价值。这两段话说得都很精彩，很值得我们思考。

大家都知道袁隆平，获得了科学进步奖。他研究杂交水稻育种栽培方法，使多少亿人解决了吃饭问题，非洲也请他去介绍经验。《杂交水稻育种栽培学》这本书我做了了解，从出版的投入和产出看是亏损的，没赚钱，但是这部著作总结的理论和方法解决了全世界数亿人吃饭的大问题，因此这部书获得了国家图书奖，价值在产业之外。比如爱因斯坦《狭义与广义相对论浅说》，这种书回报有限，但他开启了宇宙新时代和人类利用核能的新篇章，岂是几万块钱、几十万块钱能衡量的吗？好书效果远远不止一本书的经济效益。我们不能完全以赚钱与否评价一本书的价值和贡献。党和国家正因为看中出版这个属性，制订了包括出版业在内的文化产业的特殊政策，采用降低、减免增值税，政府补贴等等办法扶持出版业。我们是要做大做强，我们是要发展，但是我们更大的意义在产业之外。

大家现在很重视环境保护，重视环保这个观念始自何时呢？1962年，美国出版了一部书叫《寂静的春天》，是写环保的书。二战之后，美国科技发展很快，突飞猛进，但是也带来了环境的污染，当时美国环境破坏得很严重。《寂静的春天》警告世人，由于滥用农药人类美好的田园将成为昔日的梦境，生机勃勃的自然界正在走向死亡。这本书出版以后，企业界、产业界巨头们大哗，纷纷反对这本书，这么一弄他们的发展岂不大受影响？但是，美国总统科学顾问委员会对这本书所提出的观点和材料进行深入的调查，最后认为这本书是高瞻远瞩的，反映实际的，并由此成立了美国环境保护局，环保的观念开始深入人心。《寂静的春天》贡献巨大。这才是一部书的价值和意义。《寂静的春天》不见得能印多少，但是美国由此成立了环保局，由此开始重视环保，制定法律。所以，这部书的价值怎么估计也不为过。

我们说出版的意义和价值就在这里。多数的出版人就是怀着对文化的憧憬、对文化的热爱，选择这个职业的。他们想为中华民族文化、世界文化做出贡献，几十年、几百年过去后，高尚的人们想起他们会洒下热泪，会心存感激。就像我们今天读到《静静的顿河》《安娜·卡列尼娜》《红楼梦》《三国演义》《约翰·克利斯朵夫》，巴尔扎克的《人间喜剧》，心里总是怀念这些书的伟大作者。还有这些书的出版者，他们选择策划出版这些伟大的图书，这些图书能成为时代的标志，这是出版人的雄心壮志，也是今天出版人为之崇敬、奋斗的目标。

关于与时俱进。要引领时代必须跟上时代，必须高瞻远瞩。我简单讲讲这些年由"戏说"而来的种种状况。前些年大家印象深刻的是戏说，戏说康熙、戏说乾隆、戏说纪晓岚，历史可以戏说，现实也可以戏说，戏说很有市场，大家很爱看。为什么爱看呢？因为人们需要了解历史、认识历史。人们通过戏说觉得历史很有意思，于是戏说大行其道。搞来搞去，严肃的研究者觉得这样不行，把中国历史弄坏了，纪晓岚就那样吗？乾隆就那样吗？出于对历史的责任，于是出版了"正说"。中华书局的《正说清朝十二帝》就是一个典型例子。企图拨乱反正。上海古籍也出了不少"正说"。"正说"出到一定程度，又有于丹的《论语心得》。对这本书，尽管有各种各样的说法，但是有一点应该承认，卖了几百万，有几千万读者。这几千万读者为什么要看呢？几百万册为什么卖出去了呢？说明有几千万的读者欢迎。为什么欢迎？因为经过一段时间之后，人们需要一种理论、需要一种认识来提高对现实的一种解释，正好于丹利用孔子的话、《论语》的话，谈自己的感想，来解释一些事情，解释一些现象，大家觉得很好。至于于丹这种"心得"是不是学术著作可以讨论。看起来她自己也不承认是学术著作，因此叫"心得"。但是毕竟卖了几百万，也很说明问题，说明它的价值。接下来大家又不满足了，出现了文史大讲坛。这个过程是什么呢？这段历史说明什么呢？戏说、正说、于丹、文史讲坛，不断地发展。我认为，事物肯定还要不断地前进，还会有新的形式出现。人们的需要是不断提高的，时代也在不断提出新问题，所以文化工作者、出版工作者必须是与时俱进的，必须是不断发展的，必须要不断创新。与时俱进，才能得到社会的承认，得到读者的欢迎。

2013 年夏

全国图书质量大检查的联想

——谈谈图书的校对问题

作者按： 这篇文章我要谈谈校对工作。这就让我联想到 1993 年新闻出版署图书司做的一件震动全国出版业、影响深远的大事：全国图书质量大检查。这样的做法在中国出版业是第一次，在全世界出版业恐怕也是从来没有过。

当时，读者强烈反映出版物质量差，突出的是文字差错率太高。于是，我们从 1991 年、1992 年两年的出书目录中随机抽出几十种图书，请专业人员检查差错率。

检查结果，很让人震惊，合格率仅为 20%。但更令人震惊的还不是这种低水平的合格率，而是对这种"低水平"的态度。有的出版社居然跑到新闻出版署领导那里告状，说图书司检查他们的图书是"打击报复"。从这里我们可以看出来，我们的一些编辑甚至个别出版社的个别领导，对这种质量要求是多么不适应。

但我们的工作却得到读者、社会的热烈欢迎。随后，图书司又连续几年、多次从各个方面进行图书质量检查：

大型古籍今译图书质量检查、少儿图书质量检查、文艺图书质量检查、优秀出版社图书质量检查……不断努力，终于扭转了图书质量严重下滑的局面。1999 年全国优秀出版社图书质量的合格率达到 80% 以上。

一

长期以来，出版物语言文字方面的问题相当严重，备受社会关注。从广大读者、作者，到出版印刷单位和政府出版行政管理部门，都在积极探讨如何提高出版物的质量。我们经常收到各界读者的来信，强烈反映出版物质量的问题，有尖锐的批评，也有合理的建议。更值得回味的是，在这个形势下还出现了一个"新职业"。有的人专门找出版社的书给你校对找错，找出后再通知出版社付费。如不付费，便在报刊上给你曝光。而且专找大书厚书挑错。虽然差错只有一二十个，但他会说全书几百页我全帮你审读过了。也许出版单位对这种做法不见得高兴，但谁让你出的书让人家找出了错呢？我们出版单位，一定要本着对读者负责、对社会负责、对子孙后代负责的态度，切实提高出版物质量，提供合格的精神产品，同时也要求出版行政管理部门，进一步加强对出版物质量的管理。

客观地说，这些年来，出版行政管理部门在出版物质量管理和出版物用字规范方面，下了不少功夫。主要是抓两方面的工作：一是抓规范管理，制定规章制度和行业标准；一是抓监督、检查和落实，逐步完善管理机制和监督机制。

1992 年 7 月，新闻出版署与国家语言文字工作委员会联合颁布了《出版物汉字使用管理规定》，明确要求所有报纸、期刊、图书、音像制品和电子出版物都"必须使用规范汉字，禁止使用不规范汉字"。1994 年 8 月，就进一步落实上述规定的问题，新闻出版署发出《关于新闻出版行政管理部门要带头使用规范字的通知》。1995 年以后，新闻出版署相继发布了《图书质量管理规定》《图书质量保障体系》《报纸质量管理标准》《社科期刊质量管理标准》等行业标准，力度不可谓不大。近年来又不断修订出台"编辑校对规范"，不断加强对校对人员的培训，要求持证上岗。

但顽疾难医，问题依旧。新闻出版署只好组织对出版物的质量进行具体检查，并考核出版单位执行上述规定的情况。

1993 年，中国出版史上空前的全国性的图书质量检查开始了。第一次，主要是针对读者反映强烈的北京地区中央各部委出版社的出版物进行质量检查。办法是随机抽查，从 1991 年、1992 年两年的出书目录中抽查几十种图书。检查结果令人震惊，合格率仅为 20%。但更令人震惊的还不是这种低水平，而是对这种低水平的态度。有的出版社居然认为，检查他们的图书质量是"打击报复"，甚至组织人到出版署告图书司。明明质量不合格，还要告状，真叫人哭笑不得。从这个态度可以看出来，我们的同志对这种质量要求是多么不适应。

接下来，新闻出版署图书司又按计划对读者反映强烈的大型古籍今译图书的质量进行检查，检查结果同样令人震惊。检查了 9 种大型古籍今译图书，9 种全部不合格，平均差错率高达万分之六点三。

这种全国性的图书质量检查，在全世界恐怕也没有第二家。功夫不负苦心人，经过上下一齐努力，事情渐渐向好的方向转化。1998年对全国文学图书进行质量检查，合格率达到60%以上；1999年对全国优秀出版社出版的图书进行质量检查，合格率达到了80%以上。

工作在进步，质量在提高，一方面靠行政的力量，持之以恒，一抓到底；另一方面也是靠社会来抓，靠广大读者来抓，靠各方面的监督。

二

关于校对问题，我早年曾写过一篇有关文章，本来打算收进书中就可以了，但我想来想去，现在有许多新情况、新问题，还是应该再写一篇，再说几句，以表示我对于校对问题的关心和重视，呼吁大家也关心和重视校对问题。不要因为校对上不用心，而把一本好书变成质量不合格的书，或者因为我们不小心，贻误读者，造成损失。

这其中的教训太多了。我记忆中有这样一件事："文化大革命"期间，某部队有一份8开的小报，那时候在报眼的位置上，多是放一二句领袖的语录。那天大概是个什么节日，放了两句口号，一句是："敬祝伟大领袖毛主席万寿无疆！"一句是："敬祝林副统帅身体健康！"小报字号太小，报眼上的口号是7号字，排版的工人误将"！"号植为"？"号，于是便成了："敬祝伟大领袖毛主席万寿无疆？""敬祝林副统帅身体健康？"可能字号太小了，加上两个标点下面都是一个"·"，编辑没有发现，校对也没有发现，主编签字付印。报纸一出来，读者眼尖，马上写大字报，这下炸了锅。这是"现行反革命"啊，哪个领导敢担这个责任？于是从主编到校对一个不落的全部撤职、开除，把排字工人抓了起来。

还有将马列毛主席语录排错的，丢一个"的"，少一个标点符号，都是严重政治错误，不但出版的报刊要全部收回，有关系的人都得作检讨。那还得是不涉及内容方面原则问题的。从那以后，凡是校对马列毛主席语录，校对员、责编，至少校对十次。发展到后来，还倒过来校，一段语录，从后往前一个字一个字地校，因为担心习惯性读下去，有错溜过去发现不了。那真是无所不用其极啊！因为如果发现领袖语录出了差错，全书就得收回、报废，那费的功夫就大了。因为不能算经济账，要算政治账。

经过这样风雨锻炼的编辑、总编辑怎敢不重视校对工作？

当然，我前面所举的例子都是从消极方面说的。消极方面的教训，也是经验，十分重要，而且这些教训会记得特别深刻，经久不忘。从积极方面说，校对工作确实非常重要。出版物是传播思想文化的信息载体。这些出版物要把思想文化传播给读者，必须准确无误。试想想，如果一本小学生的教材出现了语言文字差错，那不是要影响孩子一辈子吗？另外，人类文化遗产的积淀、传承，首要就是其上的文字要准确无误。否则几百年、几千年之后，考评这个记载的正误，可是要有大学问、下大功夫了。今天校勘二十四史及《清史稿》，集中了那么多大学问家，一二十年做下去，谁也不敢拍胸脯说：万无一失。当年吕不韦说，谁能找出《吕氏春秋》一个错字，赏银一两。悬赏日久，居然真的没人找出一个错字。其实那不是没有一个错字，是没人敢找。在秦王"仲父"头上动土，不要脑袋了？

三

其实，重视出版物的"校对"，我国自古就有这样的传统。

校书这个概念，早在距今 2800 多年前的西周就有了记载（见《国语·鲁语下》）。据史书记载，孔子也做过校书的工作，编校过六经。对后世影响最大的当属西汉时期。汉朝建立，文化上面临的是秦始皇焚书坑儒的荒芜。大量图书被焚烧，朝廷为了资政的需要，必须赶快整理一批有用的书。公元前 26 年，朝廷组织收集和整理图书，经学家刘向便是负责校对整理经书的一员。经过实践，他提出"校雠"的概念。刘向说，校雠是什么意思？即"一人读书，校其上下，得缪（通谬）误为校。一人持本，一人读书，若怨家相对，故曰雠也"。刘向的这个定义告诉我们：校与雠，是两种校对功能和两种校对方法。校，是说做校对的是一个人，面对的是一本书，校对的人采用通读的方法，发现并改正谬误。雠是两个人，面对的是一种书的两种或多种版本，一个校对人读，另一个人将不同版本来比照，发现版本间的差异，然后对"差异"进行考辨，"择善而从之"，目的在于改正传抄的讹误，恢复原著本来的面貌。

1996年，在安徽合肥召开第二届全国图书审读工作会议。各省图书处长出席会议。

刘向为什么用"雠"来表示"校对"呢？雠是一个会意字，左右各一个"隹"，隹是象形字，甲骨文里象鸟之侧形，本义"短尾鸟"。两个"隹"中间夹个"言"，意思是"对鸣"。由"对鸣"引申为"对答""对头""仇敌"。刘向用"雠"表示"校对"，除了用它的"对鸣"义外，还用了"仇敌"之义，表示"猎错如猎仇"，所以古代学者又将"校雠"称作"校仇"。这也说明了"校雠"的严肃性，一个差错就是一个仇敌。

经过不断实践，不断总结，为了尽量不出差错，古人又提出"三校一读"的要求。即校对三次，最后要由总监纂通读一遍。据专家考证，隋唐时代官方翻译佛经，在誊抄过程中，实行"初校、再校、三校"，最后由"主持"详阅。这是中国校雠史上最早的"三校一读"记载。宋太宗下令重校"三史"，明确规定"三复校正"，最后由他"御览"，也是"三校一读"。清乾隆时代编纂《四库全书》，对誊录本的校对，最初只设分校、总校两级校官，乾隆皇帝翻阅总校后的《四库全书荟要》，发现了错别字，提出严厉的批评，于是在分校官与总校官之间增设复校官。全书誊录完成之后，乾隆又命负责总纂的陆锡熊"详校全书"，又发现了许多错讹。也是"三校一读"。现代的"三校一读"，与古代的校法和任务多有相同，但精神是一致的。一而再，再而三，目的就是消灭差错，保证质量。

四

社会发展到今天，人们对信息交流，对书、报、刊阅读的要求，越来越高，校对人员的责任也就越来越大。

校对工作同样是一种编辑工作，是编辑工作的延续，是对编辑工作的补充和完善。这个观点大家都已认同。校对工作不到位，书的质量得不到保证。有两位大人物都对校对工作发过言。一位是鲁迅，他说过：校对和创作的责任是一样重大的。一位是列宁，他说过：校对是最重要的出版条件。可见他们对校对质量感触之深。

我记得一次评选国家图书奖时，一家著名出版社一本很厚重的书，进入了国家图书奖正式奖的入选名单，只剩最后一道关卡：图书质量检查。大家都认为胜券在握。因为大家坚信，一部这样的好书，校对一定差不了。但经过专业校对人员检查，差错率居然超过了万分之一的要求，让人大出意外。评委们一致认为，不能迁就，不能获奖。国家图书奖两年评一次，正式奖每次只有 30 个名额。在全国两年出版的图书中只评出 30 种书，那是多大的光荣！特别是眼看奖杯到手了，又被拿了下来，多让人可惜！从图书内容、装帧设计到印刷装订、发行情况，一切都好，只是因为校对功夫没到，这是多么值得汲取的教训！

千万不要轻视校对工作，校对工作同样是一种创造性劳动。清代校勘大家段玉裁曾说过，校雠有两大功能，概括为六个字：校异同，校是非。校异同，是照作者原本校对，不能错，不能漏字不能多字。校是非，则是对校对人员更高端的要求。发现"异同"好办，发现"是非"，亦即原稿文字表述对错，并作出正确的判断，就要有相当的语言文字和各方面知识的储备。所以段玉裁说："校书之难，非照本改字不讹不漏之难，定其是非之难。"

而"定是非"能发现作者书稿的错误，这样的校对必须是有学问的，某些方面甚至比作者高明。有篇研究校对的文章说："校对与编辑的关系，可以用八个字来概括：同源、分流、合作、同归。"（见《论编辑校对人员必备的素质和自我修养》）。很好地诠释了编辑与校对的关系。"同源"因为古代的书是手写的，编书、校书基本是同一人。"分流"是在纸和印刷术发明后，出版手段改变了，编辑和校对有了分工。"合作"，校对工作有特殊性，但同样是编辑工作的一部分，二者必须彼此合作，互相沟通，才能保证书的质量。"同归"，校对和编辑都是为了一个目的，最后都归到一部书的质量上去。

有鉴于此，我们不但思想上要高度重视，而且还要有一定措施保证。把思想重视落到实处。当前，我们的出版社应该努力做到三点：

一、要配备有专业的、合格的、一定数量的校对人员。术业有专攻，学问很大的编辑，眼前的错别字不见得能够发现，甚至在大标题上的头号大字，硬是发现不了，这里就看出校对专业知识的重要。

二、要有严格的校对规章制度，并且不断宣讲这些规章制度，定期培训从事校对的人员。

三、最好设有专门负责校对的科室。

上述三点，似乎都是常识，似乎很多出版社都明白这三点的必要，但据我所知，就是这谁都明白的三个常识，不少出版社却做不到。有的以"编校合一"的名义，校对科室取消了，专职校对没有了，所以图书编校质量问题不断出现，真快到了"无错不成书"的地步。所以，我们还是记住这两句话：图书的质量问题，编校质量问题，任重道远，不可怠慢啊。

对三联书店选题策划的建议

　　按语：这篇文章是 2006 年 11 月份我在三联书店的一次发言。发言的重点是希望三联书店多出一些书，多安排一些选题。当时，三联书店一年只出一百多种书，我认为少了。讲这个意见，我是有根据的。一、三联有一批优秀的编辑；二、三联有优良的传统，追求品牌和质量；三、三联有完整的保证质量的规章制度。最主要的是，几十年的实践证明了，三联出的书绝大多数是好的、比较好的。如果不具备三联的这些基本条件，我建议还是量力而行，质量第一，不要走"不好不坏，又多又快"的路。

一　对三联图书的感受

　　我经常读三联的书，今天跟大家一起讨论与交流，谈谈选题的策划和品牌建设。大家谈了很多很好的意见，我也谈谈自己的想法，不代表集团，也不代表集团党组，完全是一种交流，这些想法对还是错都是我个人的看法，大家一起讨论。

三联的书在我书架上都是摆在很重要的位置上的，有很多我特别爱看的书。我把三联的书分成这样几种：一种是我很爱看的书，一种是别人特别爱看的书，一种是我一时看不懂但留着慢慢看的书。我特别爱看的书如《傅雷家书》、《随想录》、《陈寅恪的最后二十年》、《万历十五年》、"林达系列"，"林达系列"我还真是每一本都看了，很精彩，资料丰富，思想深刻，而且很吸引人。还包括若干"二十讲系列"，包括过去的《大众哲学》《西行漫记》，还有《城记》、《洗澡》、黄仁宇的书和最近出的《八十年代》《吴宓日记》等等。这些都是我特别爱看的书，可以说百分之百全看了。第二种是别人特别爱看的书，比如金庸作品集、蔡志忠漫画、高阳的作品《胡雪岩》等。我不是不爱看，觉得一看就上瘾，放不下，就得一本一本看。没有那么多时间，索性先放一放，等退休以后有很多时间可用。第三种是现在看不懂但必须留着，以后慢慢看的书，如一些翻译的作品，一些前沿的、新潮的书，一些反映国际上重大的学术观点和见解的书。这些书，我都觉得非常有价值。另外，我特别爱看的杂志，比如《读书》《三联生活周刊》和其他的杂志。《读书》是一个很好的品牌，在当年成为一面标志和旗帜，很有影响。香港的人跟我说，这个杂志有的文章看不懂，很深。但又说不能不看这本杂志，这是身份的标志。"身份的标志"这说法很有意思，这个评价会让编辑很自豪吧？《三联生活周刊》现在一周一期，印数12万，那么一个月四期就是48万，成为三联的支柱产业，贡献很大。而且我听他们的主编讲，有信心发展到

30万、50万，我说如果你能达到30万、50万，集团一定全力支持。你能到50万那还了得？一期50万，四期就是200万，那对三联的发展、对中国出版界的发展作出了重大的贡献。另外还有韬奋图书中心，在账面上看不是特别好看，但是仔细琢磨琢磨内幕也很不容易，比如说交房租、水电的多少等等。但是韬奋图书中心成了一个地标性的书店，一个有品位的书店，一个到里面看书觉得舒服的书店。达到这样一个效果不简单，也不容易，这也是我们从事出版和发行的人追求的一个趣味。另外一点就是作者群、读者群的形成、建立、发展，都有它的特点，这些都是大家共同努力的结果，是领导班子同志包括前几任，共同努力奋斗所取得的成果。大家的发言，都体现了一种当家做主的精神，大家都想把三联的事业做好。我看了些材料，听了大家的发言，如果说好记的话，我概括了这么几点。一个品牌：三联追求一个品牌——人文社科、思想文化，在这个领域里形成自己独特的风格。两个重点：一个是重大的学术积累价值的图书，一个是雅俗共赏的通俗读物。三个突出：就是生活、读书、新知，在这三个方面突出个性，突出特色，突出品牌。在这上面我还有一点贡献，当年董秀玉同志到署里去，说能不能给三联一个副牌。那时候副牌已经很难批了，因为副牌跟正牌没有多少区别，基本上是一个独立的出版社。我跟她讲，你们何必还要副牌呢？三联的生活、读书、新知不都是副牌吗？三个牌子加一块才三联呀，你就照这三个方面去做不是很好吗？我们两个认为这个思路很好，这就是三个突出。四个板块：思想学术、文化艺术、知识、旅游。概括起来就是一、二、三、四，"一个品牌，两个重点，三个突出，四个板块"。这是不是咱们现在正在做和想做的一些事情？所以我觉得三联是一个很有特色的、很有贡献的、在读者中间很有威信、很有品位的一个出版社。有很多人读三联的书，而且觉得读三联的书自己是有文化的，做到这一点也是奋斗的结果，特别是近20年奋斗的结果。这是我谈的第一点，我对三联的一些感受。

二　三联应该多出好书

我在好几次会上，都谈过我的看法。我说三联出版的图书数量不够，要多出。为什么？第一点，因为三联书出得好，可以信任。如果全国都能达到三联的出书水平，那咱们国家的图书出版水平将达到一个很高的水平，达到很高的境界。第二点，三联有潜力、有实力能够多出一些书，100 种上下不够。不仅三联应该多出一些书，整个中国出版集团都要多出一些书。从全国来说，一年出 22 万种书，我认为太多了，但是从中国出版集团来说，7000 种左右的书，不够，我认为少了。为什么呢？因为我们整个集团有 1000 位正编审、副编审，这是多么壮观的一支队伍，有这样一支高水平的编辑队伍，埋头苦干一年，就出这么一点儿书，我觉得远远不够。

三联应该多出一些书，这是从全国的形势和集团的情况提出的一个想法。作为一个出版社，作为一个出版集团，我觉得最重要的事情就是多出书，出好书。现在大家一喊就是赚了几百万，一谈就是搞了什么房地产，又买了多少地，买多少房子，储备了多少亿，搞进出口，搞外贸。这都很重要，不是不能搞，但是着眼点放在这里，那就不叫出版集团，那叫房地产公司，进出口公司。既然叫出版集团、出版社，就得多出好书，这是不言而喻的道理。如果大家都来搞房地产，都搞进出口，那谁来出书呢？三联不就成了三联房地产公司吗？

从现在的情况来看，我觉得当前的出版社大概有五种状态，这是我很表象的概括，不一定准确。一种是不少出版社做到了横向联合，纵深发展，依靠自己的力量做大做强，图书选题能够不断创新，初步形成自己的风格。这些出版社代表了中国出版业的主流。第二种，相当多的出版社还没有完成由简单的物理反应向化学反应的转变，停留在低水平的数量上的增加和重复状态。原来计划经济中的粗放经营需要认真转变，也就是要真正实现化学反应。第三种，有一部分出版社，特别是中央部委所管的一些出版社，依然依靠行政权力，依靠资源垄断，依靠所控制的出版资源，悠然自得地占有着利润。其中一些出版社离开它所垄断的那块资源，恐怕很难存活。第四种，有一些出版社在激烈的市场竞争中已经或正在失去产品的生产能力和竞争能力，只能依靠出版行政管理部门配置的书号资源和工作室合作，这样的出版社产品链靠工作室链接，事实上产品链和资金链都已经断裂。工作室给它一些管理费，或者给它一些书号费、审读费等等，很难经营。卖一个书号一两万，五十个书号也能赚几十万，上百万，那么二三十号人也还行。最后一种出版社，它们按部就班地工作，有好些的选题就做，没有好选题也不争取，多做点书就把间接成本都打进去，然后赚点钱；再卖一点书号发一点福利，低水平的累加，属于粗放经营。他们出的书多半是"不好不坏，又多又快"那种。我琢磨来琢磨去，现在的出版社是不是有这五种状况？随着文化体制改革不断深入，出版改革认识上、理论上有很多深化，实践上有很多摸索和总结，取得了很大进展，主流是好的，确实发展很快，但是也存在一些问题，有的问题还不容忽视。在这种形势下，要求我们三联认真制定选题规划，推动选题创新，狠抓重点工程，依靠自己的力量做强做大，成为多出好书的出版社。

三　关于打造精品

这里我要谈几个关系，关于主打专业的品牌和相关相近学科的延伸的关系，关于重大选题和一般选题的关系，关于雅与俗的关系，关于量与质的关系，事业性和商业性的关系等等。

关于打造精品。要有竞争力，全靠精品，不靠数量。但是从我们集团的情况看，从三联的情况看，还是要有一定的数量。须知，没有一定的数量也就没有一定的质量。我记得有一年我陪宋木文同志到海南，大家都喜欢照相，海南画报社一个老摄影家就跟我说，"你照呀，要多照一些才行。"他又对我说，"你才照几十张，怎么行呢？总得照几百张上千张，才能挑出几张好的。有数量才有质量。"他的话给我挺大启发。有一定的数量才有质量。出书又何尝不是如此，你舍不得照，就照不出好照片来。你有条件，有潜力，却达不到与之相适应的数量，那就是浪费资源。浪费人才资源和智力资源。

要打造精品，需要处理好几个关系：

第一个关系是主打专业的品牌和相关相近专业的延伸的关系。三联主打的专业是什么呢？我刚才试着描述了一下，人文社科，思想文化。一个出版社主打专业的品牌是其根本，因为主打专业是长期经营甚至几十年近百年经营形成的特色，是出版单位的优势所在，有对这个品牌经营和维护的丰富经验，社会认同，所以必须坚持品牌，所以主打专业是安身立命之根基。但是还需要有相关相近学科的延伸。这是发展主打专业的需要，是烘托主打专业的需要，是丰富主打专业的需要。主打专业不可取代，如果主打专业被淹没了就会本末倒置。但是在一定时候，相关相近的专业可能会等同于或取代主打专业，这个发展趋势也是应该想到的。一个时期必须有一个中心，多中心就没有中心了。一个时期抓好一个主打专业，再辅助以相关相近的学科，使我们专业出版社有更丰富的内涵发展，也可以有更多的经济增长点。

第二个关系是重大选题和一般选题的关系。重大选题，标志性的选题，具有巨大的文化积累价值，有重大的影响，是标志性的工程。我在多个场合讲过，中华书局、商务印书馆的历史，就是一个不断推出重大选题的历史。商务出一个《辞源》，中华出一个《辞海》，《辞源》《辞海》，争斗一番。为什么这样做呢？因为《辞源》《辞海》都是标志性的作品，标志着商务、中华，有这个分量，有这个能力，有这个水平，所以商务、中华都很重视。商务来一个《四部丛刊》，中华来一个《四部备要》，接着中华又来一个《古今图书集成》。为什么在这上面争？因为这些重大选题，有重大影响，有积累价值，可以托起出版社的形象。但是重大选题困难大，不好搞，需要花费多年的积累和多年的奋斗。有的时候也是可遇不可求的。重大选题策划起来很难，新闻出版署在制订八五规划的时候还好，还征集设计了几部大书，后来九五规划、十五规划的时候再设计重大选题就困难多了。细想想，出版业给一个时代留下烙印，成为一个时代标志的，不就是那些了不起的大书吗？早年的《辞源》《辞海》《四部丛刊》《四部备要》《古今图书集成》，后来的《中国美术全集》、《中国大百科全书》、"二十四史"及《清史稿》新校点本、《汉语大词典》、《汉语大字典》等等，当然还有很多好书，策划起来很难，尽管很难，考虑到它的价值，它的影响，它的作用，还必须得花巨大的精力去策划，去搞这样的选题。

第三个关系是雅与俗的关系。刚才大家讲了三联的两个重点：一个是有重大积累价值的书和学术著作，一个是雅俗共赏的通俗读物。当然畅销书很多也是通俗读物，但是畅销书也不一定是通俗读物，通俗读物也不一定等于畅销书。我们所说的畅销书，中国出版集团和三联出的畅销书应该有自己的特点，自己的价值。我们的畅销书，第一步畅销，第二步要变成常销，第三步要变成经典。这样的畅销书，比如我们出的"二十讲系列"，就是这样的好书，畅销、常销，变成重点。刚才开会前我问振平《大众哲学》哪年出的（1936年初版），后来我们也出过，是不是常销变成经典了？包括其他出版社出的王力的《诗词格律》，周振甫先生的《诗词例话》，李学勤的《古文字初阶》，朱自清的《经典常谈》，都是通俗读物，后来变成常销书，变成经典。再拿小一点的说,《三毛流浪记》《孙悟空大闹天宫》《鸡毛信》《三个和尚》,都是畅销书,现在是不是变成经典了?古代的例子如《唐诗三百首》《古文观止》《诗经》等,《诗》三百当时不就是民歌吗?"关关雎鸠,在河之洲,窈窕淑女,君子好逑。"现在都变成经典了。所以在雅俗共赏方面要做努力。文化水平高的人,因为知识范畴的限制,他也不见得什么都懂,他需要看;文化水平低的人努把力也看得懂。我觉得这样雅俗共赏的书,是我们三联和中国出版集团抓的一个重点,在某种程度上比学术著作还有价值,因为读者层面宽、多、大。当然我们所说的畅销书跟有些出版社的畅销书有本质的不同,比如《上海宝贝》也畅销,什么《口红》《乌鸦》《木子美》也在卖。这些书我们是不屑于出版的。非不能也,是不为也。所以做畅销书、雅俗共赏书的时候,要面对市场,面对大众。不能说我这个书高雅得很,我就给1000人看,2000人看。你看不懂?我不是给你看的。那不行。所以我们要做市场调查,要面向大众,要雅俗共赏,要有更多的读者。

第四个关系就是量与质的关系。量太少没有基础,质也上不去。金字塔没有一个大的底盘,怎么可能垒那么高?所以图书品种要有一定的规模。但是量大了是不是质就高呢?也不一定。你出版200种,大部分放自己库里了,那也不行。所以在考虑量的时候,考虑选题的时候,重要的是要考虑质,考虑市场的需要,做市场调研,增加品种应建立在优化选题的基础上。否则增加了品种,增加了库存,把书都卖给自己了,也不行。

在考虑量与质的关系时,要解决自我欣赏和大众文化的关系。自己认为我的书很好，我就是给高档次的文化人看的，印 1000 本，我就给这 1000 个读者看。你很清高，品位很高，那不行，和者盖寡，那搞不好出版，这两个问题一定要处理好。

第五个是利与义的关系，事业性与商业性的关系。邹韬奋先生就强调出版要解决好利与义的关系。他强调出版应该是事业性和商业性的结合，是二者兼顾而不是对立。因为强调重视事业性，所以韬奋先生要求生活书店讲究内容与方向，讲究创新与质量，讲究文字的平民化和趣味性。韬奋先生强调商业性就是强调计划性和办事效率，强调出版物的个性和特色，强调人才的物色与培养，强调管理体制和创新民主。这个传统是优良传统，是非常正确的。要处理好事业性和商业性，处理好利和义的关系。过去我们出版业的一位老同志曾跟我说过，什么效益不效益，我不管挣钱只管花钱，我只管把国家给我的钱花好。我当时说，那太好了，如果有一个只管花钱的差事，我也愿意干。可现在谁给我们钱花呀？要是你只管花钱，谁挣钱呀？现在已经远远离开计划经济，离开国家包干的情况，以后也不会再有这个局面出现，只管花钱不管挣钱的日子没有了，必须既要花好钱，又要赚好钱，要处理好这个关系。

四　要加强编辑的修养、提高编辑的素质

我从六个方面谈谈我的想法。

第一，一个称职的编辑、优秀的编辑对出版事业应该有很好的理解、认同、执着和热爱。我们很多编辑都讲，我们

是把它作为一个事业去做，不是作为领取报酬的差事。一个优秀的编辑对出版事业应该有一个很好的理解。它是做什么的？在文化事业中起什么作用？我们的地位是什么？我们的价值是什么？我认为一个编辑应该为自己的职业感到自豪，为什么呢？因为他有能力使一个作者在日理万机的百忙之中听你的话，按你的要求去给你写文章、写书。因为编辑能够在一片空白的土地上，建筑起高楼大厦来，在空白的版面上描绘出又新又美的图画。所以说编辑工作是一门艺术，是一项事业，要有一个很好的理解和认同，要执着地追求。

第二，一个称职的编辑对大是大非应该有很好的鉴别能力，具有强烈的社会责任感。他应该明白祖国的前途和命运，他应该明白自己的社会责任和使命，他应该为祖国的富强作出贡献，他应该为广大读者提供优秀的精神食粮。我们为什么要坚持政治导向、政治方向呢？我觉得都是出于这样一个考虑。所以一个编辑对大是大非应该有很好的鉴别能力，要有强烈的社会责任感。你不关心那些天下大事，你就编不好书，而且你不找它，它就会来找你。应该坚持原则，探索真理，独立思考，对时代发展的总体趋势有科学的把握。一个称职的编辑既是学问家，又是思想家、政治家。

第三，一个称职的编辑对文化应该有很高的鉴赏能力，具有高尚的审美情趣。你的趣味是健康的、高尚的，你不能把丑恶当美好。因为人类创造的文化并不都是优秀的，而是良莠不齐的，也并不都是先进的，是先进和落后混杂的，所以需要编辑来审读。我们审读的时候要有高尚的审美情趣，通过筛选把最好的东西奉献给读者，不能把肉麻当有趣，不能把低级当高尚，不能把媚俗当纯洁，所以一个编辑，要有很高的鉴赏能力和健康的审美情趣。

第四，一个称职的编辑要有渊博的学识，能辨别知识的真伪，掌握正确的价值取向。别把假货摆在殿堂上卖，别把错误的知识当成正确的知识出版，别像古玩城、潘家园卖的那些古董文物。那里的东西99%都是假货，真货都在铺子后面放着，家里放着。你要有识别的本事，别上当。要有渊博的学识，识别真假的本事，掌握正确的价值取向。我们国家是一个崇尚读书的国家，过去家里贴张条，"敬惜字纸"，写字的纸请你爱惜。这就看出中国崇尚文化，崇尚读书的传统。到农村去，一进中间的堂屋，摆放着"天地君亲师"的牌子，老师跟天地、君亲是等同的。所以，我们要有学识，把好东西奉献给读者。

第五，一个称职的编辑应该及时掌握社会关注的热点，学术研究的动态，前沿和着力处。你心里要有数，知道谁在做什么，知道谁在研究什么，知道这个问题研究达到什么水平，有哪些争论的问题。20世纪，我曾经提出一套选题，现在正在逐渐出版。书名叫《20世纪中国社会科学》，分十个大学科。每一个学科怎么搞？比如说历史，20世纪有哪些重大的学术观点的变化？代表人物是谁？比如社会分期，郭沫若怎么说？翦伯赞怎么说？吕振羽怎么说？范文澜怎么说？有哪些代表作品？这些文章发表在哪里？下面再附录这些代表的文章和著作的摘要。这种书起什么作用呢？就是告诉读者20世纪中国历史研究到什么水平，有哪些代表观点，代表人物，这些观点有哪些分歧，哪些争论。是一本工具书，目的就是帮助读者了解学术研究的动态、状况，了解研究的水平。不要人家的这个问题都解决了，都谈够了，你还在绞尽脑汁去策划这样的选题，这不让人家笑话吗？简单说，做一个编辑，应该有编辑的修养，编辑的素质，如修养不够，素质不够，你要编出好书是空谈。特别是在座的各位，我看大多数都很年轻，平均年龄就是30多岁，正是光华灿烂的时候，正是积累自己、发展自己的时候。机遇对每一个人都是平等的，谁在那儿辛勤地储备，机遇到来的时候就会轮到谁的头上。

第六，做一个编辑不要觉得不上算，不要总想，我也不是没本事，我干嘛为他人做嫁衣。弄了半天这书写的是陈寅恪的名，这书写的是钱锺书的名，这书写的是谁谁的名，就是没写我的名。我觉得千万不要这么想，事情在于自己的努力。我们做任何事情，都要从正反两方面看，做一个有心的人，要做出版家，不做编辑匠，要把我们的事业搞好，要把我们的素养提高，要不断地与时俱进。日积月累，我们也会成为有学问的出版家。一定不要觉得自己那套最好，一定要不断看看周围出了哪些好书，策划了哪些好的选题，学术界、出版界有哪些思考，在这个过程中间，把三联书店办好，把中国出版集团办好。

2006 年 11 月

作为一个编辑，我为什么努力写作

我有一本散文集，书名叫《香格里拉的追寻》，这种"追寻"是我今天的渴望。我曾经给我拍的一幅"雪景"照片题写过几句诗，诗是这样写的：

> 是什么力量，使你这般纯净，
> 有一种生命早已注入我的生命。
> 几幢木屋，几棵桃李，
> 从故乡到天涯，我们怎样约定。

今天重读我这些年写的散文，又产生了这样一种情绪，这样一种愿望。我在想，当年我写这几句话的时候，是怎样想的呢？我希望什么注入我的生命？

我是编辑出身，编辑当然要写文章，但应该说编辑的主要工作不是自己写文章，而是编辑别人的文章。我 1966 年从北京大学中文系毕业，1967 年进入中华书局，从那时算起，到 1987 年离开，整整 20 年。那 20 年，我是一名专职编辑，特别是主持编辑《文史知识》（月刊）的七年期间，策划选题、组稿、编稿、校对文稿、印制发行，一心一意编辑刊物，很少自己写什么。只是在刊物约定的稿子没到时，才自己动手，夜以继日地赶写四五千字，多是急就章。后来到新闻出版署（总署）做出版管理工作，情况就更不同了。出版管理，基本上是行政工作，动手写的主要是公文，诸如制定法规、起草管理条例，起草工作报告、调研报告和工作计划等等。这些工作很具体，虽然也是写作，但是另外一种风格，从某种角度上看，它有它的要求和难度。我想，一个作家、一个艺术家，不一定会做，也不一定能做好。

我在我的一本书的"后记"中，曾经谈过这样一种体会："我从 1987 年起由中华书局调到新闻出版署来做出版管理工作。由一名编辑转为一名出版管理人员，虽然都是出版工作，但这个转变却并不容易，因为它是两种业务、两种思维方法，甚至写文章所用的文字、写法、风格也完全不同。在出版管理岗位上处理什么事情都要设法理出来龙去脉，找出前因后果，定出一、二、三、四，时间久了，好像自己的脑子是一格一格的，一条一条的，追求的是准确和严密。逻辑挺周密，形象却枯燥，慢慢地，好像连人的性格都变了……"我真担心照这样下去一个人会变得很单调，看起来对出版管理好像很专业、很懂行了，实际上由于关注点过于单一，涉猎面越来越窄，知识可能会越来越贫乏，其结果恐怕管理工作也做不好。正是在这种情形下，我开始思考改变状况，决心写一点散文随笔，拍一点照片，记录一下自己的感受，留下一些自己认为美好的东西。

由于我的写作是这样一个动机，就产生了一些我自己的写作特点。最主要的是写完了之后，不急于发表。因为我的目的是记录自己的感受，是宣泄自己的情怀，所以写完了，宣泄完了，似乎目的就达到了，顶多给三五好友看看，"秀一把"，作为"奇文共欣赏"的意思，喝茶谈天时也是一个谈资。这样做也使我的作品得到不断的打磨。比如《白求恩，一个多么熟悉的名字》，是我2003年"非典"期间写的。"非典"最为猖獗的那些天，大家基本不上班。我们单位的办公地点又紧邻朝阳医院，大家都有些紧张，怕"非典病毒"从医院飞出，又从我们楼的窗户进入办公室，再吸入我们的肺，所以就只留人值班，其他人就不要来了。我是单位主要负责人，我应该上班。办公室里无公可办，就写起"白求恩"来。毛主席说白求恩"毫不利己，专门利人"，我总问自己，世界上有没有这种"毫不""专门"的人；白求恩一会儿到美国，一会儿到英国，又去西班牙，最后死在中国，他为什么会这样，他追求的是什么？我去过加拿大白求恩的故乡，参观过加拿大的白求恩事迹展览，读过他的遗嘱，收集了很多有关白求恩的资料，白求恩的身世、经历、爱情、婚姻，让我浮想联翩。当时，办公楼无比寂静，没有电话、没有访客、没有会议，全身心投入写作之后，"非典病毒"飞入与否也就忘记了，任感情宣泄，任文字驰骋，三天就写完了万把字的文稿。当时自己很满意。但写完了，宣泄完了，"任务"也就完成了，《白求恩，一个多么熟悉的名字》就放到抽屉里去了。到2005年，在报纸上突然看到某电视台在拍电视连续剧《白求恩》。赶快拿出来再加修改。几经打磨增删后，寄给杂志社审定刊出。

这时距我写完这篇文章已有一年半了。其他像《牛津的魅力》《新圣母公墓的诉说》，还有意大利的几篇，都是写完一年左右才发表的。

写作完了放一放，不急于发表，就可以不断地打磨、修改。我的《在金字塔下》，是1992年第一次去埃及回来后写的。第一次去埃及，见到那么悠久、灿烂、神奇、壮观的文化古迹，世界级的文化遗产，真是激动啊！回来后在无比兴奋中很快就写成了关于埃及的文章。放了一个多月，拿出来再看看，顿觉十分沮丧。这文章和其他人已经发表的有什么不同啊？金字塔雄伟，建造的奇迹，埃及人伟大等等，不过就是感想的廉价重复吗？放下了，苦苦思考，选一个什么角度写才有自己的东西，才能"与众不同"？2001年，有幸第二次去埃及公干。这次去感觉不同了，也不再像第一次那么冲动了，开始思考一些问题，诸如埃及人对生命的看法，对永恒的追求，对来世的幻想等等。为了弄清楚这些问题，又迫使我读了许多有关埃及的历史、文化方面的书。于是，在差不多把第一稿放了十年后，改写出第二稿，又改出第三稿，我感到满意了，觉得想说的话都说出来了。朋友看了，给了我很多鼓励，郑重地推荐到《人民文学》杂志发表了。后来，还被评为2003年二十篇散文佳作之一。

我写《我的白猫和黑猫》前后也有六七年。第一次写完后，自己觉得很有点意思。按惯例，先放起来，把自己的情绪冷却一下。过了一个多月拿出来再看，哎，不就是写自己喜欢的两只猫的故事吗？这类好文章太多了，不足道。我多次拿起又多次放下，总觉得不满意，又不知如何改。一次，在红螺寺开会，晚上在房间里看书，我又想起我的"白猫黑猫"。我突然意识到，这两只猫在家里那么闹，是跟我要自由，它们是要吃好吃的，是要主人的爱抚，但它们更要自由的空间，自由的奔跑，上房、上树，抓鸟、抓虫。我怕它们受伤害，关在屋里，没有我看护着，不让他们出去。它们怎能忍受这种"关爱"？最后它们出走了，我伤心至极。这时，我终于明白了猫咪的心理，我的文章也收尾了。我写道：

夏天过去了，秋风吹起来了。一天早晨，我看到白猫站在院子大门上面的平台上，远远地，直直地看着我，看着家。身上的白毛已脏成灰色，肚子瘪瘪的，风吹过来，毛都立了起来，但不论我怎样叫它，它就是不往前走一步。我和它对视着。我看着它那幽幽的眼神，我好像听到它说：我的朋友，我舍不得离开你，但我又不能再回到你那里去……

我已经不再像过去那样想找动物学家去学猫的语言，我实在早该懂得它们的心思。

我觉得经过这么不断地修改，总算写出了我的内心。

放一放，不急于发表，从作者的心理调整上看也是十分必要的。因为刚刚写完一篇文章，情绪多半正在激动之中，容易自我陶醉，容易不客观。有几次，写完一个多月后，再拿出来看，自己先是脸红，这样的文字，当时自己怎么还会很激动呢？后是庆幸，幸好没有拿出去发表！所以，写好一篇文章后，多放一放，等热劲过后，再看看，如果那时自己仍然觉得很激动，很满意，就差不多了。

对于像我这样业余写作的人还有一个障碍，就是常常没有自信。文章是这样写的吗？自己写出来的东西还有些意思吗？没有把握。所以，我体会到，在写作和修改自己的文稿时，要有自知之明，但也要有自信。有信心就能促使自己不断地体验、不断地学习、不断地打磨，就一定会写出好文章来。有一次，一个朋友跟我说，写那么多文章、书，有什么用？即使出版了，也无非在浩如烟海的北京图书馆书库中增加一个小薄本而已！这话太尖锐。有多少人的著作能像《红楼梦》《聊斋志异》《静静的顿河》《约翰·克利斯朵夫》那样，在书架上占一大块位置，在文学史上没有它就是一大缺失呢？有雍容华贵的牡丹也得有小家碧玉似的月季和清淡天然的野菊花嘛。你说社会上哪个行当不是五味杂陈、美丑并存呢？如果世界上全是清一色艳丽华贵的牡丹，岂不也会让人烦死！但朋友的话有一点给我启发，给我警诫，就是不论别人怎样，自己要恪守原则，洁身自好，不要滥竽充数，不可附庸风雅，不能不懂装懂，不必非当作家。人各有所长，社会上每项工作都是需要人做好的，都是重要的。人与人之间都是平等的。一个伟大的作家的电灯短路了，没有一个普通电工给他接线，他就只能点蜡烛写作。

再说，文无定法。刘禹锡的《陋室铭》只有几百个字，却精彩迭出。季老(羡林)的《站在胡适之先生墓前》洋洋洒洒，有七八千字，沉郁厚重，发人所欲发而不敢发，令人敬佩。唐宋八大家，每人也只有几篇佳作让人不忘。林语堂的散文，戒烟、买鸟、旅游、饮食，信手拈来，潇洒自如，文字间显现出的行云流水般的自然适意，很是好看。余秋雨早期写的《文化苦旅》（不是修订本），文采缤纷，颇具匠心。精彩。苏东坡的《前赤壁赋》，年轻时背得下来，那种跌宕起伏、朗朗上口的音律，清风明月的超脱、达观，读起来真是一种享受。"相与枕藉乎舟中，不知东方之既白"。眼前是一幅多么快活、浪漫、超脱的画面。高山仰止，景行行止，虽不能至，心向往之。我是永远写不出来这样的文章的，但是能读到，能多少体会到其中的韵味，也是人生一大幸事啊！这些文章有什么一定的规则，有什么一定的程式呢？没有。正因为没有，百花齐放，各领风骚，所以才传之千古。

说到最后，我的写作就算没有多大成绩，但它最起码要求我学习，迫使我读书。这也可能叫"带着问题学"，比无目的的读书见效多了。这一点，我写意大利的几篇文章时体会最深。上中学时，学习世界史，知道了意大利文艺复兴。上大学时，学习中国历史，研究中国文化，知道把中国历史放到世界历史中去比较研究，知道了佛罗伦萨和米开朗基罗、拉斐尔、达·芬奇、《神曲》、《十日谈》……但自己真正写文章时却不敢动笔了，因为有关意大利的哪一个人物、哪一件事情我都说不准确，讲不充分。我记得那一年春节长假，除了除夕夜，七天假，我差不多就看了六天书。中国通史、世界通史、文艺复兴史和一大批人物传记。读完了这些书，当年那些巨人在佛罗伦萨创造奇迹的盛况仿佛就在眼前。几篇文章，不过二万来字，但为写文章阅读的那些鸿篇巨制，摞起来却有一米厚。这些鸿篇巨制使我大开眼界，大长见识。最近写的几篇关于印度的文章，又促使我读了十几部有关印度的著作，眼前展现的瑰丽的印度文化让我很想再去印度访问。倒不是说书读多了就一定下笔如有神，但胸中有了一桶水，从中掬出一碗水来，那不是深厚浓郁多了吗？而且一个人胸中有了"百万雄兵"，走起路来都会稳当多了。

回头看看，我写了一些还很肤浅更谈不上艺术效果的文章，但都真实地记录了让我感动的事和人物。正是这些让我感动的事和人物，让我见贤思齐，让我净化心灵，抒发胸怀，使我丰富和充实，变成一个真正有"生命"的人。

我写了以上的心得体会，就教于朋友，就教于编辑同行。

2014 年 4 月 5 日再修改

编刊随笔选（五则）

1981 年—1988 年，我曾负责主持《文史知识》工作，写过一些编辑工作中的体会，现选择其中五篇就正读者。

一　标题·目录·要目

一本杂志的内容，在杂志本身有三处"点睛"之处。一是封面上的"要目"，一是正文前面的"目录"，一是一篇文章的"标题"。读者常常会看了要目、目录和标题而决定是否看下去，是否掏钱购买，所以，处理好这三个要素十分重要。

标题——"一见钟情"与"表里如一"

在我们刊物上所有"零件"（如标题、正文、插图等）之中出现次数最多的是标题。正文前面一次，目录上一次，有的在要目上又出现一次，总共有三次。此外，我们还要在报纸上做广告，这就出现四次了。

标题好比招牌，文章里讲的是什么，先在标题上交代出来，读者看了标题，决定看不看这篇文章。可见标题多么重要。也许有人会说，文章在那里摆着，标题要反映文章，对此题感兴趣的人自然会看，不感兴趣的人自然不看，有什么话好说呢？

事实远非如此。举个例子来说。我们上街买东西，常常并不是直奔目标，女同志尤其如此。我们在商店除去注意要买的东西的橱窗，还注意其他的橱窗，东瞧瞧，西看看，常常买到许多当初并没有计划要买的东西。还有一些人，是"逛"商店，并没有一定的目标，逛逛、玩玩、看看，什么东西中意，随时可买。这些现象说明，人的注意力是可以争取的。

如果说目录好比橱窗，标题就好比陈列在橱窗里供人挑选的商品。陈列得当，展品精美，常常会引起那些本来并不想购买此物的顾客的兴趣。这样看来，对于一个办刊物的人，如何拟好标题，的确是不可等闲视之的问题。

对于标题，我们的前人就十分重视。清代大艺术家郑板桥曾专门论过标题的重要。他说："作诗非难，命题为难。题高则诗高，题矮则诗矮，不可不慎也。少陵诗高绝千古，自不必言，即其命题，已早据百尺楼上矣。通体不能悉举，且就一二言之：《哀江头》《哀王孙》，伤亡国也；《新婚别》、《无家别》、《垂老别》、前后《出塞》诸篇，悲戍役也；《兵车行》《丽人行》，乱之始也；《达行在所》三首，庆中兴也；《北征》《洗兵马》，喜复国望太平也。只一开卷，阅其题次，一种忧国忧民忽悲忽喜之情，以及宗庙丘墟，关山劳戍之苦，宛然在目。其题如此，其诗有不痛心入骨者乎！"当然，郑板桥此论所言"题目"，主要是指题旨即主题，但他所云"只一开卷，阅其题次，一种忧国忧民忽悲忽喜之情，以及宗庙丘墟，关山劳戍之苦，宛然在目"，讲出了标题的重要。郑板桥还说："近世诗家题目，非赏花即宴集，非喜晤即赠行，满纸人名，某轩某园，某亭某斋，某楼某岩，某村某墅……其题如此，其诗可知；其诗如此，其人品又可知。"（以上郑板桥语据《郑板桥集》）这里谈的就更深入一层了，标题如何，不仅关系到诗的内容，而且关系到一个人的人品了。那时，还没有人办杂志，写文章也不是为了登在杂志上，所以他们还不必考虑读者订阅的事情，但今天则不同了。对于作者，他要考虑的是题目怎样拟得准确、鲜明、简洁，对于刊物的编辑就还要考虑读者的心理、读者的反应。

有关标题的逸事是很多的。

30年代有篇轰动一时的通讯报道《中国的西北角》。一看题目就吸引了很多读者。抗日战争初期，蒋介石跑到峨眉山，躲了起来，而在中国的西北角，在延安，宝塔山的灯光给中国人民带来了希望。所以，《中国的西北角》让人们想到战斗在中国大西北的共产党人，那些中国的脊梁。60年代，《红岩》问世了。它教育、感动了千百万中国青年。此书的原名《禁锢的世界》，虽然也扣题，"禁锢的世界"就是监狱，但"红岩"则更有号召力。红岩村是中共代表所在地，狱中党员的心向着红岩村。红岩，表达一个革命者的情操和意志，象征着希望和胜利。"红岩"这一书名色彩鲜明，很富感染力。

还有一个例子。中华书局曾经发了一部书稿，名叫《张集馨日记》，征订数甚少，不能开印。后来，责任编辑改了一下书名，叫《道咸宦海见闻录》，重新征订。书还是那一本，订数居然达到几万，不久又得以重印。

那么，什么样的标题好呢？

我们先分析一下读者的心理。一般的读者每天很忙，他们能挤出时间来读杂志，已属不易。他们在读杂志时心理状态是什么样子呢？我看最主要的无外两类，一是求知，二是好奇。求知，从标题上发现他感兴趣或者十分需要的知识，要看；好奇，一切最新的、最怪的、最神秘的、最难解的事，他都想知道。我们针对读者这样一种心理状态去拟标题，常常会收到意想不到的效果。

有人说好标题要让读者"一见钟情"，这是很有道理的。《文史知识》曾刊登过一篇写武则天的文章，这篇文章写得好，倒不是它有什么特殊的见解和精辟的言论，主要是它选取的角度好，写得又生动有文采，吸引人，而最诱人的还是它的标题——每段的标题和总的标题。我们看看它的段落标题：①武媚娘——从才人到皇后，②"瓜熟子离离"——从皇后到皇帝，③"请君入瓮"——武则天政略之一，④"宰相之错"——武则天政略之二，⑤女皇的困境——从皇帝再到皇后，⑥褒贬的准绳——武则天的千秋功罪。文章的总标题是《从武媚娘到圣神皇帝》。有关武则天的文章太多了，尤其是江青别有用心地大捧武则天，读者对谈论武则天的文章已到了讨厌的地步。但读者爱读这篇文章，国内居然有两本杂志全文转载了这篇文章，文章的标题好恐怕是重要的原因。其实也没有什么高深的道理，只是这篇文章的段落标题和总标题适应了读者求知和好奇的心理。

还有一例，是《辞源》修订本主编之一刘叶秋先生告诉我的。他应约写了一篇题目为《怎样查找诗词名句》的文章。题目平稳，并无毛病，但编辑刊出时将原题改成《名句如海，源头何在》，刘先生看后赞叹道："仍用八字，但活跃而有文采，真如点石成金！"

好的标题不仅仅要让读者"一见钟情"，还需要"表里如一"。中国古代有一位名家学派的代表人物公孙龙，他说过一句有名的话："夫名，实谓也。"意思是说，所谓名，即名词、概念，是对实，即客观事物的真实性和本质的反映。他又说："古之明王，审其名实，慎其所谓。"就是说，古代的圣君明王，总是先考察事物的名实关系，然后慎重地给以恰当的称谓。可见古代的圣君明王也是把"实"看作是根本的。这又让我们想起有的商品广告，言过其实，夸夸其谈，顾客上一次当，下次再也不会受骗了。所以，好的标题一定要"表里如一"，绝不能靠一个花哨标题掩盖贫乏的内容。正如一个人，收拾得衣冠楚楚，西装革履，颇为中看，但一张口粗话连篇，不堪入耳，只能增人讥笑。名实相符，最为上乘，如两相比较，实是根本，当无疑义。中国古诗中经常塑造这样的形象："缟衣綦巾，聊乐我员。""静女其姝，俟我于城隅。"都是因为女孩子的美好心灵，惹得小伙子日夜思念。我们拟标题时，千万牢记这条原则。

目录——"应接不暇"与"自相映发"

标题是根本，目录就是把许多标题编在一起。但是否有了好的标题，目录就一定能编得好呢？不一定。这其间自有奥妙。

我常想，我们编刊物的，好比是在那里建造公园。为了游人，我们要把天下美景集于一园。而目录，就好比一份导游图。这份导游图，要把我们苦心孤诣设计出来的"园中美景"介绍给"游人"。

怎样设计目录呢？有许多人认为编目录是一般编辑的

事，有的人甚至认为编目录可以由搞版式设计的同志去做。这些想法都是不妥当的，说明刊物主编对目录重视不够。我在编辑工作中体会到，设计目录应该由主编亲自来做。一大批经过编辑加工好的文稿摆在主编面前，什么文章该上，什么文章暂时不上，在一定程度上也是由目录的需要决定的。

每当编写目录时，我都会想到《世说新语》中记载的王献之的那段话。他说："从山阴道上行，山川自相映发，使人应接不暇。"这其中有两点值得注意，一是"使人应接不暇"，一是"山川自相映发"。

读者拿起一期刊物，翻到目录，一定要让他感到好文章比比皆是，真是应接不暇。然后，当他细细琢磨的时候，又要感到每组文章之间的紧密的内在联系，文章与文章之间是"相映发"的。

为了说明问题，我把《文史知识》1986年第10期"佛教与中国文化专号"的目录摘录于下：

专文
　佛教与中国文化的关系
　佛教与儒教
治学之道
　我和佛教研究
文学史百题
　诗与禅
历史百题
　佛教在中国的流传与发展

略论中国佛教的特质

佛教常识

何谓"四大皆空"

佛与佛教徒

中国僧侣与劳动生产

盂兰盆会是怎么回事

佛教节日知多少

"神圣"的花木（佛籍中花木漫谈）

佛教艺术

中国古代佛教寺院的音乐活动

漫谈塔的来源及演变

佛教源流

佛教在印度的产生及其基本特点

中国佛教的宗派

藏传佛教密宗

日本佛教略述

人物春秋

三次舍身寺院的梁武帝

慧远及其因果报应说

六祖慧能与禅宗

文史信箱

怎样认识佛教徒的人生观和道德观

　　读者看了这份目录，一致认为几乎每篇都是可读的文章、有用的文章。很快，存书全部售完，连《文史知识》只有两个订户的西藏也来函购 70 本。说来话长，这二十几篇文章，我们是经过仔细设计安排的。第一组即前 3 篇，讲佛教对中国文化的巨大影响，正因为如此，我们才要研究它。读者会问怎样研究好呢？我们请季羡林先生现身说法，回答了这个问题。这组文章实际上是讲研究佛教的意义，也就是办"佛教专号"的意义。既然办这样一个专号有意义，那么佛教基本情况怎样呢？第二组文章（第 4、5、6 篇）我们就是回答这个问题的。读到这里，读者肯定会有一些具体的问题需要解答，我们安排了第三组"佛教常识"6 篇文章。第四组"佛教艺术"2 篇文章。第五组回过头来讲"佛教的源流"。"源"在印度，讲佛教怎样在印度产生的；"流"，讲佛教怎样传到中国、日本、东南亚。第六组介绍"佛教人物"。这一切介绍完后，读者必然会提出，佛教徒要"出家"，讲究"持戒""苦行"，是什么原因？他们主张做"善事"，如植树、修桥、布施，应该怎样评价？我们安排了《怎样认识佛教徒的人生观和道德观》一文。到此，作为一个整体，佛教的基本东西（当然只是几个点），可以说全作了介绍。

经过这样一番设计、施工，"应接不暇"和"自相映发"是否可以说基本做到了呢？

要目——"红的樱桃""绿的梅子"

有的刊物没有要目，这自有它的道理。可能封面是一个很好的美术画面，不舍得再加上其他的东西；可能在一期二三十篇文章中很难选出五六篇来，弄不好怕顾此失彼。但是，我在编辑工作中体会到要目是重要的。打个比方，目录好比一个拼盘，而要目好比点缀在拼盘上面的红的樱桃、绿的梅子。光是一盘肉，实惠倒实惠，但缺少诱人的魅力，红红绿绿，一加点缀，给人的观感便大不一样了。

要目能起什么作用呢？或者说，我们要让要目起什么作用呢？

第一，要告诉读者哪篇文章有价值。这个"价值"有两点含义：一点是学术上确有新见，也就是具备探索性；一点是此文写得好，虽然不见得有多少创见，但角度好，写得有才气。

第二，文章有吸引力，知识性、趣味性兼备，读者一看便想读。

第三，显示本期的重点，让读者看清本期是以什么问题为中心编辑的。

这里我们举《文史知识》1987年"山东专号"的要目为例：

祝"山东专号"成功（谷牧）

源远流长的蓬莱仙话

灿烂的齐鲁饮食文化

泰山崇拜与封禅大典

孔子的阳刚之美

文学作品里的山东好汉

见到这样几个题目，谁不想看看这些文章究竟谈的是什么呢？千万要记住，要目是放在杂志的封面那十分重要的位置上的。好的要目，只要有一个题目吸引人，就可能诱使读者翻开杂志看看内文。这也就是"红的樱桃""绿的梅子"

的作用。

谈到这里，我们可以总结一下了。标题、目录、要目，三者各有各的用处，但三者又以各自的特点为塑造刊物的整体形象而卖力。"要目"像是乡野大路旁酒店的酒幌，招引过往的客人；"目录"是导游图，又像百宝图，室中珍宝竞相展示，供人挑选；"标题"是目录、要目的根本，一定要做得吸引人，能抓住读者那稍纵即逝的目光。

二　杂志办"专号"的价值

白化文先生看到我的写作提纲，特地写信叮嘱我：《文史知识》以专号著称，不可不写一篇"专号论"。白先生的话提醒了我，记得"佛教与中国文化专号"出刊后，读者来信络绎不绝，西藏《文史知识》的订户只有二人，这一期却要购70本，青海来信要购120本，最后，出版部留的书全部售完，编辑部诸位同仁的样书，也被朋友索光。"朝代专号"每出一期，都会收到不少来信，赞扬者有之，建议者有之，提供稿件者有之，索书者更甚。作为一个编辑，得到这种"回报"，心里是十分欣慰的。读者为什么如此欢迎专号呢？这一章我们谈谈专号。

由点及面与由面及点

办专号并不是新鲜事。一个刊物，或于创刊多少周年纪念之时，或者对某一个专题集中讨论，邀集一批作者，组织一批稿件，出一个专号，并没有什么特别之处。但如果照这样办专号，就没有什么大意思了。我常想，在相同的职业上有许多人做出了重大贡献，也有许多人终其一生也没有成功，原因在什么地方呢？细看成功者的奥秘，使一个人成功或失败的主要不是职业，不是专业，主要在于个人。职业只有在个人尽其所能时才会为他提供机会。

所以，既要办专号，就要办得与众不同，但要符合自己刊物的特点。你是《文史知识》，突然来个"UFO"，来个天外来客专号；你是《文史知识》，办一个《性的报复》增刊，都不是正道。

《文史知识》最先办的是"朝代专号"。刊物已经办了一年半，总数出到第12期，路子熟了，照此下去，轻车熟路，省时省心，腾出手来干点自己的事不好吗？再说，我们每期向读者介绍一些文史知识，春雨霏霏，润物无声，是为读者着想啊。但有很多读者着急，这个问题与那个问题有什么关系？一个朝代、一个时期究竟有些什么主要问题，能不能大体勾勒几笔？一封封来信，促使我们去探索、去解决。

和一些读者聊过之后，我茅塞顿开。《文史知识》的读者都是一些急于求知的人，其中很多是自学进修的青年同志，他们希望对某个范围的问题先有一个鸟瞰式的了解，也就是说在认识一个点的时候，先知道一下整个面大体是什么样子。大体知道面上的情况之后，再去深入研究那个点。由点及面，由面及点，这是符合人的认识过程的。

这时，我们决定搞"朝代专号"。

朝代专号所要解决的问题，就是知识的相对集中和系统。怎样能做到这一点呢？为了说清这个问题，我把《文史知识》第一个朝代专号"魏晋南北朝专号"的目录摘要如下：

葛洪和他的《抱朴子外篇》

拒不"卖论取官"的学者范缜

名画欣赏

竹林七贤与《竹林七贤图》

学习魏晋南北朝文学、历史参考书目

　　我们细看这份要目，《三国两晋南北朝在历史长河中的地位》一文，是把这段历史放在整个中国历史长河中去研究，以便读者了解这段历史在整个中国历史上的地位。两篇治学之道，系统勾勒了魏晋南北朝历史和这一段的文学，这三篇是总的介绍，是面。有了这三篇之后，再来谈这段历史中的大事和著名的人物，就是点。八王之乱、英雄阿瞒、魏晋名士、麈尾清谈、无神论者范缜、羯族政治家石勒、竹林七贤，以及使洛阳纸贵的《三都赋》作者，写出"暮春三月，江南草长，杂花生树，群莺乱飞"名篇的丘迟，名震古今的《文心雕龙》，我国最早的诗文总集《文选》，还有《伽蓝记》《华阳国志》……真是丰富多彩，琳琅满目。当然，12万字，三十几篇文章，不可能把魏晋南北朝全部介绍出来，但"粗线条"和"大框架"恐怕是勾勒出来了。最后我们附了一个参考书目："学习魏晋南北朝文学、历史参考书目"。因为专号中所介绍的情况仅仅是粗线条勾勒，对于学习魏晋南北朝历史当然是不够的，读者要想深入钻研，可以按照这个书目参考其他典籍。

　　随后，我们又陆续编辑了"先秦专号""唐代专号""宋代专号""元代专号""明代专号""清代专号""近代专号"等七个专号。

著名古典文学专家吴世昌先生在世时看到"先秦专号"，十分高兴，特地撰写《读〈文史知识〉"先秦专号"》一文，发表在《人民日报》上。他说：

> 《文史知识》每年两期专号，每个专号一个朝代，五年以来，从不中辍。这样的按部就班，从容不迫，是需要一点气魄的。"先秦专号"无论是在深度上还是在广度上都是有所开拓。整个专号细针密线，此呼彼应，品味此中之味，实可谓先得广大读者之心。
>
> "先秦专号"的特色，是多层次、多角度地反映先秦文明。既有宏观的概述，亦有微观的探讨。……纵横交错，将先秦文明作了多方面的描绘。

《中国报刊报》以《还是独辟蹊径好》为题，赞扬《文史知识》"朝代专号"是"独辟蹊径"，质量高，读者欢迎。中国先秦史学会为了表彰《文史知识》对先秦史研究的贡献，特地制作了一面锦旗，鼓励它"为先秦史研究做出贡献"。

"朝代专号"初具规模之后，《文史知识》又开始编辑"专题专号"。这种专号就是以某一专题为主要内容，对该专题的历史和今天具体研究情况进行全面的介绍，以帮助读者对中国文化既有纵向的了解，又有横向的了解，从而体现中国历史文化的悠久性和多样性。《文史知识》先后编辑的专题专号有："佛教与中国文化专号""中国传统文化讨论专号""道教与传统文化专号"等。

"地方专号"成功的启发

1986 年，我去东北组稿，在吉林大学中文系和师生座谈。一位同学说："《文史知识》能不能以地区为单位介绍一个一个地区的历史呢？"听到这个意见，我茅塞顿开。这真是一个好主意。我们有了"朝代专号"，再配上"地方专号"，"朝代专号"是从历史上讲起，一代一代介绍下来，出齐了，将是一部生动的通史；"地方专号"，以地域为中心，出齐了，不就是一幅中华民族的生动"地图"吗？

冷静下来，再一细想，编"地方专号"可比编"朝代专号"困难大多了。"朝代专号"是历史，是"死"的东西，只要把知识介绍准确、生动，重点突出，就行了。而"地方专号"，要编得好，就要了解一个地区的历史、文化，要掌握一个地区的风土人情、名胜古迹，特别重要的一点是，不但要介绍这一地区"死"的东西，还要介绍这一地区"活"的东西。那么，"活"的东西是怎样一个状况？这些"活"的东西与"死"的东西之间的内在联系是什么？要弄清楚这些问题，就要实地去考察，就需要得到当地有关部门、作者的支持，这一切，对于一个只有七八个人的小编辑部谈何容易！

怎么办？我想起美国的《读者文摘》杂志。我并不认为《读者文摘》能做到的事，别人就做不到。但《读者文摘》创办者的精神的确令人钦佩。华莱士创办《读者文摘》时，遭到许多出版商的拒绝，但他并不气馁，到处收罗可能订阅刊物的名单，用邮递方式征求订户，并说如果不满意，可以退款。结果，他得到 1500 个订户。《读者文摘》办起来了。70 多年来，《读者文摘》的口号始终是"重视读者的需要"，它终于

1987年5月，中华书局《文史知识》编辑部赴山东筹办"山东专号"，在山东济南舜耕山庄小住。前左起：黄松、胡友鸣、余喆、杨牧之、冯宝志、马欣来、张荷、孔素枫、华小林。

成为每月以 15 种文字，印行 39 种版本，全球销售 3000 万份的大杂志。

要干事业，就会有各种各样的困难。而要把事业干成功，就必须战胜这些困难，付出超出常人的精力来。

开始我们想办"江西专号"，因为刊物的一个朋友在江西，他十分热情地支持这一计划。我们正在积极地酝酿的时候，江西省委的一位负责同志来北京开会。这真是天赐良机。我们专程到此位领导下榻的宾馆去拜访。在会客室等了近一个小时，负责同志的秘书从楼上下来说，领导同志很忙，不能见面。秘书的话使我们发热的头脑顿时清醒了。从三楼下到一楼见一面的时间都没有，的确是太忙了，如果去江西，不是更要打扰这位领导的工作吗？我们转向山东。山东是齐鲁之邦，圣人的故乡，编"地方专号"内容是十分丰富的。山东省委对这一工作十分重视，他们认为办"山东专号"是支持他们改革开放，是宣传山东的一种好形式，反而多方鼓励我们。省委宣传部派专门干部和我们商量编专号的安排，组织省内专家、学者论证选题，派旅游局干部陪我们采访，安排吃、住、行，宣传部长亲自会见编辑部同志，省长亲自写文章，省委书记亲自为专号题词。

"山东专号"顺利出版了。山东省委买了 1 万册，发给省内有关宣传、旅游的同志阅读。现在"地方专号"很受欢迎，好多省要求我们给他们编一期专号，但刊物不能连续出"地方专号"，只好请他们排队，等着安排。

"地方专号"的成功，把我们的编辑业务大大推进了一步。"朝代专号"是时间系列，"地方专号"以地域为中心，可以说是空间系列，两大系列经纬交织，再以"专题专号"点缀其中，三大系列交互推进，可以逐步编织出一幅中国文化的灿烂图景来。从对青少年进行爱国主义教育方面来说，"地方专号"也有现实意义。以地域为中心，将各地区文化的古往今来介绍给读者，使广大读者不仅了解我国的过去和现在，而且了解我国地域广大，每个地区都有丰富多彩的文化。正是这一个地区、一个地区的丰富多彩的文化，构成了伟大古老的中华民族文化。这些内容既是乡土教育的好教材，又是爱国主义教育十分具体、生动的好材料。山东省委如此重视，投入那么大力量，恐怕眼光就在这里吧？两个积极性碰在一起，"地方专号"成功了。

办好专号的三个要点

专号的作者

专号，不论是"朝代专号""地方专号"还是"专题专号"，选择作者十分重要。"朝代专号"我们强调"三名三高"，那就是选择某一朝代、某一时期著名而重大的事件、人物为题，请在这一选题的研究方面有高深造诣的名人来写，写出高质量的名文来。

"专题专号"选择有高深造诣、影响大的作者来写更为重要。因为只有这些先生写出来的文章，读者才会信服，专号才能打得响。比如"佛教与中国文化专号"，《佛教与中国文化的关系》一文，请中国佛教协会会长赵朴初先生撰文。《佛教与儒教》一文请社会科学院宗教所所长任继愈先生撰文。"治学之道"请季羡林先生来谈。季先生研究佛教50年，著作甚丰，所谈治学之道，当然令人信服。阴法鲁先生（撰写《中国古代佛教寺院的音乐活动》）是研究古代音乐的专家，罗哲文先生（撰写《漫谈塔的来源及演变》）是古建筑专家，周振甫先生（撰写《谈谈以禅喻诗》）是古典文学专家，袁行霈、方立天、杨曾文、白化文、杜继文、许抗生都是颇有建树的著名学者，连"佛教常识"这些小文都是请的佛学会的大师们撰写的，所以，写得地道、准确，娓娓动听，引人入胜。

这一期专号办得相当成功，反响强烈。专号刊出后，《文汇报》《文汇读书周报》《广州日报》相继发表评论文章，认为"佛教与中国文化专号"是一次"大胆的开拓"。应当肯定地说，这一期专号成功的原因是多方面的，但选择作者合适是至为重要的。

"地方专号"在请对某一地区历史、文化有专门研究的名家学者撰文的同时，要注意挑选当地的作者，特别是当地有影响的作者，一定要请他们为专号写文章。这一方面是因为他们生活其中，对当地的历史、事件、人物了解得具体，写起来有感情；另一方面，也是因为他们是一地的英才，在那里有他们的学生、朋友，有他们的老师、亲属，刊物发表了他们的文章，影响会很大。

专号的选题

所谓选题，对专号来说包括两个内容，一是办什么专号，一是专号中一个个具体的题目。

办什么专号？任何一个编辑都希望自己编的书籍、出的刊物引起读者的注意，引起轰动，但真正能引起轰动的好书是很少很少的，其中的经验教训大家都很清楚，无非是平庸和重复这两个问题。平庸，即没有什么出奇之处，有它也可，没有它也没有感到缺少什么。做一个这样的人很让人难过，编出这样的刊物也是一种浪费。重复，或跟在人家后面，再编出一种，或重复自己的劳动，又增加一个，同样是浪费。

要抓住一个好的选题，重要的条件是信息灵通，了解"需"的方面，了解读者的意向。了解需求是一个关键因素，能满足需求的东西才算有价值。汉字"美"，是由"羊"与"火"两部分组成，大概我们的祖先认为用火烤的羊肉是美好的。为什么呢？因为好吃。吃是人类最基本的生活需要，能满足人类基本需要的东西才是美的。推而广之，对于编辑来说，能满足读者的需要才是美的。

我们编"佛教与中国文化专号"，是因为我们看到灵隐寺烧香求佛的人十分多，不但有老者，而且有青年学生，甚至国家干部；是因为看到普陀寺道场之兴隆；是因为大学里选修宗教课的人越来越多。一个文化出版工作者的责任告诉我们，我们应该正确地引导他们，我们应该向他们介绍准确的佛教知识，我们应该告诉人们神秘的宗教的内幕，为此，我们安排了：《怎样认识佛教徒的人生观和道德观》《佛教在中国的流传和发展》《何谓"四大皆空"》《中国僧侣与劳动生产》《中国佛教的宗派》等文章。

《文史知识》创刊五周年了，五年的道路不平坦，要纪念一下。怎么编这个专号？也就是说怎样确定选题？研究再三，我们从广大读者来信中反映最多的一个问题做文章。这个问题就是：80年代怎样治学。有不少青年学生来信谈到，现代科学技术深刻地改变着人类的社会生活，如何跟上时代的步伐，是我们面临的现实课题。有的读者说："今天，仅仅用过去的手段，一本书一本书慢慢地啃，把老一辈学者已经走过的路重复走一遍，然后再开始研究新问题，恐怕我们这一代人永远赶不上学术发展的速度，也永远超不过老一代学者。"

"80年代我们怎样治学？"这是青年学生普遍关心的问题，于是，我们确定《文史知识》五周年纪念专号的中心是开展"80年代我们怎样治学"的讨论。请青年人敬佩的李泽厚、金开诚、林甘泉等先生结合自己的实践谈80年代怎样治学。此外，我们还组织专文回顾和展望了中国历史和古典文学研究的收获以及未来发展的趋向，介绍了三论研究法、比较研究法、符号学等国内外新的研究方法。

上述两个专号都很成功，总结起来一个很重要的原因是，准确及时地了解了读者需要，按着读者的需要安排了选题。

专号的广告

这是讲的宣传问题。"桃李不言，下自成蹊"，是说做人的美德。对于一个刊物，对于一个处于一年有6000余种刊物出版的大国中的刊物，不宣传是肯定不行的。一位著名的出版家曾经说过："做生意的惟一目的，就是服务人群；而广告的惟一目的，就在于对人们解释这项服务。"专号是卖力气编的，做了大量调查研究和组稿工作，对于有"三名三高"之实的专号，不宣传，不让更广泛的读者了解，是一种浪费。所以，一定要舍得花钱给这一期做广告，一定要舍得花力气，组织人评论这一期内容，努力争取把这些评论文章在全国有影响的大报上发表。

关于刊物的广告，是一个十分重要而又专门的学问，不是三言两语说得清楚的，需要专文论述，这里暂且从略。

三　杂志是主编身影的伸长

一本杂志，最重要的是主编。这里我集中谈一谈刊物的主编。

万鸟主编及其他

在我们谈论之前，我先讲一则轶事。很久以前，有一本杂志，名叫《万象》，创办人聘请了一位主编，希望能把杂志办得生动、活泼，包罗万象，让广大读者都喜欢。这位主编喜欢养鸟，鸟类是他最关心的、最感兴趣的东西。他认为大家对美丽的鸟儿一定也感兴趣，或者也应该像他一样感兴趣，所以，鸟类随着该主编入主编辑部而进入刊物——封面是珍禽异鸟，文章是鸟的奇闻趣事，不上半年，《万象》杂志便鸟言鸟语，啁啾一片了。结果呢？杂志由"万象"变成"万鸟"，读者渐渐离去。

我由这则轶事想到了美国《时代周刊》创刊40周年时的一件事。当时的美国总统肯尼迪致《时代周刊》的主编亨利·鲁斯的电报中说："伟大的杂志都是它主编身影的伸长。……《时代周刊》在近半个世纪罗列人类经验的努力中，曾经供给它的读者以报道和消遣，但也曾令他们错愕，甚至动怒。我像大多数美国人一样，并非常能同意《时代周刊》的意见，但我差不多总是读它。"

《时代周刊》办得究竟如何，我们不去评论，对于肯尼迪的意见是否正确我们也姑且不论，但这段话中涉及杂志的两点意思颇值得玩味。一是"杂志都是它主编身影的伸长";一是"并非常能同意《时代周刊》的意见,但我差不多总是读它"。

"杂志都是它主编身影的伸长",看起来似乎给"万鸟主编"找来了理论根据,实际上恰恰相反。一本杂志的主编,在很大程度上决定着刊物的方向、风格,所以,要求一个主编要有高尚的情趣,敏锐的眼光,严谨的自我修养。刊物不是给几个人看的,它要给全社会人阅读,刊物的主编担负着庄严的社会使命,所以他个人的偏爱、偏见,绝不应代替刊物的宗旨。

第二点,要做到就更为不易。一个读者,不完全同意一本杂志的观点,却"总是读它",这本杂志的观点一定有它的道理,它的言论定能发人思考。这与主编大有关系。杂志的主编要有头脑、有眼光、有胆量、有魄力,否则人云亦云,追求时尚,谁还尊重你,谁还明明不完全同意你的观点,却还要"总是读它"呢?众所周知,一本严肃的杂志,让读者得到"报道""消遣",固属应当,然而让读者"错愕""动怒"也是成功。

除去"万鸟主编",还有几种主编也大有人在,这里我再勾勒几笔。

好心主编:这种主编最为热心,他的朋友送来一篇文章,他设法安排;他的学生送来一篇文章,他也不愿拒绝。而这种私下捅来的稿子多半不大够发表水平,好心主编也知质量不行,但他也不愿意让求他的人失望。于是,这一期夹进去一篇,那一期塞进去两篇,久而久之,刊物的质量能够不打折扣吗？"好心主编"千万当不得，为了刊物，只好得罪一二位朋友了。

拿来主编：从何处拿来？从堆放每日来稿的稿架上。这种拿来主编平日都是很忙的，忙外交，忙应酬，忙开学术会议，忙自己著书立说……所以总是腾不出功夫考虑刊物的选题计划。发稿日期到了，急忙从堆放每日来稿的架子上挑拣。办刊物的同志都知道，自由来稿因为作者不了解刊物的宗旨、要求和计划，这类稿件鲜有合格之作，但"拿来主编"火烧眉毛，"山中无老虎，猴子称大王"，拼拼凑凑，一期发出。一年不必多，有这样三次，刊物就危险了。读者的嗅觉非常灵敏，你是凑合的还是下了功夫编的，总是瞒不过他们。凑合了事，谁还买你的账？

婆婆主编：这种主编非常负责，每一个选题都得由他亲自定。编辑外出组稿，必须事事请示，否则组来的稿子就可能被枪毙，因为主编看不顺眼，他会说："谁让你自作主张组稿呢？"凡是"婆婆主编"执政的地方，编辑多半不愿意出去组稿，因为好不容易组来一篇稿子，说不定还得自己想尽办法厚着脸皮给人家退回去。我知道一本刊物，就是"婆婆主编"执政，而且不止一个婆婆：编辑室主任、主编、分工主管的总编辑。让三个婆婆都满意真如过五关斩六将，第一个婆婆说可以，第二个婆婆说不行，得退；第二个婆婆说可以，第三个婆婆说不行，还是不行。这样搞上几次，谁还愿意再去惹这麻烦呢？时间一长，人人不去组稿，刊物的日子可想而知了。在这种地方当编辑，每月给我500元我也不干。

由凡尔纳的名言想到的

"一个人能产生想象，另一些人就能将这种想象变为现实。"这是法国科学幻想小说家、著名的《格兰特船长的儿女》《海底两万里》的作者凡尔纳的名言。我借用这句话，是想谈谈想象力对于杂志主编的重要。

杂志的主编应该具备哪些条件呢？谁都可以开出几条十几条来，那些条件都十分重要，但从我自己的感受来说，一个好的主编在许多必备的条件之外，有两条绝对不可缺少。其一便是丰富的想象力。

有一位作家，在谈到创造力时说："天才比凡才优秀的因素不在判断力、记忆力的差距，而是在于创造力的想象。"（乔治·哈里森《头脑运动》）这话说得很有道理。

有人把人的智能归纳为如下四个方面：

①吸收能力：即观察和运用注意力的能力；

②记忆能力：即记忆和回忆的能力；

③推理能力：即分析和判断的能力；

④创造能力：即想象、预见和提出见解的能力。

这四种能力，前三种已为电脑所具备，人们可以借助电脑实现这些能力，但想象、预见和提出见解的创造能力还没有任何一种机器可以替代。

想象力是什么？说白了，想象力就是出点子的能力，就是不断有新点子拿出来。不断有新点子，刊物才会月月有新意，年年有变化；新点子不断成功，才会使编辑部的同志们受到鼓舞，得到激励，并进而一道去想新点子。

点子怎样会想出来呢？有人说，那是机遇。这话似乎有一定道理，日常生活中这一类的例子也是很多的。一位猎人在山上黑色岩石旁燃起一堆篝火，他吃惊地看到黑色岩石也燃烧起来，并冒出了火焰。猎人意外地发现了一个露天煤矿。但是，有无数创造、发现却不然。陈景润的哥德巴赫猜想，是因为床下面几麻袋演算草纸。白居易的佳作迭出，是因为他"二十年来，昼课赋，夜课书，间又课诗，不遑寝息矣"。好的点子来源于努力的探索和实践，而机遇只是努力的副产品。

作为一个主编，他要对日常生活，对学术界动向，做深入、细致的观察和研究。要研究读者层的人格、爱好、一致性、转移性、流动趋势……从中产生令读者欣喜、赞叹的好点子。

一次，我们去长春吉林大学调查。座谈会中，学生们提出《文史知识》"青年园地"栏可以组织青年学生进行讨论，可以刊登一个系，或者一个学习小组辩论某个问题的一组文章，可以请老师主持。我们立即捕捉住这个好主意，进行研究。学生思想活跃，容易开展对某一学术问题的论辩；而把不同观点的文章刊登出来，又有利于促进学生生动、活泼地学习，激发学生的积极性；请老师主持，并请老师写出评价文字，也有利于老师的教学活动，老师的积极性调动起来了，可以保证讨论文章的质量。而且，我想：登一个学校的一组文章，对于那个学校肯定会造成较大的影响，学校里会有更多的人知道我们的刊物吧？从那以后，我们一连刊登了四组讨论文章：关于薛宝钗形象的讨论（北大中文系学生），元代历史地位笔谈（内蒙古大学历史系学生），关于《长恨歌》主题思想的讨论（吉林大学中文系学生），如何理解孔子所说的"思无邪"（复旦大学中文系学生）。这个做法很受欢迎。我们去内蒙古大学组稿，系领导非常重视，安排教师负责，组织学生讨论，还对学生说："大家努力去写，写好了可以作为毕业论文。"

这个点子来源于生活，高于生活。这与我们发现、捕捉、决断密不可分。

还有，我们办的"佛教专号"，那是很得好评、很成功的一期。开始，我们并没有想到这个点子。有的同志要办"民俗学专号"，但考虑到"民俗学"一词不易为广大读者接受，就犹豫了。正巧这时，《光明日报》报道了一位宗教研究工作者的事迹，报道了东南沿海一带寺庙香火繁盛的情况，讲到大学生也去烧香拜佛。我们捕捉到这些信息，感到这里也有一个"流行趋势"问题，有一个读者关心（即"一致性"）问题，便决定编"佛教专号"。当时，编辑部有的同志担心作者不好物色，也担心我们自己佛教知识有限，稿件难以加工。但经过几次讨论，大家认为，这些都是次要的，一个好的点子，不能抓住，那是最大的可惜。于是，大家一起动手，请专家，求学者，找和尚，寻居士，一期有声有色、丰富多彩的"佛教专号"出版了。

在调动我们自己的想象力的同时，还有一些应该注意，那就是要善于发现并学习你的竞争者的好点子和好招数。但一定要注意，不要直接针对他们的优点去模仿、去竞争，而要想出别的"突破点"来一争短长。

《文史知识》创刊七年来，日积月累保留下来二十几个好的栏目，前后呼应，已成体系。后来发现有些刊物也设计了大同小异的栏目，你有"怎样读"，它也有"怎样读"；你有"治学之道"，它也有"治学之道"；你有"文史信息"，它也来个"文史信息"；你有"百题"，它也有"百题"；等等，等等。当然，中国文史，东西就是那么多，谁都可以介绍，但编辑的方法、点子，却应该推陈出新，否则读者就会感到你的刊物缺少新鲜感，甚至还没有看文章只看栏目就产生了厌恶感，这对于我们编辑太不上算了。

因为工作忙，没有那么多时间读各种杂志，但对于各种杂志的目录我总要浏览一遍，目的是用最少的时间获取信息，从中受启发。"文化史知识"专栏是《文史知识》最受欢迎的栏目之一，但这一栏目的设置却是受兄弟杂志的启发而来。一个杂志偶尔登一点文化史方面的文章，诸如古人座次尊卑，古人的抢婚习俗，古代的穿衣吃饭，我们自己爱看，周围的同志也爱看。于是我们变零敲碎打为系统介绍，特别开辟了一个专栏，每期登三四篇这方面的文章，后来居然成了《文史知识》的代表性栏目。有不少读者说，为了看这几篇文章，我也要订《文史知识》。

主编和编辑们

一个好的主编要具有把自己的编刊思想变成大家的编刊思想的能力，要具有把大家的智慧集中起来化成自己的智慧的本事。

办刊物不是主编一个人的事，制定选题，组织稿件，编辑加工，都要靠大家去做，只有大家的思想一致了，制定选题，组织稿件，谁去办都不会走样，都是一个调，一个要求。主编怎样才能把自己的编刊思想变成大家一致的认识呢？我感到最有效的办法是不论做什么事，如设计选题、安排栏目、组织重点文章，都要一起讨论，一起商量。主编要不厌其烦地讲解为什么这样安排，要让大家充分地发表意见，然后吸收大家意见中的精彩部分，充实、修改原来的方案，拿出去，大家执行，这是事前。而事后，当刊物出版后，要及时组织总结，加以评讲：哪篇文章好，哪个栏目好，哪篇不够，有什么问题……目的呢？还是宣讲编刊思想和怎样实现编刊思想。有时，有的同志会感到此事与自己无关，不想参加讨论。这时，还是要坚持大家都来总结，即便与自己"无关"，听听别人是怎么干的，为什么干得好，为什么不好，也是一个统一思想、统一认识的过程。久而久之，讲多了，听多了，就会形成一个概念。知道刊物的要求，知道好坏的标准，不论谁去做，也不会走样了。

其次，主编要善于汇集众人的智慧。主编切不要总说："这事我知道"，"这个我想到了"。你什么都知道，别人就不愿再和你讲他的建议了。主编千万不要贪人之功。部下有了好思想、好主意，一定多加鼓励，帮助他完善，如果有条件，还应该给予奖励。我们编辑部有个年轻同志，当时他只有二十几岁，还是个见习编辑。他想到一个好点子：我们的"诗文欣赏"文章中，经常讲到"意境""情景交融""雄浑""沉郁"等等，是否专门组织一批文章，给读者讲讲什么叫"意境"，什么叫"情景交融"。我立即感到这是个好主意，马上和他一起完善他的想法，丰富他想的选题，并当机立断在"诗文欣赏"栏目中增加了"怎样欣赏古典诗词"一项。从那以后陆续发表了一系列的文章，如《动静交错意趣生》《何为隽永》《诗的含蓄美》《画意与诗情》《说"清空"》《诗的色彩美》《诗歌的气象》《什么样的诗算有"意境"》等二十几篇文章。一方面有具体欣赏的文章，一方面有理论方面的漫谈，受到读者欢迎。后来，在这些文章的基础上，我们还编了一本书，名叫《诗文鉴赏方法二十讲》。

这样的例子是很多的。在实践中，我深深感到，鼓励有助于人们提出设想，而互相支持是最能使人们产生设想的好气氛。创造性的主要部分在于不断地、反复地探索、试验，而成功和乐趣正在其中。说到底，这里边一个关键，就是刊物的主编要虚怀若谷，要有一切为了刊物、为了事业的精神和气魄。

四　编辑也要有经营意识

编辑要有经营意识。这个道理今天已经很好懂了，或者说大家已有较为普遍的共识。但是作为一种素养，我认为还应该引起我们高度的重视。

一、我们过去怎么看

编辑的经营意识这个问题在过去不大讲，或者说不用讲，因为在我们这个"万般皆下品，唯有读书高"的文明古国，我们不屑于靠卖书赚钱。

后来是不能讲。因为那时"以阶级斗争为纲"，"出版工作为政治服务"，不能谈钱。谈钱很容易被说成"利润挂帅"，否定"政治第一"，甚至被说成是资本主义的出版方向。对于一个普通编辑，经营的事就更不用操那份心了。反正赔了钱国家补，赚了钱交国家。

后来，还有一个普遍的看法，编辑就是编书，编好书，赚钱的事情由搞经营的人去想。

其实，早在 1983 年，在中共中央、国务院发布的《关于加强出版工作的决定》中就明确指出过："社会主义的出版工作，首先要注意出版物影响精神世界和指导实践活动的社会效果，同时要注意出版物作为商品出售而产生的经济效果。"在这份中央文件中，党中央第一次提出"把社会效益放在首位，同时注重经济效益"。肯定图书是"商品"，出版工作也是一种经营活动。

这个观点意义太重大了，确实是对新中国成立以来几十年形成的传统观念的突破。不过，那时我们没有认真体会，深入研究也不够。加之偶尔会出现一本有问题的书，影响不好，我们就更加强调社会效益，甚至把社会效益说成是"唯一准则"。不大从商品角度考虑"作为商品出售而产生的经济效果"了。

我为什么说是对"新中国成立以来"几十年形成的传统观念的突破？因为我们再往前推，自有现代意义上的出版业以来，也就是一百多年以前，不就早已是这样认识了吗？那时的商务印书馆、中华书局，还有后来的开明、生活·读书·新知三联书店就都是这么做的。后来是什么原因让我们又不那样认识，不那样做了呢？很值得总结。

关于经济效益和社会效益的关系问题，今天想想确实并不难处理。而且也并不是我们想的那样，好像资本主义国家的出版家就只知道赚钱，只看重经营，只有我们社会主义国家的出版家讲精神文明。让我们看看美国出版家 J·P·德索尔是怎样讲的。他在《出版学概说》中说：

> 一个正直的出版者应该是这样的：既崇尚精神和艺术世界的价值，也注重经济学范畴的价值。这样一种素质不可能只是一般品质的结合体。事实上，这种素质是相当难得的。但这是图书出版取得成功的必需的先决条件。一个出版者如果不考虑所出图书的质量和书稿的价值，即使他偶尔也会成功，但最终会因精神饥荒而导致失败；同样，一个出版者如果不关心企业的赢利，那么他很快就会因经济破产而失去投身文化事业的机会。令人不解的是，在这个思想道德观念冲突异常激烈的时代，一些实际上可以成为互补因素的不同特性，都被认为是势不两立的了。

我们看，这个美国人把"社会效益"与"经济效益"的关系讲得不比我们差吧？不考虑图书的质量和价值，即使偶尔也会成功，"最终会因精神饥荒而导致失败"；如不关心企业的赢利，就会因为经济破产而"失去投身文化事业的机会"！当然，他的质量观和价值观不见得都和我们一样，但他把这二者的关系讲得很辩证，很实在，很好理解，这种观点很值得我们玩味。

二、什么叫编辑的经营意识

我们必须明确，经营意识也并不是要让编辑们去卖书，去搞销售，而是要求编辑在策划选题时、在编辑书稿时、在装帧设计时、在与读者或者媒体交流时，着眼于出版的全面，着眼于市场的风云变幻。正如《图书营销》的作者英国出版家艾利森·贝弗斯托克所说："在当今高速发展且竞争日益激烈的图书行业，市场营销不是孤立的，而是渗透于出版的全过程。"

在具体谈这个问题前，我先介绍《我是编辑高手》（〔英〕吉尔·戴维斯著）一书中的两个术语：

> 预算这名词在此用得有点反常呢，这提的不是你这位编辑要花上多少钱去出书，而是你出书该为公司赚多少钱。别的出版社也可能把这叫"营收计划"。依你们公司会计年度而定，编辑在年中某个时候都必须要交给编辑总监、总编辑、财务总监一份下一会计年度你希望一定要出版的书籍名单。书单上详注每一本书的印刷量、出书前一年国内外市场预计的销售量、定价，附属权的其他重要收入，可能的销售折扣平均数等等。

> ……直截了当地说，这预算就是你在下一年度的出书种类和营收的目标。编辑若是未能达成目标，经营阶层常常会不高兴。不论你的公司把这预算流程叫什么名称，这都是编辑工作能力的一大评量标准。

> 损益账这一样会有别的名称，例如叫作"计划评估"，或是另一个有些惹人误会的名称——"成本估算"。这作业主要是为一本书预设一个预估的销售收入，然后减去制作成本和版税，得出一个数字叫作"毛利"。有些公司还要扣掉别的成本如发行及业务员佣金，才得出他

们的毛利。不管是怎么算的，都要得出一个利润的百分比，这是高级经营阶层认定是公司的财务状况良好不可缺少的数字。不论你的公司制定的毛利数字是多少，你都该弄清楚。

这两个术语，能让我们悟出很多意思吧？可以看出欧美国家出版社经营计划对一个编辑的要求，可以体会经营计划给编辑的压力和烦恼，可以看出欧美国家出版社的发展之道，可以想象经营中的硬指标会产生什么样的后续作用。

这种压力所带来的结果真是不可想象。兰登书屋出版《尤利西斯》的故事就很说明问题。当年，兰登书屋老板贝瑟夫决定在美国出版《尤利西斯》。那时《尤利西斯》在美国还是禁书。贝瑟夫考虑再三，想出一招。他决定让人私带此书回国，并嘱咐携带者在海关检查时故意暴露出来让海关没收，好借机告到法庭，掀起诉讼。随后，他让人收集了众多名家赞扬此书的书评，又以此书出版后的高额版税为诱饵，请来知名律师。由于贝瑟夫的精心策划，加上名家权威的巨大影响，法庭终于宣判《尤利西斯》解禁。这时，此书的官司已闹得沸沸扬扬，禁书《尤利西斯》已吊足人们的胃口，书一解禁，人人争读，兰登书屋大赚了一笔。

看看，欧美出版社在怎样挖空心思搞经营啊！但这个战术中有一点我们必须注意，贝瑟夫选的官司对象——《尤利西斯》是一本有巨大价值的好书。

三、培养经营意识的三个要点

我们的目标是出版读者喜欢的书，换一句话说，就是可以销售出去的书。为此，首先要确定你这本书是给什么人看的，然后绞尽脑汁地考虑这部分人的阅读需要。越是从各方面满足这部分人的需要，这本书越是会销售得好。所以，接下来我们要考虑图书的版式、字体、页数、用纸，什么样的开本读者喜欢，定价多少合适，如何计算成本并尽可能节约成本，还要考虑是否需要开展促销活动、是否需要做广告等等。这一切都是成功营销应该认真考虑的。

而对于一个编辑，要求他的经营意识、经营素养，则主要在书稿本身，最重要的就是选题的策划。也可以这样说，要求编辑策划的选题能够经得起营销的考验。这其中有三个要点，值得我们特别关注：

1. 创新——创新的激情源自伟大的抱负

没有创新就谈不上经营。没有创新出版业就停滞了。总有高招出现，才有高的效益。

"文化大革命"之后，我曾经读过王任重同志的一篇文章。文章讲，毛主席曾对他说过：不如马克思不是马克思主义，等于马克思不是马克思主义，只有超过马克思才是真正的马克思主义。王任重说这篇文章在"文化大革命"中曾受到严厉批判。批判他的人说，谁敢超过马克思？毛主席根本不会这样讲，王任重是造谣。王任重在文章里说，马克思主义就是讲发展、讲变化、要前进的，只有超过马克思才是真正的马克思主义。马克思并没有见过社会主义社会，如果不超过马克思就没有邓小平理论，也就没有改革、开放思想，所以要创新，不能墨守成规，创新才能发展。

其实，形势发生了变化，生产力发展了，经济基础变化了，生产关系、上层建筑必然要随着变化。我听一位小学老师讲过一个故事。他说，有一张毛主席检阅红卫兵的大幅照片。毛主席穿着绿军装，戴着红卫兵袖标，举着右手（实际是在向红卫兵致意）。老师问孩子们：你们认识这个人吗？孩子们说：不认识。老师告诉他们这是毛主席。老师又问：你们知道他在干什么吗？这回孩子们齐声大喊：打的（出租车）！很有意思吧？但其中却蕴涵着深刻的道理。这就是生活内容发生了变化，孩子们认为举手就是打的。倒退回几十年，大家生活水平低，出租车很少，多数人也打不起"的"，孩子们就不会想到是打的。正如今天的孩子不知道小说《高玉宝》中长工们吃不饱饭为什么不吃肯德基，周扒皮叫长工干活为什么不用闹钟，却钻到鸡窝里学鸡叫一样。

生产力发展了，人们的观念变化了，搞出版，策划选题，经营图书，不跟着变，不去创新，还执着于传统观念，你编出的东西今天的读者已经不喜欢了。

创新要有人，要有富于创造性和掌握知识的人来实现。创新要有环境，有一个允许并鼓励争鸣的环境。所以，在我们的出版工作中，好的经营管理人才要善于发现和团结一批掌握专业知识又富于创造的人才，一起工作。而这些人才应该是来自五湖四海的，有讨论、有争论气质的。美国的《商业周刊》曾以"中国的创新障碍"为题这样说：中国人很强调群体性，通常会选择和自己所熟悉、信任的人一起工作、交流、共享信息。而即使是同在一个公司或大学，不同部门和分支的人之间也通常会产生排斥，更何况是团体之外的人了。……这些积习使得人们并不欣赏与自己思想、行为不同类型的人群，这就大大影响了不同意见、思想之间的争论与促进。这话不无道理，应该引起我们的重视与思考。

创新的动力是什么？创新的激情源自远大的抱负、成功的欲望、浓烈的兴趣和执着的追求。

编辑选题的创新也并不是那么狭隘的、神秘的、不可捉摸的，可以从多方面去考虑。下面几种情况，就很有创新意义。一、具有学科总结性的图书，也就是说具有文化积累价值的图书，像《故训汇纂》《西周铜器断代》《中国科学史》等等；二、具有新的编辑角度。如《新华字典》，出版几十年，发行几亿册，又做了双语版，就是一个好的创新。人民文学出版社的《中学生课外文学名著必读》，抓住了中学生、名著、必读三个要点，把已出的二十几部名著重新组合，便由每年发行 2000 万元码洋，跃升为一年发行 8000 万元码洋。三、属于填补空白的著作。这样的书出一本是一本，有价值。我的一位朋友，他的博士论文是一部 20 万字的关于澳门《蜜蜂华报》的研究。《蜜蜂华报》是 19 世纪的一份报纸，没出多久，影响也不算大，但导师执意要他研究这个题目，做这个论文。《蜜蜂华报》是葡萄牙文，这个博士特地到外语学院学了一年葡萄牙文，然后翻阅了全部的报纸，经过两年的努力，写出了论文，最后这个论文还获得了吴玉章人文社科成果优秀奖。我就问他们，这么一篇论文有什么价值？他们说，这是一个填补空白的研究。《蜜蜂华报》可以说是中国最早的报纸之一，一向没有人研究，发行量又小，又是葡萄牙文，但在报刊史上地位很高。我就明白了，这就是填补空白。这个报纸在中国报刊史上有这样一个重要的地位，需要有人去做。这样的事情不是重复别人做的事情，是开拓性的，有价值的。四、就是引进的名著，重点在"名著"，不是引进一般的书。比如说《西氏内科学》，所涉及的学科水平在国际医学领域处于领先地位，出了十几版了。引进这样的"名著"就很有价值。我举了这几方面的例子，是想说明创新并不是多么高不可攀的，一点一点积累，一步一步开拓，一定会产生伟大的作品。

今天，中国出版工作者承受着巨大压力，我们处于一个改革开放的伟大时代，我们面对国际上汹涌澎湃的文化创新发展的浪潮，却产生不出与光辉时代、与伟大民族相称的伟大作品、伟大作家，中国的出版工作者也有相当的责任。所以，有高尚职业精神的编辑，蔑视重复抄袭，拒绝平庸低俗，不屑于人云亦云，决心去开拓新大陆、追求新境界、实现新梦想。

2. 品牌——品牌是消费者的心理认同

品牌是什么？品牌是一个企业（一个出版社）的命根子。品牌是一个企业（一个出版社）的无形资产。品牌是消费者对某类商品形成的一种观念存储和心理认同，存储在读者、顾客脑子里的购买意向。读者认为"人民"的马克思主义的著作，"人民文学"的文学作品，"商务"的字典辞书，"中华"的古籍整理，就是不同一般。买古籍你买"中华"的，买字典买"商务"的，买马列著作买"人民"的，这叫识货。什么叫识货？识货就是懂得品牌。2003年世界经济论坛一致认为，21世纪成功的因素是什么？不是金钱，不是机器，是人和品牌。

马克思在《资本论》一书中把品牌讲得十分生动。他说，他考虑论述品牌的出发点是什么呢？是他妻子燕妮的购物行为，说燕妮只在一家商店买衣服，尽管那一家商店衣服比其他的店都贵，还是到那里去买。马克思说，通过对服装的剪裁、料子和颜色的比较分析他得出结论，他可以用便宜得多的价格在其他商店买到相同的商品，但是燕妮不到那便宜得多的商店去买。马克思说这就是产品品牌的影响作用，这种作用是超感觉的感性的东西。就是凭这种超感觉和感性的东西表现出品牌的强大力量。到"人民"买马克思著作，到"商务"去买词典、字典，到"中华"买古籍，到"人民文学"去买文学作品，就标志着你识货，这就是品牌的认同。

所以，我们必须去着力创造品牌。一个出版社、一个编辑，编出一本两本好书并不难，难的是不断地推出好书，进而形成出版社的风格，最终才能形成品牌。

品牌必须与时俱进，否则好的品牌也会褪色，甚至被取代。我想起中国的刀剪"王麻子"品牌。这个牌子不可谓不响，但是现在呢？我有亲身体验。有一次，我去买菜刀，就想起"王麻子"刀剪。这个品牌在我脑中印象很深，我记得"王麻子刀剪天下第一"的口号。找了半天，在东单许多小门脸中间，好不容易找到了王麻子刀剪铺。我很高兴地买了一把菜刀回去。家里人试了一下说，太沉，举不动。我说刀沉不是好切东西吗？我自己试试也觉得不行，就又买了一把日本的菜刀。日本的菜刀又轻又快，造型又精巧。这事让我颇生感慨。现在已经很少看到王麻子刀剪了。本来它是中华传统名牌，今天已被别人取代。原因恐怕就是不能与时俱进，不断更新。

但是现在又出现了另一个倾向。一件事情正在策划之中，或者计划三年实现，甚至于计划三年后再做，先炒作，先宣传，先炒得沸沸扬扬。一问才知道,刚刚有个概念。这样一种风格,还不和"狼来了"一样吗,全是泡沫,有谁相信?好品牌也弄砸了。

任何事情都有一个发生、发展和消亡的过程,我们经营理念中,一定牢记品牌的创立、发展和不断更新。

3. 服务——服务是经营的根本

有的朋友在文章里讲,出版业经营图书,根本上就是经营"服务"。这话说得太好了。一家出版社要想经营好,根本上就是要为读者服务好。读者想什么、需要什么,你就策划什么、出版什么,经营能不好吗?所以,出版者要不断地做好社会调查、读者调查,了解读者在想什么、需要什么。对于编辑来说,设计选题强调要把握住经济、社会、生活的变化,读书市场的需求,及时地把社会热点、关注点、学术研究的新进展交给读者。为读者需要服务,为社会热点服务,下及时雨,送雪中炭,出版社的经营问题也就解决了一大半。

党的十七大一开完,各出版社争着抢着出版"学习十七大辅导材料",那是因为出版者知道,各单位、各阶层都要学习党的大会精神。近二十年来,很多出版社把出版高考辅导读物作为重点,那是因为出版者知道,学生升学难,都想买一套参加过高考判卷老师编写的辅导材料。某一名著改编为电视剧,即将上演,出版社争抢名著的出版权,那是因为出版者明白,电视剧一上演,如果轰动,人们觉得不过瘾,势必再去找原著来看。等等例子,都是出版者在经营过程中对读者心理把握的经验。

反过来也一样。社会上"戏说"成风,雍正、乾隆、纪晓岚被一些电视剧弄得花里胡哨，面目大变，中华书局了解到读者需要学习真实的历史，便主动设计了一些"正说"历史的通俗读物，一炮打响，大为畅销，风行影从，一时间业界出版了一大批"正说"的书。

《中国文库》所收图书本来是中国出版集团属下出版社几十年来出过的书，我们考虑到我国每年出版20多万种书，而"不好不坏，又多又快"的书占了很大数量。读者要买书，不知买什么书；书架要装满，又不知什么书有价值，中国出版集团经过多次研究，最后决定发起整合中国出版集团属下出版社的书，挑选至今仍有价值的书，重新印制。一是这些出版社（人民、文学、中华、商务、三联、百科、音乐、美术等）历史悠久，出书分量重，可以说新中国成立以来所出版的最重要的图书尽在其中；二是把这些书摆在书架上，很有分量，是在帮助读者挑选。我们把挑选的标准定为"必读、必备、经典、工具"。"文库"叫什么名字好，大家争论不休。最后我建议把书名定为"中国文库"，一是可选之书有中国水平，二是入选图书包括全中国出版社出的符合标准的书。我们又诚意邀请全国各地出版社推荐符合标准的书，先后有二十余家出版社推荐的书入选文库。

第一辑100种，编好后，征订了5000套，这是多大的一笔生意啊！现在已经出到第三辑，征订盛况仍然不减。

又比如，我在编《文史知识》月刊时策划题目有一个原则：读者知道一些，又搞不很清楚，这样的题目优先上。读者知道一些，他感兴趣，但又不很清楚，他会热心找来看。他看了文章后会想，噢，原来是这样啊！我们帮助读者弄明白了，解了他多年的疑问，他能不高兴吗？这样的选题多了，这本杂志他能不订阅、不购买吗？从心理学角度讲，完全陌生的东西与知道一些又说不清楚的东西，更吸引人的不是前者而是后者。如《文史知识》上曾刊出这样一些文章：徐福东渡的史实与传说、赤壁之战中曹操有多少兵马、为什么说中国有五千年的文明史、什么叫"四大皆空"、岳飞的《满江红》是不是伪作等等。我相信，看了这样的题目的人，都会找来杂志看一看。

这就是服务吧？认认真真想读者需要什么，千方百计为读者提供。

这就是经营吧？读者喜欢，能不扩大发行吗？买的人多了，销售、利润不就上去了吗？

其实，经营的高招有很多，这方面的论著也多得很，我谈的这几点是我感受最深的，供大家参考吧。

五　编辑应该注意的十件小事

这篇文章，我要讲点"小事"。这些事，可能大家都知道，但我还是情不自禁地要写出来，因为从正面讲是一个编辑应该注意的，从反面讲，是否把这些"小事"做好，同样反映了一个编辑的素养。

一、不用的书稿快退

稿件经过审校，大约有三种情况：一是可用，稿件可用，就可以进行下一道工序——编辑加工了。二是大体可用，需要作者再加修改。作者修改后的稿子也有两种可能，一是改后合用，一是改后仍然不合用，还是不得不作退稿处理。三是审读后，质量不合格，无法采用，只好退稿。

这里我要说的是不用的书稿要快退。尽快退稿是对作者的尊重。尽早退回，作者可以另作他谋。另外，尽快退稿，以免耽误在自己手里，作者节外生枝。这一点并非多虑，也不是不信任作者。因为你影响了人家的工作，当然得有个交代。

退稿时要十分慎重。

如果是内容方面的问题，在决定退稿前就要多方论证，最好请社外专家帮助审读。在和作者交涉时，向他提供社外专家审读的意见。

如果形成尖锐的对立，就要把事前的约稿合同拿出来讨论，告诉作者，依据著作权法出版社有权退回不合要求的稿件。

二、新书出来后，要第一个送给作者

责任编辑一定要牢记，作者盼着他的新书，就像母亲盼着自己的孩子出生。所以，责任编辑收到出版部从工厂取来的样书，一定在第一时间送给作者，并且附上信件，告诉他，其余的赠送样书，会在大批样书到后，马上送到。这一小小情节，是会让作者十分感动的，因为他会认为你跟他一样重视这本书的出版。他会认为你很理解他、关心他。我自己就有这样的感受，责任编辑打电话来说样书出来了，什么时候送去好？我会立即说现在能来吗？如不方便我自己去取。

在书决定出版后，书稿出版的运作情况是作者很挂念的事。诸如，校对完没有，版式开本怎样，用什么样的纸印，是否开印了，哪天可以见书等等。其实，一个责任编辑每天就是为作者的这本书忙着这些事，为什么不能顺便打一个电话、发一封短信，告诉作者这些情况呢？这样举手之劳的事，却会让作者十分感谢。可能也就是因为你惦记着作者的这些"小事"，作者会觉得你特别周到，可信赖，他不但会积极配合你的工作，还会把今后的书稿让你先挑选，而且会到处讲你的美德。

在书出版后，要记住及时地向作者反馈外界的评论意见，说的好话要反馈，说的不好听的话，也要反馈。最好能和作者一起探讨这不太好听的批评话语有没有道理，我们什么地方考虑不周，以后如何弥补。这样做，作者能不信任你吗？这样，责任编辑和作者就成为朋友了。从这个相互交往中，我们会得到很大收获，对青年编辑尤其如此。

三、编辑也要参与校对

由于现代科技的发展，作者送来的常常是电子书稿。电子书稿不需要重新拣字排版，而编辑也在电子打印稿上加工，排版人员根据编辑的加工，修改电子稿。然后按照要求转换版式，再打印出来，就是校样。这份校样，除了编辑改动处，与作者交来的电子书稿几乎完全一致。

这样一来，原稿的错误（包括作者写作错误、录入错误），如果责任编辑没有发现，就隐藏于校样中了。让校对去发现就很难了。因为校对的首要责任（尽管目前出版社要求校对要"校是非"）毕竟是"校异同"，他们主要能核校的是责编的修改处，是否漏改或改错，而对于隐藏其中的差错，校对出来最好，校不出也不能说校对没有尽职尽责。

作者原稿与校样外观一样，除了核校你修改之处，校对就会认为其他文字都是你认可的，不会有问题了。这种校对

"客体"的变化,就要求责任编辑在看作者送来的电子书稿时,一定更加小心谨慎地进行审校把关,要参与校对。

还有一点要特别注意:由于电脑指令失误,软片会出现版式变动,甚至文字、行款错乱。而这一失误又常常在不经意间出现。所以,为避免这种失误,清样一定要做到一处不改才能出片。如需"改正出片",校对或责任编辑不能批了四个字就放手不管了,一定要再校对软片,通读软片或软片样,要检查软片四角文字有无变动,变动得对不对。

四、要切实做到图书成批装订前的样书检查

这一环节,是指印刷厂在图书印刷完毕、没有成批装订之前,先装出几本样书送出版社审查。出版社的责任编辑、责任校对、主管社领导,从总体上检查完毕,签署意见认可后,印刷厂方可成批装订。而且《图书质量保障体系》十分明确规定:"印刷厂在未接到出版社的通知前,不得擅自将待装订的印成品装订出厂。"

这一环节十分重要,因为它是一本书上市前的最后一关了,是最后一次纠错的机会。一本书的质量关系到读者的使用,关系到出版社的声誉和形象,怎么能不慎之又慎呢?很多出版社放弃了这一环节,有很多编辑甚至于社领导不知道还有这样一个环节。有时,责任编辑拿到样书时,新华书店已经开始销售了。我曾经经历过这样一件事,一天,我做责任编辑的一本书的作者打来电话,问我什么时候可领稿费。我觉得这位作者太着急了,书还没正式出版啊!但我还是耐心地解释:书还没装出来,等我见到样书后立即办稿费事。没料到,作者不高兴了,他说:我一周前就在书店买到我的书了。

这是出版部与编辑部严重脱节造成的，后果是十分严重的。外面已开始销售，作者也已买到，责任编辑还不知道，还谈什么装订前的样书检查！

有鉴于此，在1997年，我和新闻出版署图书司一起制定《图书质量保障体系》时，特别加了一条（第三节，第十五条），作出明确规定。

出现这一问题的原因无非有如下几种情况：一是出版社忽视这一环节，不理解它的重要性，有意无意地放弃了这一环节；二是出版社和印刷厂都在抢时间、赶周期，从形式上也送成批装订前样书，实际上送样书同时，批量装订已经同时进行了，甚至送出样书时大体已装订完毕。

其实，出版方面的每一项规定，都是出版业同行的经验和教训的总结，都有很具体的背景和丰富的内涵，一定要不折不扣地按规定去做。

五、要和发行部门多沟通

发行工作在今天越来越重要。曾记得几年前出版业有龙头龙尾之争。"文化大革命"之后，百废待兴，没有书读，只要有一本好看的书，几万本、十几万本，迅即售光。后来，书的品种到了十万种、十几万种、二十几万种，整体上呈现出"不好不坏，又多又快"的状态。书卖不动了。十万种时印行六十多亿册，二十万种时仍然是六十多亿册。发行成了"瓶颈"，于是发行的同志说：发行是龙头。出版的同志又说：没有好书，你发什么？出版是龙头。

究竟谁是龙头呢？我看，"龙头""龙尾"也是互相转换的，哪个环节制约了出版，或者说成了"瓶颈"，那个环节就是龙头了。

从这个意义上说，今天，发行工作成了龙头。君不见，现在普遍采取寄销的办法。书卖不出去，不给出版社书款。你急着要款，可能第二天就把书给你退回去。有的书店，即使书销出去了，这书款也得半年、一年后给你。他拿出版社的书款盖大楼去了。现在是销售方的市场。

在这种环境下，编辑一定要与发行部门多做沟通。让他们知道你编的那本书的特点、优势，适合什么人阅读。一定注意让发行部门的同志对这本书产生热情和信心。我们得记住，你与这本书一起厮磨了半年、一年，甚至更长的时间了，你与这本书很有感情，别人可没有。发行部门的同志不明白你那本书的优势何在，他会想我为什么一定要在你那本书上投更大的力量呢？这就是关键所在。我们就是要下功夫让发行人员认同，在这本书上很值得投入更大的力量。

六、责任编辑不要忘记写书评

一本书经过千辛万苦编辑完成，出版了。但这并不是编辑工作的终结。责任编辑应趁热打铁写一篇书评。

责任编辑从组稿、审稿到编辑加工、校对等等环节，对书稿不知看过多少遍了，应该说除作者之外责任编辑对书稿最熟悉了。对书稿质量，优点、不足、有哪些创见和突破，可以说了如指掌。作为责任编辑应该把这些看法，写出来，介绍给广大读者，帮助和指导他们阅读。而且，撰写"书评"，对自己来说，既是练笔，又是一次总结和提高，何乐而不为？

其实，审稿也是读书。在审稿中要审校原稿中的资料，就要去查阅很多书，在读这些书的过程中要记住做读书笔记，书编完后，我们自己肯定会得到提高。结合审读意见，结合读的有关参考书，一篇有学术水平的书评不就轻松完成了吗？

七、要把自己放到恰当的位置

出版社中编辑只是一个环节，不用说出版社的领导，只说业务部门，编、印、发、科、供……哪个环节不重要？编得好，印刷质量不好，行吗？编得好，发行跟不上去，行吗？一切都准备好了，所要求的纸张到不了货，是等着还是改用其他的纸？改用其他的纸，印制质量恐怕就会受影响，不改，印刷厂肯让你等吗？

过去，在出版社里，一般对编辑都有一种敬畏，觉得他们有学问，出版社就靠他们编出好书，养活大家。在这种氛围中，编辑自己，不少人也认为自己高人一等，其他部门都得围着他转。编辑是一二人一间办公室，有时还可以回家看稿子，其他部门多半是集体办公，闹闹哄哄，大家都认为理所当然。

现在则不同了，出版更向市场靠拢，行销已越来越重要。好书还得卖得出去，很多出版社，发行人员已多于编辑人员。另外，人们也越来越重视制作，注意降低制作成本。因为制作的成本在出版社的经营核算方面占有很大比重。

不论怎么说，在市场经济条件下，在出版社转变成企业的背景中，出版社内部的构成，机构设置，人员比例，最重要的是人们的观念，都发生了很大变化，编辑不能再怀恋往日的骄傲，要把自己放在恰当的位置上，否则，你就很难得到其他环节的支持，很难吸引别人为你编那本好书全力去配合。

八、编辑要常逛书店

我逛书店次数很少，总觉得自己是干这一行的，样书室的样书已是以数万计，加上工作的关系，全国每年的图书选题几乎都在我眼中过一遍。但几次逛书店的经验下来，我觉得编辑应该常常到书店去看看。作为一个编辑，到了书店店堂真是受鼓舞、受激励，甚至受到刺激，真的觉得自己很了不起。看着这么多人在选购图书，而这些图书的出版有自己的一份力量，这时，什么"为人做嫁衣"，什么"默默无闻"，什么收入有限，一切都不在话下了！

记得有一次我要写一篇关系到舞蹈的文章，我到了西单图书城。那真是一个城啊，书架前一排排人，摩肩接踵；交款处，长长的队伍每人抱一摞书；到了有关书架前，几十种关于舞蹈的书，各具特色，让人大喜过望。我情不自禁地从一楼，看到二楼，看到三楼，说浩如烟海，毫不为过。

编辑逛书店可以受到激励，可以受到鼓舞，可以得到启发，可以增长学识，可以知道什么书太多，什么书还少，还可以发现你编的书发行情况，好处真是太多了！每隔一定时间，作为一个出版人，一个编辑，都应该到书店走一走，看一看。

九、不要迷信名人

名人，多半是指做出突出业绩，受到人们推崇，影响很大的人物。当然也有做坏事出名的，那不是此文的意思了。编辑，千万不能迷信名人，第一，名人也有因疏忽而出错误的时候；第二，名人也是"术业有专攻"，不见得门门精通，什么都懂。而编辑是为广大读者"把关"的人，一定不能迷信名人，不要以为名人就不出错误，就没有疏忽的时候。

比如，《于丹〈庄子〉心得》一书，够有名的了，已经印行多次，发行达 200 万册，但仍然有错误。正文第一个大标题"庄子何其人"就有语法错误。"何其"是程度副词，表示"多么"的意思，不可以直接用在名词前。可以说"庄子其人"，"庄子何人"，"庄子何许人"，但"庄子何其人"就不通了。

《文汇读书周报》是出版业一张很有影响的报纸。我很喜欢这张报纸，也很荣幸地在这张报纸上多次发表过文章。但它有一个小栏目叫"东零西爪"（见 2008 年 3 月 7 日该报第 8 版），就是"东鳞西爪"之误，错误出在这样一张有文化的报纸上，又是在报纸那样醒目的地方，实在是很遗憾的事。

《纪连海点评乾隆名臣》一书，讲到《四库全书》，一部书中年代前后矛盾，实在太粗糙了。

第 115 页："《四库全书》……其编纂开始于 1772 年，1881 年第一部《四库全书》抄录完成。1884 年《四库全书》编纂工作完成，共计抄录了七部。"

第 167 页："《四库全书》……从 1773 年起，至 1782 年初步完成，共经历了十年。"

前者说《四库全书》从开始到完成前后经历了一百多年。后者说，共经历了十年。何是何非？

只要我们查一下工具书，就一清二楚了。

《辞海》说："清乾隆三十八年（1773 年）开馆纂修，经十年完成。"

《中国历史大辞典》说："自乾隆三十八年（1773 年）开设四库馆起，至五十二年缮写完毕，历时十五年。"

显然，书中 115 页的三个年代都是错误的。

我们看毛泽东正式发表的诗词手稿，也有错字。比如"洒向人间都是怨，一枕黄梁再现"，"粱"写成了"梁"。"把酒酎滔滔，心潮逐浪高"，把"酹"写成了"酎"。还有《沁园春·雪》在《诗刊》发表时，词中也有笔误。词中"原驰腊象"一句，周振甫先生认为应作"蜡象"。"蜡"，色白而凝重，用以形容雪原，好像白色的象群在原野上驰骋。周先生向《诗刊》主编臧克家征求意见。臧克家先生认为有道理，同意将"腊象"改为"蜡象"。

不要迷信名人，就是不能因为某位作者是名人、大名人就放弃对书稿的审核和把关。也正因为作者——不论是什么人，有名无名，都可能有疏漏、有错误，所以才需要我们编辑的工作。

十、学会勤用工具书

编辑可能接触各方面的稿件，天文地理、文史哲经，IT 业务、股票房产，但任何高明的编辑都不可能记住所有的知识，而稿件中又会碰到各种各样的问题，唯一便捷的办法是查找工具书。过去老编辑传授我们的经验是"口勤""手勤"，其中核心是多请教、多翻书。文稿中语言文字、干支纪年、统计数字，须一一核实。即使是专家，也常常凭记忆写下数字，就不一定有百分之百准确了。作为责任编辑，要手勤，勤于翻检，勤于核对。

为此，每个编辑案头都应有一批工具书。现择其要者，开列如下：

　　1.《新华字典》。不要因为小学生也用，便不好意思用它。它经过十次大的修订，收字讲究，阐释科学，约11100字左右，一般常用汉字都有了。目前它已发行4亿册，堪称世界工具书发行之最。而且它体积小，在杂乱无章的办公桌上占不了多大地方。价格低廉，用坏一本可以毫不犹豫地再购一本。

　　2.《现代汉语词典》。此词典对现代汉语的解释准确。它收词56000多条，包括字、词、词组、熟语、成语、流行语等等。它从1958年开始编写，经过几十年的不断打磨，从送审稿—试印本—试用本—修订本，不断修改，目前已出了五版，发行达3000万册，学术界对它的质量评价很高。

　　3.《图书出版管理手册》。此书是1991年编辑第一版，至今已修订四次。不断删除过时的文件资料，增加最新的文件和信息。它能帮助我们随时查找文件规定，帮助我们解决出版的政策法规问题。

　　此外，还应备有中国地图集、世界地图集、中国通史、世界通史、唐诗三百首、宋词三百首，以及宗教方面的词典工具书等等，随时碰到问题，随时可以翻检，不必东找西找浪费时间。

　　书架上应该备有什么书？在我看来最重要的是能构成工具书的书。我这里"工具书"的概念，不是一般的字典词典，而是可以查考的书。如《史记》《汉书》《后汉书》《三国志》，找寻三国以前的史实、人物从中多能找到线索。比如中外文学名著，某文引用其中文字，也需去这些书中查核。这就有了工具性质，就很有用了。

当然，今天已是网络时代，鼠标一点，手到擒来，十分方便。但一定要清楚。网络上的百科条目，只能作为参考，作为线索，千万不可以作为根据。一些重要的内容，似是而非的地方，根据网络上给我们提供的线索，一定要再找来原作核对，脚踏实地，以免以讹传讹。网络条目的差错可不在少数啊！

尼赫鲁用了很多笔墨说到玄奘
——关于玄奘的通信

　　友声，你好！不久前去了趟印度，大开眼界，可以说是我外出收获最大的一次。过去看了《西游记》，知道唐僧去西天取经，原本的就是唐太宗贞观年间大和尚玄奘取经的故事；"西天"，就是指的印度。读这本书时，我还常想，唐僧历经九九八十一难，碰上了那么多光怪陆离的事情，有多少是真的，有哪些是虚构的？玄奘在中国那么有名，在印度留下了什么？印度是否也流传着玄奘的故事呢？

　　这次我到了印度，时间虽然很短，但听到了很多与玄奘有关的故事。英国的印度史学家史密斯在他所著的《牛津印度史》中说："玄奘对印度历史的贡献，无论怎样评价，也不会过分。"印度著名史学家阿里说："如果没有法显、玄奘和马欢的著作，重建印度历史是完全不可能的。"这是怎样高度的评价啊！我还注意到，我们参观的几处印度教神庙，几乎每处都可以看到一群群猴子在庙里无拘无束，自由来往，印度人管这些猴子叫"神猴"，这马上让我想到，《西游记》里把孙悟空设计成一个神通广大、聪明勇敢的猴子，与印度人对猴子的喜爱不无联系吧？难怪胡适说："我总疑心这个神通广大的猴子不是国货，乃是一件从印度进口的。"他和陈寅恪都认为印度史诗《罗摩衍那》中的神猴哈里曼就是孙悟空的原型。这些都使玄奘的形象在我脑海中更加丰满。让我借这封信，和你谈谈我的感受吧。

一 你知道尼赫鲁是怎么说的吗？

临出发时，我带了一本书，尼赫鲁的《印度的发现》。这本书很有名气，是尼赫鲁在监狱里写的，想一路上看看。但是，除了在去时的飞机上看了十几页，到印度后奔波忙碌，印度饭又不好吃，一页也没看。在回国的飞机上，居然把这本七百多页的书翻了个大概。也许是刚访问过印度，迫切想知道印度的伟大人物尼赫鲁对印度是怎么说的吧。

书中有一章，专论"印度与中国"，写得十分精彩。我看后得出一个结论，印度人认为中国人很爱学习，那时，尼赫鲁对中国有特别的好感。

在书中，尼赫鲁叙述了中印交往的历史。他还用了很多笔墨，说到玄奘。

他说，在公元五世纪前后，也就是中国的隋唐之前的南北朝时，拜佛求经的香客和学者已经络绎不绝地往来于中印之间了。据记载，从公元五世纪开始，中国的僧侣法显、宋云、玄奘和义净，越过戈壁沙漠、翻过喜马拉雅山，先后往来于中印之间漫长、艰苦、充满风险的旅程。在中国汉朝的时候，印度学者就到了中国。公元六世纪前后，在洛阳就有三千多印度僧人和一万户印度家庭。他们随身带去梵文写本并译成中文，有的还能用中文写作，为中国文化的发展作出了贡献。

很多中国、印度的香客、学者死在途中，死亡率高达百分之九十……但求经路上，香客、学者仍然络绎不绝。

我想，玄奘就是那百分之十的幸存者之一。我情不自禁地想起鲁迅的话。他说："我们从古以来，就有埋头苦干的人，有拼命硬干的人，有为民请命的人，有舍身求法的人……虽是等于为帝王将相作家谱的所谓'正史'，也往往掩不住他们的光耀，这就是中国的脊梁。"季羡林先生说：鲁迅在这里并没有点出玄奘的名字，但他所说的"舍身求法的人"首先就有玄奘在内，这一点是无可怀疑的。我赞成这个观点，玄奘完全可以算得上"中国的脊梁"。

尼赫鲁在书中大力赞扬了玄奘等中国学者的巨大贡献，他说，玄奘在那烂陀寺得到学位，最后成为这个寺院的副院长。——这个"副院长"的头衔我过去还真不知道，你知道吗？

尼赫鲁还特别写到义净的事迹。我抄一段，请你看看。这段话虽然说的不是玄奘，但我们从义净的事迹中也可以想见玄奘、法显等人的精神。他说：

> ……义净本人是一个精通梵文的学者，他赞美梵文，说这种文字在远方的南北各国尚且都受人敬重，岂况天府神州……
>
> 虽然义净对于印度及许多印度事物赞扬万分，但他明白表示他的家乡——中国——应居第一位；印度也许是"圣方"，而中国则是"神州"。"五天之地，自恃清高也，

然其风流儒雅，礼节逢迎，食啖淳浓，仁义丰赡，其唯东夏，余莫能加。"至于"针灸之医，诊脉之术，瞻部州中，无以加也。长年之乐，唯东夏焉。……故体人像物，号曰'神州'，五天之内，谁不加尚？四海之中，孰不钦奉？"

文字中流淌着对义净的赞美，让我感到义净对祖国的挚爱，心中升起一种自豪感。

我又想，如今去美国、德国留学"取经"的学子，是否也把美国、德国看作"圣方"，而祖国中国是"神州"呢？

关于中国、印度彼此交流、学习的成果，尼赫鲁有一段精彩独到的议论。他说：

> 在千年以上的中印两国的交往中，彼此相互地学习了不少知识，这不仅在思想上和哲学上，并且在艺术上和实用科学上。
>
> 中国受到印度的影响也许比印度受到中国的影响为多。这是很惋惜的事，因为印度若是得了中国人的健全常识，用之来制止自己过分的幻想是对自己很有益的。
>
> 中国曾向印度学到了许多东西，可是由于中国人经常有充分的坚强性格和自信心，能以自己的方式吸取所学，并把它运用到自己的生活体系中去。甚至佛教和佛教的高深哲学在中国也染有孔子和老子的色彩。佛教哲学的消极看法未能改变或是抑制中国人对于人生的爱好和愉快的情怀。

2007年3月，中国出版集团代表团访问印度
国家出版公司。左五为印度国家图书联合体
主席毕班·钱德拉。

这段话，给我留下深刻的印象。尼赫鲁这种对两国交往的赞赏和取长补短、虚怀若谷的情怀，体现了一个大政治家的风采。

这大概也与玄奘、义净在印度的表现，给尼赫鲁的印象分不开吧？

二　玄奘在印度佛界的业绩达到光荣的顶峰

友声，你也知道，我对印度的向往是从少年时我们一起看印度电影《两亩地》《流浪者》以及苏联印度合拍的电影《三海旅行记》开始的。我们难过过，快乐过，也为有悠久历史的印度文明赞赏过。这次访问印度，一了几十年的心愿，无比感谢命运对我的厚爱。但因为时间的关系，没能拜谒菩提迦耶、鹿野苑，没能去感受那烂陀寺的渊博，没能一睹恒河圣浴的盛况，不免遗憾。但是印度知识界对玄奘的记忆和敬意，让我这个中国人生出无比的自豪。回国之后，马上找来季羡林先生领头校注的《大唐西域记》、朱偰先生的《玄奘西游记》，完善我关于玄奘取经的知识。印度知识界的怀想，书中的记载，再加上《西游记》的渲染和浪漫的想象，在我脑海中，玄奘的形象真是像小说里的唐僧一样栩栩如生啊！

你知道吗，玄奘去印度取经那样坚定，九九八十一难，百折不回头，他是去取什么"经"呢？什么"经"让他轻万死而直前呢？我看了《大慈恩寺三藏法师传》《大正大藏经》等书，从书中所述可见，玄奘是要解决佛性问题，要解决自佛教传入中国不久即产生的一个大问题，即凡人能否成佛？什么时候经过什么阶段可以成佛？这是要解决人的信念问题啊！玄奘还真是抓住了根本。从这一点来看，他倒像个思想家。

玄奘虔诚地信奉大乘佛教。在小乘佛教看来，一个信徒，必须经过累世修行，积累功德，才能成佛。这就需要长期的、艰苦的努力，甚至十分努力了，这辈子也不见得行。这就会让人望而却步，不利于信徒的修炼，不利于佛教的发展。大乘佛教针对这种情况提出不要求累世修行，只需皈依三宝（佛法僧），礼拜如来，认真苦修，一世就可以达到目的。小乘佛法严格地讲求"自度"，大乘佛法不但"自度"还要"度人"。要救一切众生，不但要救化善人，还要救化恶魔。这些主张，不但让修行者看到了希望，而且给各种人包括罪犯以希望，当然会受到更多人的欢迎。这就标志大乘佛法向整个社会开放了。

大乘佛教最重要的经典就是《瑜伽师地论》，玄奘到印度去主要是为了学习"瑜伽论"，进而充实和丰富他的大乘佛教理论。这样说是有根据、有记载的。《大正大藏经》写道，玄奘到了印度后，曾对戒日王说："玄奘远寻佛法，为闻《瑜伽师地论》。"又对戒贤法师说："从支那国来，欲依师学《瑜伽论》。"玄奘正是秉持着"普度众生"的宏愿前往印度取经的。

公元 630 年，玄奘到达印度的那烂陀寺。当时，那烂陀寺是印度最大的寺院，是世界佛教的中心。玄奘在那里学习期间，寺里有一万名学生，一千五百名教师，其中通二十部经的有一千人，通三十部经的有五百人，通五十部经的有十人。玄奘是这十人中的一个，是那烂陀寺顶尖的学者。

玄奘并不满足，他在那烂陀寺跟随戒贤法师学习五年，读完那里的藏书，又去印度各地游学，六年后回到那烂陀寺，成为"客座教授"。

这时玄奘已经是闻名全印度的大法师了。

公元643年，戒日王在曲女城举行佛学辩论大会，请玄奘为论主。这曲女城是当时印度的一个政治、文化中心，那时中国只有长安、洛阳可以与之相比。这位戒日王好比中国古代春秋时期的霸主，号称东、西、南、北、中五方印度的王，声名赫赫，所以来参加会的人非常多。有印度大小藩属十八国王，熟读佛教大小乘学者三千人，婆罗门及其他教徒三千人，那烂陀寺僧侣学者一千多人。到盛会开始时，连诸王随从、僧侣俗众总计不下五万多人。在那样久远的时代有这样一个规模的大会，足见佛教历史上的兴盛。

据说，玄奘当时正在迦摩缕波国的宫廷里，与国王鸠摩罗王探讨佛经。听到戒日王的邀请，鸠摩罗王和玄奘正谈得高兴，不愿意放玄奘走，便说："戒日王，你可以要我的脑袋，但不能要我的客人。"戒日王听到后，派使者告诉鸠摩罗："那就麻烦你的脑袋来一趟吧。"鸠摩罗只得与玄奘一同前往。

辩论会中玄奘主讲。他先讲大乘法，再讲《破恶见论》——这是玄奘关于大乘思想的一篇最重要的学术论文，驳斥小乘一派诋毁大乘一派的偏见。一连讲了五天，讲得议论风生，头头是道。之后又任人提问。辩论进行了十八天，玄奘回答了所有的问难。后来，有一个婆罗门，向那烂陀寺挑战。那烂陀寺无人应战。为了维护那烂陀寺佛学中心的地位，玄奘又挺身而出，用流利的梵语把那婆罗门驳得无话可说。这时，全场欢腾，整个会场对玄奘无比敬佩。他被那烂陀寺当作英雄，被大乘尊为"大乘天"，被小乘尊为"解脱天"。玄奘的声誉达到顶峰。

戒日王高兴异常，吩咐备象，按印度习惯，请玄奘乘大象游街。街路两旁鲜花铺地，鼓乐喧天，人山人海，翘首以望，争睹中国法师的风采。

三　故国神州常在梦中

曲女城大会后，玄奘在印度佛教界可以说是达到了光荣的顶峰，但他不留恋光荣，坚决要回国。玄奘坚决要走，戒日王执意要留，"走""留"双方，情真意切，让人感动。

玄奘在公元 627 年西行印度求经，644 年回到中国，前后十七年。在这十七年中，玄奘时刻不忘"取经"的目的，不忘故国神州。曲女城大辩论完成后，他立即向戒日王和迦摩缕波国王辞行。戒日王实在不愿意放玄奘回国，就想到五印度要召开第六次无遮大施会，便提出请玄奘参加。因为这是向穷人施舍的大会，玄奘同意留下。七十五天过去，大会开罢，玄奘再一次提出启程回国。戒日王还是苦苦相留，还表示如果法师留下来，他愿意造一百所佛寺作为供养。面对戒日王的诚恳相留，玄奘十分为难，只好又住了十天。十天过后，玄奘诚恳地对戒日王说：我国离这里甚远，知道佛法太晚，虽然辗转知道一些，但到底不能精通要旨，所以我来学习。如今蒙各位大师不弃，多方教导，现在愿心已了，佛法已得，我要赶快回国，专心译经，广布佛法……

戒日王见玄奘回国志坚，只好不再挽留。曲女城大会后戒日王曾送玄奘金钱一万、银钱三万、上等袈衣一百套，十八国王也送了无数礼物，玄奘一概不受。这次，戒日王和鸠摩罗王见玄奘真的要走了，又送来许多金钱珍宝，玄奘仍然坚持不受。戒日王说："这些礼物也是各位法师的一片真情。"玄奘说："出家人走路，无须资粮。"戒日王知道不能勉强，心中更加敬重。

每当看到这些史料，我都感动不已。玄奘，在印度十分成功了。名，有了，到了顶峰；利，也有了，每次宣讲过后，戒日王都送他大量金银，各国国王都送他无数珍奇。在印度可以安享尊贵，潜心研究佛法。但他视名利如浮云，不留恋光荣，家乡山河常在梦中。他毅然回国，遵循着自己的人生轨迹。

一切就绪，玄奘告别了那烂陀寺的各位师友，二位国王一直送了几十里才分手。

不料，到了第五天，玄奘一行忽然看见后面风尘大起，飞驰过来一干人马。玄奘停下，发现为首的正是戒日王和鸠摩罗王。原来戒日王思念玄奘，心想，中国大唐万里之遥，中间千山万水，离别之后，就如隔世，很难再见了，玄奘不过走了三四天，又带了许多经像，一定没走多远，何不赶去再聚一聚？玄奘见到二位国王，感动得落下眼泪。双方又是互道珍重，依依而别。这种情谊温暖着玄奘，前面纵有刀山火海、豺狼虎豹，仍然急切地向自己的祖国奔去。这种情谊鼓舞着玄奘，回到长安以后，玄奘每想到印度的师友，便兴奋不已，披星戴月地从事译经的大事业。

玄奘的贡献，不但是从印度取回了"真经"，更重要的是由于他将大量佛经带回中国，翻译、整理，就把大批佛教经典保存了下来。后来，佛教在印度日渐衰微，不少佛经在印度失传了，印度反过来又把玄奘翻译的佛经翻译回去，使之得以在印度流传。

玄奘著述的《大唐西域记》，真实生动地记述了印度等地的情况。季羡林先生说：统观全书，介绍包括一百多个"国"，而且记述有一个固定而全面的章法，都包括有：幅员大小、都城大小、地理形势、农业、商业、风俗、语言、文字、国王、宗教等等。今天，几乎找不到一本讲印度古代问题而不引用《大唐西域记》的书。就连不久前重新挖掘、修复荒废掩埋的那烂陀寺、鹿野宛，印度人也是依据《大唐西域记》的记载。如今，在这些名胜古迹的说明书中，印度学者总不忘介绍玄奘的贡献。

这就让我明白了，英国的历史学家史密斯、印度的历史学家阿里为什么给玄奘那样高的评价了。友声，回忆这段历史真让我们长志气。

四　中印学者"满怀忆旧的心情"

玄奘的访问和在印度的学术活动，在印度深入人心。特别是那烂陀寺把他当作英雄和骄傲，一直到玄奘回国多年，他与印度朋友还有书信往来。一个外国学者要让本地人佩服，那要经过怎样的努力，背后会有多少故事啊。我看过印度人写的一本名叫《印度与中国》的书。那是印度加尔各答出版社1944年出版的。书中记载，玄奘回国多年以后，那烂陀寺的学者僧人还挂念着他。公元654年，这时玄奘回国已十一年了，那烂陀寺的两位大法师慧天和师子光思念玄奘，便派年轻和尚法长去大唐看望玄奘，还带去信和印度特产两匹棉布作为礼物。这些信至今还在博物馆保存着。慧天和师子光的信中说：

> ……今共寄白氎一双，示不空心。路远莫怪其少，愿领。彼需经论，录名附来，当为抄送木叉阿遮利耶（指玄奘）。愿知。

玄奘在回信中说：

> 自一辞违，俄十余载，境域迢远，音徽莫闻。思恋之情，每增延结。……又往年使还，承正法藏大法师（戒贤）无常，奉问摧割，不能已矣……玄奘所将经论，已翻《瑜伽师地论》等大小三十余部……又前渡信渡河失经一驮，今录名如后，有信请为附来。并有片物供养，愿垂纳受。路远不得多，莫嫌鲜薄。

这种绵长深挚的友情，真叫人温暖与感动。最有意思的是信中的这段话："前渡信渡河失经一驮，今录名如后，有信请为附来。"你还记得《西游记》第九十九回，写老鼋托唐僧向如来问寿的故事吧？结果唐僧见到如来，一高兴，忘记问了，又不敢说谎，只好实告。老鼋生气，在水中将身一晃，"把他四众连马并经，通皆落水"，又有陈家庄晒经的故事，说至今"晒经石"上犹有字迹，还真是所出有本啊！

玄奘取经的故事已经过去一千三百多年，仍然令人怀想。朱偰先生说，玄奘在世界学术史上的贡献，至今还不易予以全面估计。如今，人们纪念玄奘已不是只想到他取回来的经书，他的翻译，他的著作，而是想到他的那种精神，为了一个信念，一个追求，一个理想，"舍身求法"的精神。

　　说到这里，我想到《大慈恩寺三藏法师传》上记载的玄奘出家的故事。玄奘小的时候，出家做和尚是一种风尚。玄奘的二哥，先已出家。一年，皇帝降旨，在洛阳选一十四位和尚，候选的就有几百人。玄奘只有十三岁，散场后一直不肯走。负责选拔的大臣见到旁边站着的玄奘，眉清目秀，仪表不凡，暗暗称奇，就问他是谁家的孩子，也想出家吗？玄奘答道：年纪小，学业不好，不敢报名。大臣又问他，你这么小就想出家，为了什么？玄奘回答：是想继承如来，宣扬佛法。大臣见他对答如流，又"贤其相貌"，就破格录取了他。这位大臣对他的同事说：一般出家的人，"诵业易成"（念经拜佛容易），"风骨难得"（只有风骨气质最为难得）。我今天破格录取的这个孩子，将来必成大器，成为佛门有名的人物，可惜我和诸公都不及亲自看见了。

　　这位大臣就是隋炀帝大业年间大理寺卿郑善果。他没有错看玄奘。他虽然没能亲自看到玄奘的辉煌，他却为社会、为历史发现了一位人才。友声，玄奘很幸运啊！

　　这位郑善果一生乏善可陈，《隋书》上只有他母亲的一段传记，没有专门写他。但只这一件事，已使他青史留名了。

2011 年 1 月 2 日

耶路撒冷·宗教与读书

一

　　以色列是我最想去拜访的国家之一。意大利我想去，因为有文艺复兴时期灿烂的文化。巴黎我想去，在我脑子里，它是时尚之都、艺术之都 ，正如《带一本书去巴黎》的作者林达所说："巴黎的一切，都是真实的、历经淘汰留下的精品。从优秀名画到整个古城，都是如此。"美国，想去，它毕竟是世界超级大国，苏联解体后，只剩下它一个超级大国了，而且它那么能吸收、容纳世界各色人才。俄国（苏联）我想去，有托尔斯泰、肖洛霍夫，有保尔·柯察金、冬妮亚、丽达，有柴可夫斯基、天鹅湖，还有斯大林格勒保卫战。不论人们如何评价斯大林，怎样看他，当 1941 年 11 月 7 日，希特勒的大军距莫斯科只有几十公里，德军司令已经从望远镜里看到了克里姆林宫的红星时，苏联人民仍然在红场不慌不忙地举行震撼世界的大阅兵。阅兵的部队通过检阅台后，就直接奔赴战场！苏联军民创造了一个冬天的神话！这是何

以色列耶路撒冷金顶大教堂

等英雄的人民，何等英雄的军队啊！

还有，就是想去以色列，想去耶路撒冷。

二

2011 年，夏天，参加国际书商联盟执委会议，我终于如愿以偿。

炎热。据说，一年 365 天，得有 300 多天是阳光灿烂，温度都在 35℃以上。

离开城市，满眼是沙石。严重缺水，境内十分重要的饮用水源加利利湖，据说湖水在以一天两毫米的速度下降，以色列水利局十分焦急。

没有石油。有人幽默地说：犹太人用了不少于 40 年的时间在沙漠中寻找自己的家园，找来找去却找到这一块在中东唯一没有石油的地方。

敌对国在四面包围着它。1948 年 5 月 15 日，建国不到 24 小时，埃及、约旦、叙利亚、黎巴嫩和伊拉克五国联军就杀了过来。但是，一个人口不足 700 万（那时大概还只有 500 多万），严重缺乏资源的国家，却能在战争和战争的时时威胁中，实现人均 GDP20000 美元，迅速从一个农业国成为现代化的科技之国，让人称奇。这背后有什么原因呢?

到以色列已是子夜之后，寂静的夜，路上很少行人。汽车七拐八拐把我们送到一家酒店，门前灯火亮着，里外却都没有人，只有值班的人大概是听到拖行李的声音，从里边走了出来。进了房间已是凌晨两点半，我冲了澡即上床睡觉。睡梦中，不知什么响动把我惊醒，从窗帘的缝隙中，射进一道晨光，我看看手表只有五点钟，刚刚睡了不到三个小时。打开窗户望出去，天色已经很亮。到阳台上去看，哇，对面就是大海，碧蓝无垠。原来我们昨晚就在这大海边上下榻的啊。沙滩上已有晨练的人跑来跑去，水面上三五只舢板，运动员 在奋力挥桨，呼啸前行。海水的味道吹过来，清新、湿润。我一下子兴奋起来，套上 T 恤，穿上短裤，蹬上运动鞋，跑出酒店。附近的运动场上，十几个人正在教练的指导下练功夫。两名在旁边摄影录像的姑娘冲我打招呼，我觉得那些人练的是"中国功夫"，便向姑娘说："CHINA。"心中很有些得意。

带着这种兴奋，我便开始了向往几十年的以色列之旅。窗中望出去的大海便是地中海啊！这时我已踩在湿润的海滩上。

想想我们来时，可不是这种心情。以色列是不能不来的，但上飞机之前我们都做好了思想准备，说不定我们在以色列的大街上，走着走着，叙利亚或巴勒斯坦的炮弹就会落下来，可得机灵着点儿。

三

回到北京很久，我问自己，在以色列给我印象最深的是什么？是满街的神职人员吗？他们穿着黑色西服，头戴黑色礼帽，有的人双耳边还各有一绺小辫，很奇特，确实让人过目不忘。我还看到白天这些庄严的神职人员，晚上在我们住的酒店咖啡座，和美丽的姑娘一边喝着咖啡一边亲密地聊天。但这不是我印象最深的。

是这个城市的宗教气氛吗？一个随以色列丈夫移民来耶路撒冷的台湾姑娘跟我说，走在耶路撒冷大街小巷中，一点儿"坏事"也不能做。总觉着犹太教、基督教、伊斯兰教的三大神圣都在你头上盯着你，你一点不轨行为也不能有。因为你无论有多大本事，做得多么诡秘，也逃不过神圣们的法眼。

耶路撒冷是犹太人的精神中心。《旧约圣经·诗篇》写道："我们怎能在陌生的土地上颂唱耶和华的赞歌。啊，耶路撒冷，假如我忘了你，就让我的右手变得麻木不仁；假如我不把你作为我最崇高的愉悦，假如我不再记住你，就让我的舌头粘住我的上颚。"

对于基督教徒，耶稣就诞生在耶路撒冷城南 17 公里的小镇伯利恒附近的一个叫马赫德的山洞。可见这个城市对基督徒意味着什么。每年圣诞节，这里总是挤满了来自世界各地的善男信女。有一首基督教徒的歌，歌名叫《耶稣为耶路撒冷哭》。我曾在教堂附近听过圣徒们唱，旋律优美、曲调深沉，很好听。好像那旋律能让你说出内心的忧伤与烦恼，让你情不自禁地跟着唱。但我不知道唱的是什么。回北京后翻查资料，歌词是："耶稣曾为圣城耶路撒冷哭，为了那些迷失的人在哭。迷失于苦难，迷失于冷漠，迷失于金钱，迷失于孤独。耶稣曾为圣城耶路撒冷哭，他为流离失散的灵魂哭。我祷告生命的救主，我的耶稣。"这真是让人深思的歌。耶路撒冷橄榄山上的主泣大教堂，外观设计很像一滴眼泪，也寓藏着这样的意思吧。他们相信，人间的耶路撒冷最终会变成天堂，上帝之子耶稣，被钉死和复生这自我牺牲的壮举就是为了拯救世界。

耶路撒冷是伊斯兰教的圣地，是仅次于麦加、麦地那的第三大圣地，是"伟大的圣城""赐福的圣城"。穆罕默德创立伊斯兰教后的第九年（公元 619 年），他登上七重天，接受真主阿拉的祝福和启示。据说，就是踩着耶路撒冷的一块巨石升天的。从那时起，穆罕默德指示，把耶路撒冷作为穆斯林的朝拜方向。直到公元 630 年，才改为面向麦加。那块巨石如今仍在萨赫来清真寺高大的金色圆顶下面。萨赫来就是阿拉伯语"岩石"之意。

穆罕默德赞美耶路撒冷，说："耶路撒冷是真主在他所有土地中的选择。世界从这里展开，并将如一幅卷轴从这里收起。降落在耶路撒冷的露珠可以医治百病，因为这露珠是来自天国的花园。"

这真是圣城的魅力。那样不同的三大宗教竟然一起尊奉着这有千百个故事、万千个传说的耶路撒冷。

四

这些文化遗传和上天的圣迹，这笼罩在全城的宗教气氛，都给我留下深深的印象。它们是那么神圣又那么玄秘，那么遥远又那么贴近。但这还不是我要探寻的真谛。直到我离开耶路撒冷的前一天，我终于明白了在我脑海中印象最深刻的、我要探寻的是什么。

那天，我们走完了耶稣背十字架跋涉过的 14 站苦路，感受了当年耶稣被出卖的历史，主人带我们去现代化的商业一条街，说让我们看看耶城现代化的一面。一转弯，便看到一个很漂亮的商店，正门两侧有几个非常生动的动物雕塑。一位老师，带着七八个学生在写生。他们或坐在地上，或趴在地上，个个聚精会神地在临摹。其中一个女孩坐得端端正正，腰直直的和地面呈九十度，一根辫子垂在身后。小女孩规规矩矩，目不斜视。我走到她身后，她正一笔一笔临摹着前方那一只山羊雕塑。我贴近看她的画，她一动不动地专注地认真临摹。我们走开，走出十几米远，回头再看，她仍然端坐着写生。这是怎样认真学习的孩子啊！

我又想到我们刚到以色列，在海边遗址凯撒利亚参观时碰到的一群少年。他们个个眼睛清澈明亮，脸色红润健康，表情明朗愉快，热烈地和我们打招呼，欢快地和我们合影，无忧无虑、朝气蓬勃，我就想，以色列的未来一定美好。

　　这些孩子突然让我想起犹太人的过去，想起千百年来犹太人的遭遇。

　　自从公元前 6 世纪后期，犹太王国被新巴比伦灭亡后，沦为人们所说的"巴比伦之囚"，犹太国家就不复存在了。犹太民族从此处于一个被赶尽杀绝的境地。后来又有耶稣之死的传说，犹太人更是陷入人间地狱。基督教认为耶稣是救世主，是上帝的儿子，因为他英勇智慧、多才多能，便遭到一些犹太人的嫉恨。其中一个叫犹大的把他出卖给罗马总督。耶稣被钉死在十字架上。这在《新旧约全书》中的四大《福音书》中有记载。《福音书》中还说，犹太人自己承认了他们对耶稣之死负责，所以基督徒认为犹太人背叛上帝，不可饶恕。甚至宣扬，耶稣死后的犹太人都是出卖耶稣的犹大的后裔。这一来，犹太人就成为基督教的千古罪人。基督徒们恨不得要杀死所有犹太人。

　　耶稣到底有没有，历史学家说，这个传说就和中国古代的三皇五帝的传说相仿。传说中的黄帝、炎帝、神农、伏羲都是中华民族的象征，成为凝聚中华民族的精神支柱。但是有谁见过他们呢？有人说得更直接：实际上，不是耶稣创立了基督教，而是基督教创造出一个耶稣。英国哲学家罗素在《为什么我不是基督徒》的演讲中就说过："我在这里还要声明一下，这并不牵涉历史问题。历史上究竟有无耶稣其人是大可怀疑的，即使真有其人，对他的生平也一无所知。因此，我不打算探讨这个很难说清楚的历史问题。"

但是，犹太民族却真的从此陷入万劫不复的灾难中了。他们被基督徒逼得家破人亡、妻离子散。

他们到了欧洲，欧洲人把他们视为魔鬼。公元1348年，欧洲流行的黑死病，夺去了欧洲几百万人的生命，由于犹太人讲卫生，医疗又及时，死于黑死病的人就少很多。基督教会便借此宣传，是犹太人和魔鬼合伙制造了黑死病。愤怒的基督徒烧毁了犹太人的住房，追杀了几千名犹太人。

基督教会规定，犹太人不能做工、不能务农，只能从事基督教认为的"罪恶勾当"——经商。但由于走投无路，"置之死地而后生"，犹太人反倒成了精明的商人、出色的银行家，积累了巨额财富。因为他们有钱，这又成了新的被嫉恨、被剥夺的不幸根源。西欧国家甚至提出这样的口号："干掉一个犹太人，以拯救你的灵魂。"犹太人犹如瘟疫，被隔离居住，不许他们走出隔离区。

他们到了阿拉伯帝国。由于犹太人拒绝归顺伊斯兰教，穆罕默德憎恶犹太人，制定了很多歧视的条款。比如犹太男人必须在帽子上挂一块黄布条；犹太妇女必须穿两只不同颜色的鞋。这就如同霍桑的小说《红字》中女主人公胸前的"红字"一样，在人格上让你受尽羞辱。

他们到了俄国，正巧沙皇亚历山大被刺，犹太人首先成为被怀疑的对象。俄国贵族不分青红皂白大肆杀戮犹太人。

第二次世界大战爆发，希特勒要"最后解决犹太人"。波兰南部的一个小镇奥斯维辛，纳粹在这里建集中营，疯狂屠杀犹太人而把自己刻在人类历史的耻辱柱上。据研究者考证,1940年后的几年间,希特勒在那里杀死了110多万犹太人。他们设4个毒气室,一次就可毒死12000人,焚尸炉每天焚烧8000具尸体。当集中营被解放时,发现了用死人的头发织的毛毯就有14000条,仓库里还有7.7万吨没处理的头发。

就连闻名于世的德国大诗人海涅,因为是犹太人,也受到辱骂。一次聚会,一个旅行家当着大家的面对海涅说:"我发现了一个小岛,那地方居然没有犹太人和驴子。"海涅不动声色地说:"看来,只有你我一起去那个小岛,才会弥补这个缺陷。"

种种迫害,被灭族灭种的危机,终于使犹太人的思想家认识到,犹太人没有别的出路,只有豁出命来,建立起自己的国家,才能保护自己,才能有生活的空间,才能成为自己国家的主人。

先是居住在俄国的犹太医生平斯克,发表了《自我的解放》的著作,主张建立自己的国家,自己解放自己。后有出生于布达佩斯的犹太人赫茨尔,在周围一片"杀死犹太人"的呼喊中,他悲愤地认识到,"解决犹太人问题的唯一办法是恢复犹太国"。这就是犹太复国主义的起始,是没有活路的抗争。他撰写了《犹太国》一书,让犹太人看到了未来。他们感激赫茨尔,把他比作犹太民族史上,曾带领犹太人出红海进入西奈沙漠、找到自己家园的"摩西"。

从1881年平斯克提出"自我解放"的思想,到1896年赫茨尔喊出建立"犹太国"的主张,经过66年的艰难奔走,拼死呼号,曲折返复,1947年11月联合国大会终于通过了建立犹太国议案。犹太人的梦想终于变成了现实。他们相拥大哭，屈辱即将到头。1948年5月14日，以色列国建立。这是犹太民族发展史上的里程碑。它结束了犹太民族没有自己国家，没有单独的地域，没有共同语言的历史。终于，他们早上可以坐在一起喝咖啡，晚上看着孩子放学，从远处跑来。

五

一个民族在屈辱和迫害中生存，在四处逃难和屠刀下寻找自己的活路，他们该学会多少求生的本事啊！中国有句话叫"穷人的孩子早当家"，犹太民族在颠沛流离的旅程中认识了什么？他们认识到得有人，团结一心的人才是最为重要的。有了人才有力量，才能干大事，才能保住自己的家园。所以，他们下大力气培养人，把教育作为立国之本。

犹太人很早就有"什一金"制度，即每人要把自己的收入的十分之一捐献出来。犹太律法规定，这"什一金"的第一受益人是"那些把时间花在研究《圣经》和其他典籍的人"，也就是读书人。后来又扩展到把这笔钱用来支持建设学校。

以色列第一任总理本·古里安说："没有教育，就没有未来。"第四任总理梅厄说："对教育的投资是最有远见的投资。"他们的总统夏扎尔说："教育是创造以色列新民族的希望所在。"最为难得的是他们说到就能做到。几十年来，以色列教育经费占国民经济总预算9%—12%，位居世界第一位。以色列公民受过教育的比例，高达97%。

他们鼓励人才的创造能力。他们认为科学研究才是发展的快车道。

以色列科研人员、大学教授在世界性刊物上发表著述数量世界第一。每千人发表论文 60.9 篇，美国仅是 30.1 篇。

每万人从事科研的有 160 人，美国仅为 90 人。

获得专利数是美国的 2 倍，是加拿大的 9 倍。

据统计，这个只占全世界人口 0.3% 的民族，为人类文明作出了重大贡献。这个民族诞生了写出《资本论》、创造了剩余价值学说、开辟了一个时代的马克思，提出现代物理学相对论的爱因斯坦，创立了精神分析学派的弗洛伊德，被誉为原子弹之父的奥本海默，现代艺术的创始人、大画家毕加索，西方现代派文学的宗师卡夫卡，以《伦理学》著称于世的哲学家斯宾诺莎，享誉世界的杰出诗人海涅，还有托洛茨基、洛克菲勒、格林斯潘、基辛格等等闻名遐迩的大人物。这个民族还包揽了 21.7%（1901—2008 年）的诺贝尔奖。

马克思说："犹太民族是一个早熟的民族。促使其早熟的重要手段之一，就是教育。"马克思该是很了解他们民族的历史吧？

他们抓紧发展科学技术，发展的重点是解决国家经济发展中存在的紧迫问题。他们特别看重的是科研成果向实际应用的转化。

以色列水源奇缺，为了把有限的水源用好，科学家开发应用了喷灌和滴灌技术，把宝贵的水再加入必要的肥料，通过管道送到植物根部。通过管道避免了蒸发和渗漏的浪费，送到根部就可以让水中的营养充分发挥作用。而送多送少，何时送，都由计算机控制，这就把有限的水最有效地使用，解决了干旱地区农业发展问题。科学家还开发出地下咸水淡化技术，在沙漠中用微咸水灌溉，实现了蔬菜瓜果一年三熟。以色列每年生产的瓜果蔬菜大量向欧洲各国出口，被誉为"欧洲冬季的厨房"。以色列的大片沙漠，从一个"不毛之地"变成了一个富庶的绿洲。每年有几千人到世界五十多个国家传授农业技术，销售仪器。

没有石油，科学家因地制宜，找到了替代品，开发利用太阳能。以色列一年有300多天阳光灿烂，科学家开发出先进的太阳能吸收器，广泛应用于家庭生活和工农业生产。全国有三分之二以上的人家装了太阳能热水器，不但解决了从周围国家进口石油的困难，每年还节约进口燃料费五六千万美元。

这样的白手起家，这样一种依靠科学自力更生的劲头，谁再想掐他们的脖子都难，让人感到这个苦难的民族没有白白受苦。他们在痛苦中凝缩了生存的哲学。他们从苦难中走向成熟。

他们明白了要想不受欺凌，手中要有武器，国家要有军队。以色列是一个只有2万多平方公里土地、700多万人口的小国。四周又处于经常联合起来打他们的国家的包围之中，国家的安全便是头等大事。以色列的科学家大力开展核技术的研究和试验。他们宣称，他们的核研究是和平利用。但世界上许多科学家都认为以色列是世界上继美、俄、法、英、中、印之后的第七个核国家，它不但拥有核反应堆，而且造出了原子弹；不但拥有核弹头，还拥有运载工具。这样一个小国，居然有这样的科技水平和研发能力，真是让人想不到。任何一个国家打算入侵以色列，恐怕都要权衡一下它的核武库。这就是人才和科技的力量。一个国家和民族怎能不重视知识，不重视知识分子呢！

想到这里，我明白了，以色列重视教育，重视科技，一是要抓紧时间，快速发展；一是要连续不断，持续发展；一是要抓住需要，重点发展。目的只有一个，在对方没有强大起来之前，尽快使自己强大起来。他们不被传统、历史所束缚，他们从传统与历史中总结出经验。他们把历史、文化与富民强国的观念牢牢捆绑在一起，让世界认识犹太人悠久的历史，尊重他们发展之不易，理解他们现实的奋斗与抗争。

如今以色列的犹太人已不再是单一的犹太人。他们来自70多个国家，已是不同种类的犹太人。从阿拉伯、欧洲来的，从伊拉克、土耳其来的，从美国、俄罗斯来的，共同组成了一个民族大家庭。我们在参观以色列式的集体农庄"基布兹"的时候，七八位五十多岁的男士女士在廊下一边喝咖啡，一边轻松地聊天。一位老者在远远的大树下拉手风琴，曲调飘过来是《莫斯科郊外的晚上》。我想这位老者一定是前苏联人，就走过去。我会几句俄语，便问他，想念莫斯科了？他点点头，但又说，这里是我的家。听他这么说，我很感慨。来自四面八方的犹太人，他们各有各的传统与习惯。但不论来自何方，他们虽然都执着地保护着自己的文化传统，却又都努力地创造着一个犹太民族共同的未来，共同的新生活。他们重温历史，要重现摩西渡红海、出埃及那样的壮举，建立犹太人的理想乐园。

我相信，那垂着辫子的小女孩，那些阳光、健康、快乐的孩子们，他们就是犹太民族的未来，他们身上肩负着以色列的希望。

2014 年春节

程千帆、邓广铭二位先生信的启示

我手头有两封著名学者的亲笔信，都是当年我在中华书局做编辑时得到的，也亲手处理了这两起"官司"。一封是古典文学大家、南京大学中文系教授程千帆先生写给时任全国人大常委会副委员长、国际著名科学家周培源先生的；一封是邓广铭先生写给《文史知识》编辑部的，回答读者沈敬之对他文章的批评。邓广铭先生是著名宋史专家，北京大学历史系教授，而这位读者正是批评邓先生评价宋朝抗金英雄岳飞的文章的。

每当我阅读这两封信时，我都禁不住要笑。笑这么大的学者、专家也与我辈一样较真。接下来便会感到由衷地佩服。也许可以说，这些大学者的大学问，就是来源于较真，来源于认真吧？

先谈谈程千帆先生写给周培源先生的信。程先生批评周先生写文章用一个有争议的例子作证据，不能认为是"谨严慎重"的，"也缺少说服力"。

事情的原委是这样的：

1982 年，周培源先生应《文史知识》编辑部之约，给《文史知识》撰文，指出青年人自学成才要有文史知识。他以中国历史上著名的科学家、文学家为例，说明如果没有掌握我国的语文知识、基本写作技能，缺乏历史、地理等应有的常识，他就不能算作有相当文化素养的中国人。他以世界著名的气象学家、物候学家竺可桢先生为例。他说竺先生把自然科学引入了版本校勘学的领域，认为王之涣的《凉州词》"黄沙直上白云间"（比"黄河远上白云间"）更合乎凉州以西玉门关一带春天的情况。周先生进一步说明自然科学工作者学习古代文学、历史知识的重要。程千帆先生却认为周先生文章所举王之涣的诗是一个有争议的公案，既然有争议，就不能作为证据来阐述问题。他给周培源先生写了一封信，信的全文如下：

　　培源先生：

　　　尊撰《自学成才要有文史知识》一文发表后，各报竞相转载，足见意见正确，影响巨大。正由于此，我想对您提一点意见，所谓"春秋责备贤者"。

　　　您引用竺可桢先生"考证"王之涣诗，认为今本"黄河远上"当作"黄沙直上"，作为"把自然科学引入版本校勘学的领域"的证据。而根据您的复述，竺先生不过指出，玉门关一带实有"黄沙直上"之景而已，其它并无论证。连此诗的异文"后来不知在何时……便被改成……"都举不出版本学上的证据，这算什么"考证"呢？

　　　其实，这重公案，从清初到七十年代末，不断有人讨论（其中包括您多年的同事林庚教授）。您对人所共知的有关这一问题的许多文献置之不理，却单独举出竺先生的"考证"作为定论，这种态度和方法似乎都不能认为是谨严慎重的。用有争议的问题作为例证，也缺少说服力。

您是教育界和科学界久负盛名的领导人，不知能切实研究一下您自己文章中举出的例证，加以澄清否？

孔子曰："丘也幸，苟有过，人必知之。"

程千帆上　六月十七日（一九八二年）

读了这封信，我们都会赞赏程千帆先生对知识、对做学问严肃认真的态度。特别是他认为周培源先生影响大，有问题更应加以澄清。体现了一种不唯上，不唯权威的精神。

单以做学问方面来看，程先生的意见也有一定道理，那就是论述问题不宜以有争议的事例作为根据。程先生说，"黄沙直上""黄河远上"从清初就有争论。其实元刊本、明汲古阁本的《乐府诗集》作"黄沙直上白云间"，到明陈刻本《万首唐人绝句》已作"黄河远上白云间"。后来的版本各有选择，"黄河""黄沙"，"直上""远上"间出。较有代表性的争论是以下二例：

吴乔《围炉诗话》卷三：《唐诗纪事》王之涣《凉州词》是"黄沙直上白云间"，坊本作"黄河远上白云间"。黄河去凉州千里，何得为景？且河岂可言"直上白云"耶？此类殊不少，何从取证而尽改之。

吴骞《拜经楼诗话》卷四又持另一观点。他说：王之涣《凉州词》"黄河远上白云间"，计敏夫《唐诗纪事》作"黄沙直上白云间"，此别本偶异耳，而吴修龄据以为证，谓"作'黄河远上'者为误"，云"黄河去凉州千里，何得为景？且河岂可云'直上白云'耶？"然黄河自昔云与天通，如太白"黄河之水天上来"，尉迟匡"明月飞出海，黄河流上天"，则"远上白云"，亦何不可？正以其去凉州甚远，征人欲渡不得，故曰"远上白云间"，愈见其选语之妙。若作"黄沙直上白云间"，真小儿语矣。

公说公有理，婆说婆有理，各得其妙。但是，说回程、周之争，客观地说，两人论证各有重点。如果单从做学问，从考据学的角度来说，程先生的意见是值得参考的。而周培源先生主要并不是考据哪个观点正确，他只是为了说明"自然科学工作者如果具有广泛的文史知识，不但能推动本身的科学研究，还能反过来影响文史研究"，立意是正确的。但如果为了使论证更加稳固，用一个没有争议的例子作为证据，是不是更好一些呢？何况现在用的这个例子争论已久又太经典。

第二封信是邓广铭先生回答读者的批评的复信。

邓广铭先生应《文史知识》编辑部之约写了《岳飞的〈满江红〉不是伪作》一文。这是一篇十分重要的文章。他不同意余嘉锡、夏承焘先生认为《满江红》不是岳飞所作的意见，侃侃而谈，自圆其说。文章发表以后，读者沈敬之来信指出"邓先生文章中的一句话不妥，使他不能无憾"。

邓先生读信之后，虚怀若谷，一方面诚恳接受沈的意见，认为"意见很好"，"确实有些措词不当"，另方面仍然坚持自己的学术观点,并请沈先生看看他发表在《文史哲》上的《再论》。信的全文如下：

文史知识编辑同志：

　　来信和转寄的沈敬之同志信,均已拜读。沈信所指出的,我在文章中说岳飞"喜欢卖弄一下自己的文才,写写题记",使他不能无憾。我觉得他的这个意见很好。我那句话,确实有些措词不当。在文章刊出后,我看到这一句时,当时即发生了这样的感觉,但已无法改正了,所以,后来在写《再论岳飞的〈满江红〉词不是伪作》一文时,就不再这样说了。

　　对于岳飞幼少年期内文化水平的估计,沈信根据《宋史·岳飞传》提出不同意见,对此,我却依然不改变我的意见。因为,《宋史·岳飞传》是从岳珂的《鄂王行实编年》脱胎来的,而岳珂对岳飞幼少年期内的生活情况所知甚少,对于他曾作"庄客"(即佃户)等事则讳莫如深,却又虚构了许多溢美之辞,如"家贫力学,尤好《左氏春秋》《孙吴兵法》"等话语即是。这些溢美之辞,我认为是不能置信的。我写的那篇《再论》,已在山东大学的《文史哲》今年第一期上刊出。沈同志如能看到,也许对他的这一看法有所改变。此复,顺致
敬礼!

　　　　　　　　　　　　邓广铭　1982.2.21

今天我们再读邓先生的信,先生的音容笑貌宛在面前。先生

谦虚谨慎，又那样执着认真，至老不改。

《满江红》这首词壮怀激烈，气吞山河，一直以来都是被人称颂的。词作出自岳飞之手，从来也没有人怀疑过。不料，上世纪三十年代学者余嘉锡在《四库提要辨证》一书的《岳武穆遗文》一篇中对《满江红》一词的作者提出了质疑。他认为：一、岳飞的儿子岳霖、孙子岳珂收集岳飞文章不遗余力，编成的《金陀粹编》的《家集》却不见这首词。二、宋元人的著述中也没有关于这首词的记载。所以余先生认为此词为明人所伪托。那以后，数十年来，关于此词作者的真伪，争论不断。

"一代词宗"夏承焘在《岳飞〈满江红〉词考辨》一文中提出，贺兰山在西边，属西夏，并不属金，岳飞抗金时期，贺兰山并不是抗金的主要方向，在词中出现显得非常突兀、不自然等等。他还提出此词作者是明朝人王越。

大多数专家都认为贺兰山一说不值一驳，因为词中"贺兰山"是泛指北方。程千帆先生在《论唐人边塞诗中地名的方位、距离及其类似问题》（见《古诗考索》，上海古籍出版社 1984 年版）一文中认为，唐诗中的贺兰山，并非都是实指其地；夏承焘文中引用的王维《老将行》、卢汝弼《和李秀才边庭四时怨》中的"贺兰山"，亦并非实指。程千帆认为，《满江红》中的"驾长车踏破贺兰山缺"句，"应当和下文'壮志饥餐胡虏肉，笑谈渴饮匈奴血'两句联系起来并等同起来看的，它们都是用典故来借古喻今，效仿强汉之'虽远必诛'的豪情壮志"。

邓广铭先生在《文史知识》（1981 年第 3 期）著文《岳

飞的〈满江红〉不是伪作》说："去年秋，海内外又掀起了讨论这一问题的热潮，香港、台湾都发表了文章。许多同志要我发表意见，这使我重新反复做了考虑。考虑的结果，对于余嘉锡先生提出的疑问，我觉得是可以解决的。对于夏老提出的作者是明朝的王越或其幕府文士的意见，我是不能同意的。我的最后结论是岳飞《满江红》词不是伪作，是出自岳飞之手。"

支持邓广铭先生最力的有著名诗人臧克家先生。他与邓先生的通信，最能体现他的观点。其信内容如下：

恭三（邓广铭先生字）：今天下午，极疲累，因上午二客人来，谈甚久，午饭后，脉搏间歇频繁，不得转侧而卧。下午，收到《文史哲》，鼓其余"勇"，一气读完你的大作，大快我心，立即走笔。我痛心于《满江红》著作权之被剥夺，此感情作用也。而你的堂堂大文，则给以科学上的论证。甚得我心，甚得我心！对于"三十功名尘与土"一句，我与你及一般讲解不同。我在你文引此句高头题了两个句子（这是我读书的习惯）："尘与土——风尘奔波之谓，非视功名如尘土也。"如我所解，始能与全词高昂气概吻合。不知老友以为然否？克家二月五日灯下疾书。

恭三：昨晚灯下，兴致冲冲，急草一函，以表对你的大作欣慰之情。今再就"三十功名尘与土"发挥几句："八千里路云和月"，亲经实感也，将"三十功名尘与土"解为"视功名如尘土"，则成为抽象的、象征的了。与词意不合，此其一。整个词的调子，慷慨激昂，忽插此"消沉"意味一句，不合二也……

关于岳飞《满江红》的争论，颇为学者们关注。一来岳飞《满江红》太有名气，似乎不容动摇。二是争论双方营垒分明，皆为著名学者，读者从中看到学者们是如何探讨问题、坚持或修正自己的意见的。

日月如梭。转眼间程先生的信、邓先生的信都已过去 32 年了。当年我们都正年轻，安然地享受着前辈先生的智慧之光。今天，自己也都成了老编辑。不禁感慨。周先生、邓先生、程先生也都已成为古人。但是，他们在信中所反映出的那种追求真理、执着如一、实事求是的精神，那种志存高远、严肃认真、为读者负责的品德，还是让我们感到亲切，神往。有这样学德高尚的学者做老师，真是幸运。惟愿他们的好精神，我们能够接下来，传下去。

2014 年 5 月 20 日

张振玉先生对《京华烟云》的贡献

　　张振玉先生的大名，在中国大陆恐怕知道的人并不很多，但是读书人有谁没有读过林语堂的《京华烟云》呢？林氏的《京华烟云》最为著名的通行中译本，便是张先生的手笔。

　　张振玉先生生于 1916 年，先后任长春大学、台北中国文化大学、台湾大学等多所大学教授，著名翻译家。先生自幼随祖父母居于北平鼓楼东大街京兆尹衙门附近。由私塾入小学，中学。1941 年在辅仁大学西洋语言文学系毕业。在校时受教于张谷若、李霁野、英千里诸先生。毕业不久，日寇侵略华北。先生即去西安，转赴重庆。在重庆从事抗战教育工作。抗战胜利后，受聘于长春大学任教授。1950 年赴香港，1952 年受聘台湾大学任教授。晚年，曾来京讲学，参观名胜，回望故里，颇多感慨。

　　张先生所著《译学概论》，是翻译界少见的系统完整的研究翻译学著作。1964 年初版，中经多次重印，成为台湾、香港等海内外若干大学教材。这是先生的成名之作。出版时先生只有 47 岁。此书的"后记"中叙述了它的诞生经过，颇为感人。其文云："1963年夏，余自屏东北来，英师千里长台大外文系，嘱以翻译授诸生。本书之草拟，实自此时始……是年冬，钱歌川兄北上来访。阴雨天寒，长夜闲话。见拙稿，亟劝写就问世。翌年，长夏滔滔，假中多暇，乃重整旧稿。深感理论疏而不密，例证寡而失妥。于是穷搜苦思，随写随改。自溽暑挥汗，至寒雨披裘，凡五易稿，不能惬意之处，仍嫌不少。复经再三修正，直至旧岁除日，始大致确定。"作者溽暑寒雨，挥汗披裘，艰苦努力，精益求精，已毋须再述。

1992年，此书经作者修订增补，改正误植文字，由江苏译林出版社在大陆出版，填补了空白，为翻译学界所欢迎。

我先介绍《译学概论》，一是此书是由张先生讲授的教材修订而成，足见先生传道、授业、解惑之努力。二是此书乃张先生成名之作，扎实而渊博。先有理论，然后有《京华烟云》之大译作，理论与实践相得益彰。

《京华烟云》1939年在美国出版，影响甚巨。诺贝尔奖得主美国人赛珍珠曾推荐其为诺贝尔奖候选著作。又有人建议林先生自己以中文将本书再写，没有实现。后译本频出，先有郑陀、应元杰合译本，后有越裔的节译本，林语堂先生都不满意。著文说："1939年郑陀、应元杰合译，上海春秋社出版……译文平平，惜未谙北平口语，又兼时行恶习，书中人物说那南腔北调的现代话，总不免失真。"（见《无所不谈合集》"语堂文集序言及校勘记"）又曾刊登广告，"劝国内作家勿轻言翻译"（见台湾德华出版社《京华烟云》新译本"出版缘起"），台湾出版协会的黄肇珩女士在《林语堂的写作生活》一文中亦称："更有令他（林语堂）气愤的是他

第十五章

沐書香薰陶出才俊　別美婢紈絝擁出洋親

第二天早晨，全家到前門火車站去送體仁，只有他母親沒去，她在家裏哭，珊瑚陪着她。在姚家這是一件令人興奮不尋常的大事，因爲在姚家還從未有人離別過。立夫也到火車站送行。在和大家在火車站相見。他和木蘭姐妹到車上去，在最後幾分鐘和體仁再說幾句話。火車快要開時莫亞和經亞才衝進火車站，那時別人都已經從車上下來，所以他倆只有一點兒時間和體仁交談幾句，從窗口兒把一包禮物遞進去。體仁站在窗口兒，雪白的臉，高高的鼻子，下面配上雪白的褂衫領子，大紅的領帶，看去眞像個洋兒子。姚先生站在月臺上，默默無言，靜靜看着火車慢慢駛出車站。火車失去踪影之後，曾家幾位少爺一轉身看見一個素不相識的青年，穿着天藍色的竹布大褂兒，正靠近木蘭站着。立夫站在那兒等着別人介紹他們相識。看見那幾位富家少爺穿着湖色羅紗大褂兒，外套黑坎肩兒，上面是珊瑚扣子，辮子鬆鬆的編起，梳得油光光的，足穿一雙臉兒黑緞子鞋，白襪子。姚家姊妹也穿得很講究，上身穿的是乳白色縐綢的褂子，極細瘦的袖子，鴨蛋青色的厚錦緞褲子。那時候兒極瀟洒的袖子突然流行，已經把早年寬肥飄洒的大袖子取而代之了。她倆那乳白色的褂子上鑲着翡翠扣子，在夏天的早晨顯得特別清新爽快。木蘭耳朵上戴着梨形的紅寶石耳璫，莫愁戴的是綠玉耳環，兩人鬢角兒上都有一綹頭髮垂下來，大約有一寸長。立夫在那鑲嵌裝的少年美女之間，好不自在。兩位小姐都因爲流了離別之淚，正用力揩鼻子。木蘭破

肩

覺得很

鬼

好

• 248 •

林语堂的《京华烟云》原作是英文，中文译者是张振玉先生。他为原作增加了中文回目，并纠正了一些失误，使原作更具中国传统文化特色。

的《京华烟云》由厚厚的一大本变成只有一百页的小薄本，书名改为《瞬息京华》，可恶的是上面没有用'节译'字样。"于是，出版社诚邀台湾中国文化大学教授张振玉先生再译，希望出现一个较好的版本。

1977年，先生翻译林语堂英文版《京华烟云》告竣。这可以说是先生《译学概论》中翻译理论的实践。出版后，译界评价甚高，公认为是林语堂先生《京华烟云》最受欢迎之中译本。台湾著名出版人蔡丰安先生说：此书推出，"万方瞩目，佳评如潮，咸认为名著名译"。张振玉先生自己也颇为自信地说："我觉得《京华烟云》必传于世。所以，我认为我的文名会借林语堂的小说得以流传，而林的小说是借我的文笔得以流传。"先生又说，这次修订，他以比以前更严肃的态度，把《京华烟云》译本又作了一次很严谨的修正，诸如改正错字，润饰不满意的文句，改正错处，补足以前的遗漏，甚至重译少数节段。尤其是将全书四十五章，每章按中国章回小说增加了回目标题，一如传统的对联式样。

张先生的新译本，对旧译本确有多处修改订正。而且，对林语堂先生原作多有补遗，使原作的表达更加完满。

一、忠实于原著，把过去台湾出版社出版的译本所回避、删除的涉及政治的"敏感"话语恢复过来。张振玉先生说："在今日政治的气氛中，译者有义务提高翻译上的忠实程度，而使原文的本来面目充分呈现于读者之前。"

如第三十六章，写道：孙中山"因病在北京协和医院逝世。夫人宋庆龄侍奉在侧，宋女士也许可称得上中国妇女中最优秀的人才"。

第四十章，木兰说："为什么不叫陈三抄现代字，只留那古体的你自己填过去呢？"立夫说："我妹妹说陈三不愿意再干'剿共'、屠杀农民的勾当，就要退伍了。"

上述列举的话语，当年，惧于台湾当权者的严令，出版社已经剔除干净，这次张振玉先生一一予以恢复。

又如原译本因在日本占领下之上海出版，每遇"日本"字样皆译为英国，每当写有日本暴行皆为淡化处理之，张振玉先生皆一一恢复。

二、为更符合小说中人物环境的实际，译者对原著失实之处做了必要的更正。

张振玉先生说："原著者语堂先生以南方人而居北京不久，在写北京长篇巨制时，有关北京风俗器物难免有失之隔阂之处。如第九章曼娘出嫁时之轿杆，语堂先生称之为竹制。殊不知北方不若南方之盛产竹子，民间亦不若南方用具之多为竹制。北方轿杆系采用木制者，挺直光滑而富有弹性。故在拙译文字中，径言轿杆，已省去竹制字样。又于第四十四章，经亚及阿非在平津陷日后南逃时，写阿非扮做生意人，手拿'水烟袋'。按水烟袋必须内部桶中装水，并用'纸媒儿'（一种易燃纸捻）以口吹着点燃之，方可吸用。旅行逃难匆忙拥挤中焉可持用，翻译时已顺笔改为'旱烟袋'，因旱烟袋杆有长短，易于携带也。"

"又通州距北平为三十里，非如原著所称数里之遥，也于译时随笔更正矣。再有什刹海北面有会贤堂饭庄，坐于走廊上南望，可见北海小白塔，但不可同时又见身后之钟鼓二楼，此种错误，不关重要，译者并未多事更正。"

三、古文造诣甚深，译文典雅。林著原文多处为诗，汉译亦为诗，但旧译本（如郑应本）多以散文成文，颇失味道，而张振玉先生则译成中国的旧体诗，十分得体。如郑应本把诗译成了散文："春天的花重复回到她的村子来，但她还是坐在她的门口缝纫。当夏日的花结成了子的时候，她就向远处的山望着。但她的儿子没有回来……"张振玉先生则译为：

> 春花依旧到山村，母亲缝衣近柴门。
> 春花长夏结成子，母望青山无子音。
> 秋叶飘零入室飞，深冬残日有余悲。
> 新年夜饭杯成对，黎明又至子不归。

又如，书中第三十四章阿非祭表妹文，英文原著特别说明是古文体，每句四字，但郑应译本还是译成散文，毫无韵味。张振玉先生则译为四言诗，读后悲情难抑。诗为：

> 童稚之年，汝来我家。羞涩淑静，沉默无哗。喜怒无常，青梅竹马。同窗共砚，惠我无涯。少时欢乐，往事难追。同为孩稚，刘海齐眉。什刹观水，见溺神摧。遽传凶耗，汝溺秋水……

这些诗句，是一个再创作，充分体现了张振玉先生的中文修养。

四、依据中国章回小说的传统，张振玉先生在这次修订时也为《京华烟云》增设了回目。张先生说："本书为一长篇说部，分上中下三卷，全书共四十五回，全文约八十万字，初版排至一千一百二十页，人物繁多，情节复杂。读者查寻细节，颇有海底捞针之苦。兹趁本书最后一次订正机会，译者特于每章之始系以回目，略示其中主要情节。"如第一章之标题为"后花园仓皇埋宝藏，北京城奔波避兵灾"，第二十回"终身欣有托莫愁订婚，亲子横被夺银屏自缢"，第十回"马祖婆呼风唤雨，牛大人作势装腔"，使读者阅读时查考方便。

总之，可以说张振玉先生的译本，是一个更忠实于原著，并且纠正了原著疏忽以及一些常识性错误的版本；尤其是回目的增加，不但方便读者阅读，而且更展现了中国章回小说创作的传统，增添小说的韵味，推动了《京华烟云》的传播和国人的认同。

目前，各方出版的《京华烟云》恐怕有几十种，有正式授权的版本，也有未经授权的版本，但不论署不署张先生的名字，每章之前的回目，皆是张先生所创拟。这是张振玉先生对林语堂《京华烟云》之重大贡献。

新近，外文出版社出版的《最美英文抒情诗》，是张振玉先生几十年翻译英美著名诗人之代表作的汇总。全书近200首，先是在各类报刊上发表，听取意见，之后又根据各方意见，仔细打磨润色。先生说："全集编稿完毕，最后稍事浏览，发现拙译之中，尚有少些'琢磨'得私心窃喜之诗句。"我们从先生的谦逊中感受到他对自己译作的严谨和得意。我们阅读这些译作后，充分体会到，先生的"得意"正源于先生的"功力"。将英文诗歌翻译得如此朗朗上口，音、意、神俱佳，实在难得。慢吟细品，实在是一种享受。

先生在谈他的翻译理论时，曾对严几道在汉译《天演论》"例言"中所论述的"信、达、雅"之原则提出自己的见解。他认为"信"，如若单纯追求原作表面形式上的信，则求信反而不能信，并进而伤"达"伤"雅"（艺术性），至于要体现原文的风格，就更谈不上了。他主张一定要领悟原文之神髓，否则，只求把握字面生硬翻译，所谓"直译"，就是"硬译"与"死译"，最后一定是传形而不能传意，传意而不能传神。

他举林语堂关于"信、达、雅"的解释，"信"是译者对原作者所负的责任，"达"是译者对读者所负的责任，而"雅"则是译者对艺术所负的责任。先生认为，这种看法，给人"耳目一新之感"，"颇有启人深思之处"。他尖锐地指出："信若果系指照字直译，则单凭多查几本字典，便可奏功，译者尚何需乎洞解之智力与文艺之才华哉？"体味先生对英美抒情诗的翻译，正是实践了他自己的理论。书中让人欣喜而反复吟咏的诗篇很多，确是先生翻译理论的成功实践。

张振玉先生的著作计有：《译学概论》、《翻译散论》、《英美会话读本》、《浮生呓语》（散文集）、《万里长城颂》（长诗）。译著有：《京华烟云》《苏东坡传》《武则天正传》《红牡丹》《中国传奇小说》《孔子的智慧》《胡适之评传》《汉译英美抒情诗稿》等。

写出上述诸多著作之后，突然想到先生在《京华烟云》第一版"译者序"中开头的话，顿时让我感到，译作的每字每句之后都凝聚着译者的多少心血啊！他说："去年秋天，大概是九月十四日，一本厚厚的 *Moment in Peking* 拿到手里时，到今年二月十四日，全书八百十五页译完，正好是五个月。这五个月的白天，有时夜里，要出去上课，家里有时学生来学翻译写作，这些活动之外，每天每个夜晚，几乎都用在翻译这本书上。假日没有，周末也没有，应酬也没有，几乎百业俱废，一切搁置，到阴历年前，终于赶完。觉得肩膀上的重负卸了下来。"看到这里，仿佛见到先生伏案疾书的形象。但愿我们今日的学者、作家，也像张先生那样，能沉下心来，为读者扎扎实实地写几部好书。

综观先生一生教授著述的业绩，我们可以说，先生是一位真正的翻译大家。他不仅有自己系统、精到的翻译理论，而且有广受欢迎、传之久远的翻译作品。他的事业不仅显名于一时，也必将永远存在。

2013 年 11 月 22 日

《关雎》与"思无邪"
——"《诗经》与古代文化"讲稿

"子曰：《诗》三百，一言以蔽之，曰：'思无邪。'"

这是孔子对《诗经》的总的评价。

而孔子在三百篇中，评价最高的当为《关雎》。《论语·八佾》："子曰：《关雎》乐而不淫，哀而不伤。"（欢乐而不至于漫于节制，悲哀而不至于有伤身心。）

《关雎》这首诗，今天已经很好懂了，我不打算在文字上再多讲。但从历代学者对《关雎》篇微言大义的阐述，却可以看出，古代人是怎样研究《诗经》的。我们了解了这个情况，会使我们更好地理解《诗经》，更好地利用前人的研究成果。

从这个角度说，《关雎》这一篇就最为典型。因为孔子曾经说过："《关雎》乐而不淫，哀而不伤。"还曾经说："师挚之始，《关雎》之'乱'，洋洋乎盈耳哉！"（《论语·泰伯》）虽然孔子多半是从乐曲角度讲的，但因为孔子的赞赏，孔子以后的解经者对这一篇的解释非常用力，非常下功夫。所以，我们甚至可以说，《关雎》一篇的研究，是整部《诗经》研究的缩影。

一　经学家们是怎样讲解《关雎》篇的主题的

现今我们所能见到的对《诗》的最早的解释，对《诗》的宗旨最早的阐述是《尚书·尧典》："诗言志，歌永（咏）言。"这六个字、两句话，在《尚书·尧典》有一大段论述，也很有意思。《尚书·尧典》记载，帝曰："夔！命汝典乐，教胄子，直而温，宽而栗，刚而无虐，简而无傲。诗言志，歌永言……八音克谐，无相夺伦，神人以和。"意思是说：夔，命你去主持乐官。你要教导年轻人，使他们正直而温和，宽大而谨慎，刚毅而不粗暴，简约而不傲慢。诗是表达思想感情的，歌就唱出表达思想感情的语言……如果八类乐器的声音能够调和，不搞乱相互的次序，那么神和人都会因此而和谐了。细细品味这段话，古人对于音乐、诗歌，寄予了美好的愿望。后来的"诗以道志"（《庄子·天下》）、"诗，言其志也"（《礼记·乐记》）都是大体相同的意思。但其后学者、经学家们对"志"的理解和阐释却各说各的话，甚至千奇百怪。

《诗》成书以后，流传甚广，影响很大，这可能与它来自四面八方，尤其是民间里巷有关。所以孔子说"不学诗，无以言"。用诗之句、引诗之义，在《左传》《国语》中记载颇多。到了汉代，注家蜂起，于是有了鲁、齐、韩和毛诗四大家。我们看看这四家对《关雎》的解释：

鲁诗：认为是刺康王晏起，曰："康王德缺于房，大臣刺晏，故作诗。"（亡于西晋，现仅有石经鲁诗残碑一块流传

至今，不足 200 字，《丛书集成》初编 1727 册）

韩诗：韩婴所传。认为《关雎》，刺时也。

齐诗：齐辕固生所传。其观点与鲁诗相近。

上述三家，显然都以《关雎》为刺诗。

毛诗序："《关雎》，后妃之德也，风之始也，所以风天下而正夫妇也。……是以《关雎》乐得淑女以配君子，忧在进贤，不淫其色。哀窈窕，思贤才，而无伤善之心焉。是《关雎》之义也。"

意思是说，还有好的女子，应该发现，推荐给君子。而后妃之德在于不忌妒，赞颂才是本义。鲁、齐、韩诗认为是刺诗，毛诗传、毛诗序要与三家立于学官的诗唱反调，你说是刺诗，我说它是美诗。歌颂后妃之德，赞扬后妃不忌妒。

鲁、齐、韩三家诗是今文经学，毛诗是古文经学，表面上看是由当时的书写文字来区分的，今文经学以当时流行的隶书来书写，古文经学则以战国时通行的大篆来书写。

实质上，又有各自的特点：

今文经学，鲁、齐、韩三家诗盛行于汉初，武帝时立于学官。很得势，长期垄断汉代官学。

古文经学较多地保持先秦儒学的内容，赞颂西周社会，少有神学迷信。由于它的复古倾向，不受当权者欢迎，不能立于学官，在西汉时期吃不开。东汉时期才渐渐时兴，取今文经学而代之。

王莽托古改制，就利用古文经学，王莽失败，古文经学又不时兴了。

古文经学攻击今文经学违背孔子"不语怪力乱神"的

思想。

今文经学批评古文经学不知时变，伪托古书。

他们各有政治背景。一般来说，那时的今文经学代表当权者，古文经学代表想当权者。

后来郑玄作笺，即《毛诗传笺》，是在古文经学的基础上，吸取今文经学一些说法，对"传"进一步完善与发挥，毛诗的解释才更为完备。而至唐代孔颖达《毛诗正义》，做了很多整理工作，成为毛诗的定本。我们现在读的《诗经》即是毛诗。而鲁诗、齐诗、韩诗在西晋、三国魏、南宋先后亡佚，如今已不能窥其全貌了。

这样一首诗，这些大经学家的讲解却完全相反，有人主张参考汉代人的解释（鲁、齐、韩、毛诗是汉之初期作品），因为汉代人去古未远，其说皆有师承，也许较为可信。如：

《史记·十二诸侯年表序》："周道缺，诗人本之衽席，《关雎》作。"

《史记·儒林传序》："夫周室衰而《关雎》作。"

《后汉书·皇后纪》："康王晚朝，《关雎》作讽。"

王充《论衡》："周衰而诗作，盖康王时也。康王德缺于房，大臣刺晏，故诗作。"

袁宏《后汉纪》："昔周康王承文王之盛，一朝晏起，夫人不鸣璜，宫门不击柝，关雎之人，见几而作。"

《列女传》："周之康王夫人晏出朝，关雎予见，思得淑女以配君子。"讽刺周康王和夫人淫乐晚起，不理政事。

以上诸说，都把《关雎》当作刺诗，似乎鲁、齐、韩诗信而有征了。然而，我们从另外一些汉代人的著作中，还可以找到另外一些完全不同的解释：

《史记·外戚世家》："诗首《关雎》……夫妇之际，人道之大伦也。"

东汉荀爽云："夫妇，人伦之始，王化之端，阳尊阴卑，盖乃天性；且《诗》初篇，实首《关雎》，《礼》始《冠》《昏》，先正夫妇。"

《韩诗外传》："子夏喟然叹曰：'大哉《关雎》！乃天地之基也。'"

据以上诸说，《关雎》所谈的是人伦之始，天地之基，可以证明是美诗了。

同是汉代人，彼此互异，甚至同为一人，前后说法不同。如《史记》，《十二诸侯年表》认为"周道缺而作"。《外戚世家》又认为"人道之大伦"。韩诗一方面认为《关雎》是刺诗，《韩诗外传》又以《关雎》为天下之基。

拿孔子的话来作证吧：孔子当然认为是美诗了，那么，君子是文王，淑女为大姒。文王思得大姒以为配，其未得之……哀而不伤，其已得之……乐而不淫。

但矛盾之处也是显而易见的：

《大戴礼》云："文王年十五而生武王。"那么追求大姒之时，年龄不能超过十四岁，十四岁婚配是可能的，十二三岁的男孩子弄得"寤寐思服、辗转反侧"，恐怕这么多情执着的少年还不多见。

其实，《关雎》的主题很清楚，它表现出一种纯洁而热烈的爱情。正在恋爱中的青年，听到河边水鸟成双成对地歌唱，于是想起他所爱的人。他热爱的对象是一个美丽端庄的少女。他想象有一天把她娶过来，一同建立起幸福的家园。这种爱情不是轻佻的，也不是随便的，是健康而严肃的。其实，这些在诗的字面上明明白白地写着呢。

二　为什么会有纷纭众说呢？

这就要从《诗经》的采集、编订诸方面去寻找原因。从作诗、采诗、解诗三方面去作深入探讨。

作诗有作诗的意图。采诗有采诗的想法。解诗有解诗人的打算。三千篇而至三百篇，其经历多少岁月，这其间贯彻了多少想法，发生了这样巨大的变化？真是无法想象。

作诗：

里巷之歌谣，作者也不是一个人，也很难确定为何事而作。据考证，全部《诗经》，只有五篇，从诗中明确可知其作者。即：

《小雅·节南山》：家父作诵，以究王讻。

《小雅·巷伯》：寺人孟子，作为此诗。

《大雅·崧高》：吉甫作诵，其诗孔硕。

《大雅·烝民》：吉甫作诵，穆如清风。

《鲁颂·閟宫》：奚斯所作，孔曼且硕。

"饥者歌其食，劳者歌其事"（汉·何休《公羊传注》），"饥者""劳者"也是作者。

采诗：

王官采诗。

据说上古时代有采诗的制度，到周代还保存着，古书上把采诗的人叫"行人""遒人""轩车使者"。

王官下到各国采诗。

《春秋公羊传》宣公十五年何休注云："男年六十、女年五十无子者官衣食之，使之民间求诗。乡移于邑，邑移于国，国以闻于天子。故王者不出牖户，尽知天下所苦。"

非专职去采，各国自采献于天子。

《汉书·食货志》："孟春之月，群居者将散，行人振木铎徇于路以采诗，献之太师，比其音律，以闻于天子。"

天子巡狩征诗。

《礼记·王制篇》："天子五年一巡狩……命太师陈诗以观民风。"孔颖达《疏》："王巡狩，见诸侯毕，乃命其方诸侯大师，是掌乐之官，各陈其国风之诗，以观其政令之善恶。"

以上这些都是汉代人的记载，离开《诗》三百篇产生的时代已经相当远了，而且这些说法，在时间、方式等问题上，多有不同。后来人对这些说法早产生了怀疑。不同意王官采诗说，先秦没有记载，以木铎徇于路的遒人，是宣令官。不同意各国献诗说，十五国风是十五个地方，否则宋、鲁、楚为什么没有献诗？为什么没有宋风、鲁风、楚风？

他们认为：由于汉武帝设立了乐府，有采诗的制度，所以汉代的学者便据以推测上古时代也有这样的制度。

清人崔述的《读风偶识》反对采诗说最力。他说："美斯爱，爱斯传，乃天下之常理，故有作者，即有传者。"他又举例说，唐宋之诗并无人专门采集，何以传之久远呢？崔述疑古辨伪的思想适应了当时的潮流，很得梁启超、胡适、顾颉刚的好评。

这个争论至今还很难说搞清楚了，不过一般倾向于有采诗这一风俗。当然，采诗非一时所采，也非一时所献。

汉代人说的都那么具体、详细，仿佛亲眼所见，但又偏偏说得都不一样，这就很让人怀疑。但共同之点，都承认有采诗之俗。他们去古未远，当时也许有古代传下来的文字根据，今天也不能轻易否定。

朱自清先生有一个很有趣的说法，应该介绍一下。他在《经典常谈》中说：各国的乐工和太师是搜集诗歌的专门人员，他说"春秋时，各国都养一班乐工，像后世阔人家的戏班子，老板叫太师。各国使臣来往，宴会时都得奏乐唱歌。太师们不但得搜集本国乐歌，还得搜集别国乐歌……"

金开诚先生进一步指出：除了各国的乐工和太师，周王朝的乐工和太师起了更大的作用，大概是起了一番集中的作用。

而且《诗经》雅、颂部分，周室士大夫的作品特别多，这些作品，是由周太师收集、保管起来的。各国的民歌，只有周太师最容易集中起来。

1．《国语·鲁语下》："正考父（宋大夫）校商之名颂十二篇于周太师。"

2．《左传·襄公二十九年》记"季札观周乐"，演奏了各国风诗，统称为"周乐"，为什么？这正说明各国的诗歌是由周太师集中起来配乐的。

再说解诗。

赋诗言志。

1．僖公二十三年，秦穆公设宴招待晋国重耳。重耳随臣狐偃说自己文采不行，对《诗》不熟，陪不了重耳，推荐赵衰陪重耳赴宴。

重耳在宴会上赋《小雅·沔水》，"沔彼流水，朝宗于海"，秦穆公听后很高兴。因为诗的意思是：浩浩荡荡的流水，终于归入大海。赞扬秦穆公是大海，各国归附。朝宗：诸侯春见天子曰朝，夏见天子曰宗。明显表示对秦穆公的赞扬与臣服。

秦穆公听了，很舒服。便赋《小雅·六月》"王于出征，以佐天子"，也回敬了重耳一番好话。原诗谓周天子出征，派辅佐的大臣前往征讨。这里秦穆公等于说天子出征，让重耳作为天子的辅佐。这样说，对重耳很是器重了。

赵衰忙说："重耳赶快拜谢恩赐。"为什么呢？赵衰反应很敏捷，他很懂诗意。他说："君王把辅佐天子的事交给了重耳，重耳怎能不赶快拜谢？"

2.《秦风·无衣》：吴攻楚，楚危，申包胥哭秦廷，请求出兵相救。秦哀公推托不允。申包胥哭了七天七夜。终于感动了哀公。哀公赋《无衣》：

"岂曰无衣，与子同袍。王于兴师，修我戈矛，与子同仇。""与子同袍""与子同仇"，话就说得很明白了。

3. 齐国庆封访鲁，与鲁叔孙穆子一道吃饭，庆封不懂礼节。叔孙穆子赋《相鼠》："人而无仪，不死何为。"骂庆封，你这样无礼，不死还等什么。

据清人赵翼统计，赋诗言志的事实，在《国语》《左传》中记载甚详：《国语》引《诗》31 条；《左传》引《诗》217 条。

这种赋诗，往往不管作品本身的内容，仅仅把赋诗者的观点和愿望寄托在诗中的某几句上，比喻或暗示，可以说是一种断章取义的做法，可以从字面上理解，可以去左右联想，还可以打个马虎眼给对方留个面子，即"赋诗断章，余取所求"（《左传·襄公二十八年》）。

这是一些很有趣味的"外交"活动。文学被这样妙用，真感觉到那个时代人们的聪明和可爱。宾主之间以诗代言，双方心领神会。正如有学者所言：如此风雅，可以说空前绝后。它未必是《诗》之幸，也未必是《诗》之不幸。但总不妨说《诗》作为原始意义上的文学，是辉煌在断章取义时代。（扬之水《诗经别裁》）

到孔子的修身养性。

修身养性也是抽出一句或几句诗赋予一定意义。"诗，可以兴，可以观，可以群，可以怨。迩之事父，远之事君，多识于鸟兽草木之名。"重点在于道德修养、知识水平的提高。

曾子有疾，召门弟子曰："启予足，启予手。诗云：战战兢兢，如临深渊，如履薄冰。"看看手，看看足，以明无毁伤。比喻己常戒慎，恐有所毁伤也。也是断章取义。

到孟子。

"说诗者不以文害辞，不以辞害志，以意逆志，是为得之。"意思是说，解说诗的人，不能拘泥于文字而曲解诗辞，也不能拘泥于诗辞而曲解诗的本意，要从自己的体会出发，来推寻作者的本意，方能获得真正的理解。

其实质，就是用穿凿附会的方法把诗的意义和当时教化的原则联系起来。

比如，孟子与梁惠王的一段对话：

梁惠王："寡人有疾，寡人好货。"

孟子说："那有什么，周族创业之祖公刘也好货，有诗为证。"《大雅·公刘》写道：

乃埸乃疆（整治田埂，规划田疆界），
乃积乃仓（聚粮于庾，储粮于仓），
乃裹糇粮（准备好熟食和干粮），
于橐于囊（盛满货袋，装满背囊），
思辑用光（周民和睦，为国增光），
爰方启行（开始行动，奔向远方）。

梁惠王说："寡人有疾，寡人好色。"
孟子说："那有什么，周太王也好色，有诗为证。"《大雅·绵》写道：

古公亶父（周人先祖，古公亶父），
来朝走马（策马疾行，清晨赶路）。
率西水浒（从那邠西水滨进发），
至于岐下（匆忙赶到达岐山之下）。
爰及姜女（古公亶父揩同姜女），
聿来胥宇（察看地势，修建官室）。

孟子总结道：好货也好，好色也好，都不是什么了不得的事，只要能与百姓共同享有，成就帝王之业，何难之有呢！

荀子：

性恶论，认为"经"是"道德之极"，只有学礼义，才会改变恶的本性，所以要学五经。

孟子时《诗》已成为说教的工具，荀子则明确指出《诗》是"六经"之一。

"学恶乎始？恶乎终？曰：其数则始乎诵经，终乎读礼；其义则始乎为士，终乎为圣人。"（学习从什么地方开始呢？什么地方完成呢？曰：学习的方法，开始要诵读经书，最终是研究礼制典章；学习的意义在于先成为一个士人，最终成为圣人。）

本来是指导儒家的经典，至此成为指导一切人的经典了，成为做人的规范了。

汉代：

今古经学之争。今天已看得很清楚，争论的本质是谁立于官学之争。正如闻一多先生所说，今古文争，实际上是利益之争。

三　孔子"思无邪"

孔子曰："《诗》三百，一言以蔽之，曰：思无邪。"（《论语·为政》）这句话说得没有一点含糊之处。"思"，是语助词。通过"无邪"二字，孔子非常清楚地断然地向人们表明了他对《诗》三百篇毫无保留的赞同。

什么叫"思无邪"？何晏《论语集解》引东汉包咸注："归于正。"南宋吕祖谦认为指"作诗之人所思皆无邪"。

联系到孔子对《诗经》的一系列言论，上述解释可能是正确的。

但《诗》三百篇从作者角度看，有出于贵族巫祝之手的颂诗，也有来自民间的里巷歌谣；从内容方面看，有对天帝和商周祖先的颂扬，也有劳动人民对贵族领主提出的愤怒控诉，还有许多男女恋歌。而孔子一律称之为"思无邪"，这怎样理解呢？这是经学史家争论不休的一个大问题。

有的人从"为圣者讳"的立场出发，认为《诗经》如经孔子整理、加工，就不应存在"淫诗"，否则等于是说孔子"为导淫之人，此举世之所以切齿而叹恨者也"（清·姚际恒《诗经通论·序》）。有的以此反证《诗经》与孔子没有关系，清江永批评《史记》是"妄说"。

有的人，从另方面为孔子辩护，他们认为这些诗表面上写男女之爱，但实质上另有隐喻，于是他们大肆考证，"证明每一首、每一句、甚至每一字都有微言大义"。如上述《关雎》然。就连明白如话男女互赠纪念品的《卫风·木瓜》（"投我以木瓜，报之以琼琚，匪报也，永以为好也"），他们也能解释出政治来。《诗序》说："美齐桓公也。卫国有狄人之败，出处于漕，齐桓公救而封之，遗之车马器服焉。卫人思之，欲厚报之，而作是诗也。"

倘若我们明了孔门说诗是以断章取义为方法的，以修身教化为目的的，那么，孔子这样概括《诗》三百篇，也就不足为怪了吧？

究竟应该如何理解？我看应该从实际出发，从事实出发，不回避，不歪曲。一方面，有孔子"思无邪"的评价，一方面有客观摆着的三百零五篇的一字一句。

先看《颂》。这比较好理解。《颂》诗多用于祭祀典礼。《诗大序》说它："美盛德之形容，以其成功，告于神明者也。"《颂》诗多半是歌功颂德，歌颂文王、武王的功德，属于宫廷文学，庙堂文学。

鲁迅说："《颂》诗早已拍马，《春秋》已经隐瞒。"（《伪自由书》）

清方玉润《诗经原始》："《颂》诗褒美失实……开西汉扬马先声。"

这些诗为孔子接受，是很自然的，这反映了孔子思想中保守、庸俗的方面。

但《颂》诗毕竟只占很少的比例，大量的是《风》和《雅》。

鲁迅说：《风》《雅》中常有"激楚之言，奔放之词"。如《魏风·伐檀》写一群伐木者对于"不狩不猎""不稼不穑"的"君子"表示强烈的愤怒。

《魏风·硕鼠》把剥削者比作"食我黍、食我麦、食我苗"的大老鼠。

《豳风·七月》，更加具体、形象，描述了古代农村一年四季的辛苦劳作，反映了贵族对农民的残酷压迫和剥削。

《秦风·黄鸟》"临其穴，惴惴其栗"，好像看到即将被殡葬的人，被捆绑着跪在秦穆公墓穴面前发抖……

《唐风·鸨羽》："王事靡盬，不能蓺黍稷，父母何食？悠悠苍天！曷其有极。"仿佛听到徭役重压下的劳动者令人心碎的呼喊。"王家差事没个完，不能种植黍和稷，父母哪里有饭吃？"这些已经不是"温柔敦厚"的诗教了，而是血泪的控诉，是金刚怒目式的激楚之辞。

《诗经》中收入了许多这样的作品，怎样和孔子的保守思想协调起来呢？怎样和"思无邪"一致起来呢？

我们试从三个方面来看：一是政治思想中的仁学理论，二是文学思想，三是社会风俗、男女爱情之风俗。

1. 政治思想中的仁学理论

孔子的思想中有浓厚的保守色彩，他主张尊王室、强公室，主张保持上下尊卑的等级制度。但是由于生产力的发展，由于激烈的阶级斗争，孔子不能不面对现实，不能不要求做某些调整，人的价值被逐渐认识。

（1）承认人的价值，要求尊重人、爱人。

孔子提出"仁"的学说，这是孔子思想的核心，《论语》中提到"仁"字达 105 处。

何谓仁？

"樊迟问仁，子曰爱人。"（《颜渊》）

"泛爱众，而亲仁。"（《子罕》）

过去有人说，孔子说的"人"，专指奴隶主贵族，恐怕不全面。

"厩焚。子退朝曰：'伤人乎？'不问马。"（《乡党》）表现了孔子重人轻马思想。这里的人，显然是指马夫一类的劳动者，而不是贵族。

（2）他在一定程度上认识到，百姓的利益与国君的利益是一致的。

"百姓足，君孰与不足？百姓不足，君孰与足？"（《颜渊》）

（3）他反对过分的徭役、剥削。

"君子之行也，度于礼！施取其厚，事举其中，敛从其薄。"（《左传·哀公十一年》）

冉求为季氏"聚敛而附益之"，他非常生气，说："非吾徒也，小子鸣鼓而攻之可也。"（《先进》）

（4）他反对人殉。《孟子·梁惠王上》记载，孔子大骂："始作俑者，其无后乎！""苛政猛于虎也。"

（5）他较为"民主"，允许不同意见存在，主张"择其善者而从之"（《述而》）。

子曰："毋意，毋必，毋固，毋我。"（《子罕》）

子产不毁乡校。

然明谓子产曰："毁乡校何如？"子产曰："何为？夫人朝夕退而游焉，以议执政之善否。其所善者，吾则行之；其所恶者，吾则改之；是吾师也。若之何毁之？我闻忠善以损怨，不闻作威以防怨……仲尼闻是语也，曰："以是观之，人谓子产不仁，吾不信也。"（《左传·襄公三十一年》）

总之：孔子是想在保留等级制度的条件下，对人与人之间的关系作一些调整，在某种程度上减轻对劳动人民的压迫，改善一下劳动者的生活，以缓和阶段矛盾，目的当然还是为了"易于使人"（《阳货》："子曰：'宽则得众……惠则足以使人。'"），是使其统治长治久安。而通过观政之得失，察众之好恶，从而择其善者而存之，其不善者而改之，只不过是达到这种目的的一种必要的手段罢了。

2．文学思想

孔子说，诗可以兴、观、群、怨（《论语·阳货》）。

何谓"怨"？汉孔安国注："怨，刺上政。"用现代的话说，就是"影射"，就是通过诗的形式表达对现实政治的不满，表达人民痛苦和怨恨的心声。

孔子虽然是思想保守，但由于看到天下大乱、礼崩乐坏，感到再这样下去不行了，统治者荒淫无道，对劳动者过分压迫、剥削，只能加速灭亡。

3. 从社会风俗，从当时男女爱情状况看

《诗经》中反映出当时男女恋爱是比较自由的：

《邶风·静女》："静女其姝，俟我于城隅。"

《卫风·桑中》："期我乎桑中，要我乎上宫。"

都是写男女相约幽会。

《召南·野有死麕》：

> 野有死麕，白茅包之。有女怀春，吉士诱之。
>
> 林有朴樕，野有死鹿。白茅纯束，有女如玉。
>
> 舒而脱脱兮！无感我帨兮！无使尨也吠。

余冠英：帨，佩巾，妇女系在腹部前的一块巾布。

高亨：帨，拴在腰带上的佩巾，有小刀、玉佩等拴在一起，碰着会响，后三句是女子引领吉士去她的家后说的话。

闻一多：帨"是衣服始于蔽前，名曰蔽之，实乃彰之"。佩在胸腹前，引人注意的。

姚际恒《诗经通论》："此篇是山野之民，相与及时为婚姻之诗……定情之夕，女属其舒徐而无使帨感，犬吠……"

很清楚，这是一首十分典型的表现男女相互吸引的诗。特别是最后三句，姑娘叮嘱她所爱的人不要鲁莽，不要弄出响声被人发觉，这时，她心已默许，但又有少女的羞怯与矜持。

《郑风·野有蔓草》：

"邂逅相遇，适我愿兮。"

"邂逅相遇，与子偕臧。"

写男女不期而遇，如愿以偿。

有人说，与孔子无关，孔子没有删诗。这也有一定道理。季札观乐时，孔子才八岁。当时所歌之诗的分类与顺序和传世之经本已大体相同。可见孔子出生前《诗》三百已基本成型而行于世了。

有人（宋·王柏）主张全部删去。

孔子自己似乎并不是这样认为：

孔子说："饮食男女，人之大欲存焉。"（《礼记》）

"吾未见好德如好色者也。"（《子罕》）承认有好色、好德的问题。他主张好德要比好色更为重要，但他并没有说不许好色。

他对儿子伯鱼说："女（汝）为《周南》《召南》矣乎？人而不为《周南》《召南》，其犹正墙面而立也与。"（《阳货》）孔子也并没有把其中的情诗看作洪水猛兽而不让儿子阅读。

四　我对今天读《诗经》的认识

总之，在我们探讨《诗经》的时候，不要先入为主，脑子里一大堆伦理、政治、文王、太姒。我们要继承前人：三家《诗》《毛序》《毛传》《郑笺》，朱文正公对《诗》本义的探求，训诂学上的成就，但我们不要受其束缚，我们要努力恢复《诗》的本来面目。

我很赞成傅斯年先生在《〈诗经〉讲义》中的话。他说，我们今天读《诗经》，有如下四点注意：

1. 先在《诗》本文中求《诗》义。

2. 一切传说自《左传》《论语》起，不管三家、《毛诗》，或宋儒、近儒说，均须以本文折之。其与本文合者，从之；不合者，舍之；暂若不相干者，存之。

3. 声音、训诂、语词、名物之学，继近儒之工作而努力，以求奠《诗经》学之真根基。

4. 礼乐制度，因《仪礼》《礼记》《周礼》等书，现在全未以科学方法整理过，诸子传说，亦未分析清楚，此等题目目下少谈为妙，留待后来。

当然，今天距傅斯年先生此论又过去九十余年了（他是1928年在中山大学讲授《诗经》的），但学问的深进，仍然需要我们实事求是，从原文的"本义"出发，不可妄加猜测，套上许多莫名的涵义来。

但另一方面，我们仍然不能忽视的是社会生活的现实。《诗》三百确实给中国文学艺术以极为丰富的营养，其中不能忽视的一点是，从先秦诸子开始，到汉儒，到后世的儒生，都还是把《诗》视为"经"来引征、使用的。正如《毛诗序》所说："正得失、动天地、感鬼神，莫近于《诗》。"如果说这几句话还可以从文学的巨大魅力去理解，接下来又说："先王以是经夫妇、成孝敬、厚人伦、美教化、移风俗……"则明确地从社会政治生活方面去论述了，也就是从"经"的方面去推崇了。所以，《诗》三百主要是文学作品，我们去欣赏，去借鉴，去学习，但它在当时被尊奉为"经"，则能帮助我们去理解、认识当时的社会生活，了解当时的政治、经济和民俗民情，他们为什么褒扬或贬抑《诗经》，又是用什么手法、怎样褒扬或贬抑《诗经》的，这一方面也是不能忽视的。

两个方面都注重了，可能会帮助我们深入理解《诗》三百篇，体会其中的美和深意。

（此文是 1986 年为北京大学中文系开设的《诗经》专书课的讲稿之一，今稍加整理，以求指正）

从《桃夭》谈《诗经》善与美的统一

桃之夭夭，灼灼其华。之子于归，宜其室家。

桃之夭夭，有蕡其实。之子于归，宜其家室。

桃之夭夭，其叶蓁蓁。之子于归，宜其家人。

这首诗非常有名，即便只读过很少几篇《诗经》的人，一般也都知道"桃之夭夭，灼灼其华"。这是为什么呢？我想：无非有这样几个原因：第一，诗中塑造的形象十分生动。拿鲜艳的桃花，比喻少女的美丽，实在是写得好。谁读过这样的名句之后，眼前会不浮现出一个像桃花一样鲜艳，像小桃树一样充满青春气息的少女形象呢？尤其是"灼灼"二字，真给人以照眼欲明的感觉。写过《诗经通论》的清代学者姚际恒说，此诗"开千古词赋咏美人之祖"，并非过当的称誉。第二，短短的四字句，传达出一种喜气洋洋的气氛，这很可贵。"桃之夭夭，灼灼其华。之子于归，宜其室家"，细细吟咏，一种喜气洋洋、让人快乐的气氛，充溢字里行间，"嫩嫩的桃枝，鲜艳的桃花。美丽的姑娘今朝出嫁，把欢乐和美带给她的婆家"。你看，多么美好。这种情绪，这种祝愿，反映了人民群众对生活的热爱。对幸福、和美家庭的向往与追求。第三点，这首诗反映了这样一种思想，一个姑娘，不仅要有艳如桃花的外貌，还要有"宜室""宜家"的内在美。这首诗，祝贺人新婚，但不像一般贺人新婚的诗那样，或者夸耀男方家世如何显赫，或者显示女方陪嫁如何丰盛，而是再三再四地讲"宜其家人"，要使家庭和美，这种境界，确实高人一等。这让我们想起孔子称赞《诗经》的话："《诗》三百，一言以蔽之，曰'思无邪'。"(《论语·为政》)孔子的话内容当然十分丰富，但其中是否也包括了《桃夭》篇所反映出的上述这样一种思想呢？陈子展先生说："辛亥革命以后，我还看见乡村人民举行婚礼的时候，要歌《桃夭》三章……"(《国风选译》)联系到这首诗所表达的思想，农民娶亲"歌《桃夭》三章"，便是很可理解的了。

《桃夭》篇的写法也很讲究。看似只变换了几个字，反复咏唱，实际上作者是很为用心的。头一章写"花"，二章写"实"，三章写"叶"，利用桃树的三变，表达了三层不同的意思。写花，是形容新娘子的美丽；写实，写叶，不是让读者想得更多更远吗？密密麻麻的桃子，郁郁葱葱的桃叶，真是一派兴旺景象啊！

这首诗不难懂，但其中蕴藏的道理，却值得我们探讨。

一个问题是，什么叫美，《桃夭》篇所表达的先秦人美的观念是什么样的？"桃之夭夭,灼灼其华"，很美,艳如桃花，还不美吗？但这还不行，"之子于归, 宜其室家"，还要有使家庭和睦的品德，这才完满。这种美的观念，在当时社会很为流行。关于真善美的概念，在春秋时期已经出现。楚国的伍举就"何为美"的问题和楚灵王发生了争论。伍举说："夫美也者，上下、内外、小大、远近皆无害焉，故曰美。若于目观则美，缩于财用则匮，是聚民利以自封而瘠民也，胡美之为？"（《国语·楚语》）很清楚，伍举的观点是"无害即是美"，也就是说，善就是美。而且要对"上下、内外、小大、远近"各方面都有分寸、都无害。这种观点最主要的特点是强调"善"与"美"的一致性，以善代替美，实际上赋予了美以强烈的政治、伦理意义。"聚民利以自封而瘠民也，胡美之为？"那意思是说，统治者重赋厚敛，浪费人力、物力，纵欲无度，就不是美。应该说，这种观点在政治上有一定的意义。但它否定了"善"与"美"的差别，否定了美的相对独立性，它不承认"目观"之美，是其严重局限。这种美的观念，在当时虽然也有其对立面，也有人注意到了"目观"之美，但这种善即是美的观点，在先秦美学中应该说是具有代表性的，而且先秦儒家的美学观念，主要是沿着这个方向发展的。

孔子也持着这样一种美学观点，"《诗》三百，一言以蔽之，曰'思无邪'"，他赞赏《诗》三百，根本原因是因为"无邪"。他高度评价《关雎》之美，是因为它"乐而不淫，哀而不伤"（《论语·八佾》），欢乐而不至于漫无节制，悲哀而不至于有伤身心，有节制，合于善的要求。在评价人时，他说："如有周公之才之美，使骄且吝，其余不足观也已。"（《论语·泰伯》）假如才能的美妙真比得上周公，只要骄傲和吝啬，别的方面也就不值得一看了。善与美，善是主导方面。甚至连选择住处，孔子也说："里仁为美。"(《论语·里仁》)住的地方，有仁德才是"美"的地方。可见，孔子关于美的判断，都是以善为前提的。

但孔子的美学观，毕竟是前进了。它已经不同于伍举的观点，已经开始把美与善区别开来，作为不同的两个标准来使用了。"子谓《韶》：'尽美矣，又尽善也。'谓《武》：'尽美矣，未尽善也。'"(《论语·八佾》)当然，通过对《韶》与《武》的评价，还是可以看出，"尽美"虽然被赋予在"尽善"之外的一个相对独立的地位，但只是"尽美"，还不能说是美，"尽善"才是根本。

至此，我们回头再来看看《桃夭》篇，对它所反映的美学思想，恐怕就更好理解了。在当时人的思想观念中，艳如桃花、照眼欲明，只不过是"目观"之美，这还只是"尽美矣，未尽善也"，只有具备了"宜其室家"的品德，才能算得上美丽的少女，合格的新娘。

《桃夭》篇讲的是对女子的要求，要"宜家""宜室"。当时对男子的要求也存在有"内在美"与"目观美"（"外在美"）相为融合、相得益彰的观念。《郑风·叔于田》，可见女子眼中的理想男子是什么样，从中反映出当时社会对男子的审美要求。

> 叔于田，巷无居人。岂无居人？不如叔也，洵美且仁。
> 叔于田，巷无饮酒。岂无饮酒？不如叔也，洵美且好。
> 叔适野，巷无服马。岂无服马？不如叔也，洵美且武。

赞美一个青年猎手，表达很独到。这个青年一旦外出，巷子里便空空如无人矣。不是真的没有人，而是谁也没有这位青年好。他英俊仁义，本事高强，威武潇洒，无人可比。"仁义"当然是内在美，本事高强、威武潇洒也是"内在美"焕发出来的精神美。

第二个问题随之而来，美的具体内容不仅仅是"艳如桃花"，还要"宜其室家"，也就是美与善之结合，那么，我们应该怎样认识和评价这种观念呢？先秦人为什么把家庭和婚姻看得那么重要呢？

把婚姻和家庭看得十分重要，还不仅仅反映在《桃夭》篇中，可以说在整部《诗经》中都有反映。在一定意义上说，《诗经》是把这方面的内容放在头等地位上的。《桃夭》是三百零五篇的第六篇，不能不说它在《诗经》中的地位是很为突出的。如果我们再把《桃夭》篇之前的五篇内容摆一摆，就更可以清楚地看出，婚姻和家庭问题，在《诗经》中确实是占有无与伦比的地位。

三百篇的第一篇是《关雎》，讲的是一个青年男子爱上了一个美丽的姑娘，他日夜思慕，渴望与她结为夫妻。

第二篇《葛覃》，写女子归宁，回娘家探望父母前的心情，写她的勤、俭、孝、敬。

第三篇《卷耳》，写丈夫远役，妻子思念的心情。

第四篇《樛木》，祝君子家庭幸福。

第五篇《螽斯》，祝贺人多生子女。

第六篇，即《桃夭》，贺人新婚，祝新娘子"宜其室家"。

以上是三百篇的头几篇，它们写了恋爱，结婚，夫妻离别的思念，渴望多子的殷切，回娘家探亲，企盼家庭幸福等等，可以说把婚姻生活中的主要问题都谈到了。

一部《诗经》，三百零五篇，开卷头几篇几乎全部是写婚姻家庭问题的，岂不令人深思？不论是谁编辑的《诗》三百篇，不论孔子是删《诗》了、还是整理《诗》了，抑或是为《诗》三百做了些正乐的工作，都不容置疑地说明了他们是十分重视婚姻和家庭问题的。

我们应该怎样认识和评论这个问题呢？春秋战国时期，生产力水平还很低下，家庭是社会的最基本单位，每个人都仰仗着家庭迎接困难，战胜天灾，争取幸福生活。当然希望家庭和睦、团结。娶亲是一件大事，因为它关系到家庭未来的前途，所以，对新人最主要的希望就是"宜其室家"，是"洵美且仁"。这很容易理解。

从统治者方面来说，就要复杂多了。《礼记·大学》引到《桃夭》这首诗时说："宜其家人，而后可以教国人。"这可真是一语道破。家庭是社会的最基本单位，家庭的巩固与否与社会的巩固与否，关系十分密切。到了汉代，出现了"三纲"（君为臣纲，父为子纲，夫为妻纲）"五常"（君臣、父子、夫妇、兄弟、朋友五种关系）之说。不论"三纲"，还是"五常"，它们都以夫妇关系为根本，认为夫妇关系是人伦之始，其他的四种关系都是由此而派生出来的。宋代理学家朱熹说："有天地然后有万物，有万物然后有男女，有男女然后有夫妇，有夫妇然后有父子，有父子然后有君臣，有君臣然后有上下，有上下然后礼义有所错。男女者，三纲之本，万事之先也。"（《诗集传》卷七）从这段论述，我们也可以看出统治者为什么那么重视婚姻、家庭问题。听古乐唯恐卧，听郑卫之音而不知倦的魏文侯有一段名言，说得很为透辟。他说："家贫则思良妻，国乱则思良相。上承宗庙，下启子孙，如之何其可以苟，如之何其可不慎重以求之也！""宜家"是为了"宜国"，在他们眼里，"宜家"与"宜国"原本是一回事，而且"宜家"还是根本，当然便被看得十分重要了。齐家、治国、平天下，家齐而国治，齐家是维持"国治"的基础。把家弄得父不父子不子，甚至儿子举报父亲、妻子举报丈夫，父不父、子不子、妻不妻、夫不夫，这个国岂不大乱了吗？

"桃之夭夭，灼灼其华。之子于归，宜其室家"，不论自古以来多少解经者就《桃夭》作过多少文章，但像小桃树那样年轻，像春日骄阳下桃花那样鲜艳、美丽的少女，却永远活在读者心里，人们衷心祝愿她："之子于归，宜其室家"。

《西昆酬唱集》刍议

中华书局出版了王仲荦先生的《西昆酬唱集注》，很高兴。《西昆酬唱集》还从来没有出版过注本，王先生终算是填补了一个空白。我愿意借《读书》一隅，谈谈关于《西昆酬唱集》以及对它的评价问题。

一

在中国历史上有一部著名的大书，叫《册府元龟》；在中国文学史上有一个很有名的文学流派，叫西昆派。西昆派的代表作就是我们所说的《西昆酬唱集》。其实，《册府元龟》和《西昆酬唱集》是一根藤上的两个瓜。

宋景德二年（公元 1005 年）九月，宋真宗命王钦若、杨亿等人编纂一部大型的类书，把上古到五代的繁富史料，按人按事分门别类加以编排，初拟名叫《历代君臣事迹》。经过九年，到大中祥符六年（公元 1013 年），这部巨著编纂完成。全书共一千卷，《四库全书》本达二万七千二百多页，比它之前赫赫有名的《太平御览》的字数要多一倍，定名为《册府元龟》。在编纂这部大书期间，参加编纂的杨亿、刘筠以及他们的同事、朋友，诗歌往还，互相唱和，写了很多诗，后来又编成一部诗集，就是《西昆酬唱集》。也可以说，《西昆酬唱集》是编纂《册府元龟》的副产品。

何谓"册府"？何谓"西昆"？其实它们的含义是相同的。西昆，指西方昆仑群玉之山。《穆天子传》说："天子升于昆仑之丘，至于群玉之山，先王之所谓册府。"郭璞注："即《山海经》云群玉山，西王母所居者。言往古帝王以为藏书册之府，所谓藏之名山者也。"可见"西昆"是指古代帝王藏书的地方。藏书的地方是书册之府，所以又叫册府。《晋书·葛洪传》说："缃奇册府，总百代之遗编。"就是这个意思。当时编纂《历代君臣事迹》的人，都聚集在朝廷藏书的秘阁里，于是就采用西昆、册府这个典故，把在秘阁编出来的《历代君臣事迹》定名为《册府元龟》；把在秘阁编书过程中产生的唱和诗集，定名为《西昆酬唱集》。

《西昆酬唱集》所收诗篇的作者共有十七个人，这些人并不都是参加秘阁编纂工作的，像其中的张咏、舒雅，都不经常在东京，丁谓、钱惟演也没有参加编书工作，只是因为他们和杨亿、刘筠等人互相唱和，所以他们的作品也收入集中。但不论在京城在外地，参加编书还是没有参加编书，这些人都是封建地主阶级的上层人物，有些人后来地位很高。他们大都能接近皇帝，了解上层政治动态。

这是《西昆酬唱集》的缘起和大致情况，了解了这个基本情况，对我们认识和评价《西昆酬唱集》会大有帮助。

二

如何评价这部诗集，似乎文学史家们早有定论，毋庸再议。从下面几部有影响的文学史著作的结论，可以看得很清楚。

中国社会科学院文学研究所编著的《中国文学史》说：

> ……这说明他们（指诗集的作者）创作的目的仅是为了唱和，他们的创作方法就是撷拾前人作品中的"芳润"，重新加以编组，这样就产生了他们这本毫无内容、仅只是玩弄词章典故的酬唱集。

游国恩等主编的《中国文学史》说：

> 他们缺乏真正的生活感受，写出来的诗大都内容单薄，感情虚假，写来写去，无非为了搬弄几个陈腐的典故……

刘大杰编的《中国文学发展史》说：

> 雕章丽句，只注意对偶工巧、音调和谐和字句的美丽而已，都是属于作品的形式，一点没有顾到文学的内容。

这三部著作的作者说得够斩钉截铁了："毫无内容""写来写去，无非为了搬弄几个陈腐的典故""一点没有顾到文学的内容"。从思想内容上看，差不多就算全盘否定了这部诗集。

究竟应该如何评价这部作品呢？我们回顾这部书的历史，却会看到十分有趣的现象。它曾经炫赫一时，"自《西昆集》出，时人争效之，诗体一变"（欧阳修《六一诗话》）；它也曾得到十分尖锐的批判，"今杨亿穷妍极态，缀风月，弄花草，淫巧侈丽，浮华纂组，刓镂圣人之经，破碎圣人之言，离析圣人之意，蠹伤圣人之道。……其为怪大矣"（石介《怪说》）。更有意思的是宋人吴枋在《宜斋野乘》一书中记载着这样一个故事：当时有一出戏，剧中主人公李商隐出场时，穿着十分蓝缕的衣服，另一人问道："义山，你的华丽衣服哪里去了？"剧中的李商隐回答道："被馆中的学士们抢去了。"引得全场哄堂大笑。这出戏十分刻薄地嘲讽西昆作家们剽窃李商隐的作品。但是，如果我们跳出前人的窠臼，客观地分析《西昆集》中的诗篇，就可以看出，由于作者多半是内廷侍臣，养尊处优，生活是安逸、舒适的，所以《西昆集》中大量的是像《夜宴》《直夜》《别墅》《代意》等反映他们官僚生活的作品。他们所歌唱的绮宴、华灯、兰风、蕙帐，反映了文学侍臣们生活和精神的空虚，这是首先应该指出的。比如，那篇很有名的《泪》：

鲛盘千点怨吞声，蜡炬风高翠箔轻。夜半商陵闻别鹤，酒阑安石对哀筝。银屏欲去连珠进，金屋初来玉筋横。马上悲歌寄黄鹄，紫台回首暮云平。

诗人一连用了"鲛人泣珠"、"商陵牧子悲啸"、"谢安听筝而泣"、焦仲卿妻刘兰芝"泪落连珠子"、"阿娇冷处长门宫"、"细君思乡而歌"、"昭君出塞"等七八个伤情、哭泣的典故，几乎成了一部"泪典"，但这首诗究竟要表达什么思想呢？像这样的堆砌在整部诗集中比比皆是。所以，这部诗集的主要倾向确实是思想贫乏，缺乏真情实感，雕章琢句，玩弄辞藻典故。他们仿效李商隐的形式，却比李商隐更雕饰和晦涩；他们模拟李商隐的风格，却学不来李商隐的深思与挚情。他们的结果就可想而知了。

然而，《西昆酬唱集》真的是"毫无内容"吗？或者换一句话说，完全是为写诗而写诗吗？我想这也是不可能的。杨亿、刘筠这些文学侍臣经常出入内廷，有的地位还很高，他们对朝廷内外发生的重大事件，不可能毫无反应。而他们的政治思想，不可能不在他们的诗歌中表现出来。

关于《西昆酬唱集》有这样一件轶事，很说明问题。集子中有一组题目叫《宣曲》的诗，这组诗一问世，王钦若马上拿着去向皇帝告状，杨亿差点儿没因此而招致杀身之祸。《宋史》记载，王钦若与杨亿共同受命编修《册府元龟》。但王钦若是新贵族，暴发户，杨亿瞧不起他那种骄横的气焰。所以，不论在什么地方，只要王钦若一到，杨亿马上就离开。王钦若很恼火，但又无可奈何。当王钦若看到了杨亿作的《宣曲》诗，如获至宝，立刻到宋真宗那里告状，揭发杨亿的诗影射皇帝。宋真宗看后，大为不满，说："词臣，学者宗师也，安可不戒其流宕。"于是下诏，如果今后再写这样的诗，一定严惩（见《续资治通鉴长编》）。南宋大诗人陆游评论这件事时曾说："赖天子爱才士，皆置而不问，独下诏讽切而已。

不然，亦殆哉。"（见陆游《渭南集·跋西昆酬唱集》）可见，这首诗是捅了马蜂窝。

《宣曲》诗写了什么呢？《宣曲》诗一共有三首，杨亿、刘筠、钱惟演每人各写了一首。他们把前代皇帝耽于女色的事情一一列出。如杨亿的一首，开头第一句就说"宣曲更衣宠，高堂荐枕荣"，这是用汉武帝和子夫的典故。汉武帝见到歌女子夫，非常高兴。子夫给他更衣，汉武帝就在车中与子夫宣淫取乐；接着又写"鸾扇裁纨制，羊车插竹迎"，这是用晋武帝的典故。晋武帝妃子非常多，灭掉东吴之后，又得到孙皓的宫人数千，后宫妃嫔近万人。每到晚上，晋武帝不知到哪一个妃子处住宿好，就乘着羊驾的车，任羊随便走。羊走到哪个妃子门前停下，那一夜就到哪个妃子那里住宿。妃嫔们盼皇帝来，就把竹叶插在门前，用盐水洒地，千方百计引诱羊到她们那里去。这些诗句恐怕就是王钦若抓到的把柄，也就是宋真宗认为"流宕"的地方。

据江休复《嘉祐杂志》所载："上在南衙（指宋真宗继位前任开封府尹），尝召散乐伶丁香，昼承恩倖。"这岂不是"宣曲更衣宠，高堂荐枕荣"吗？宋真宗当然不会高兴。更有甚者，刘筠在他那首《宣曲》中还写道："天机从此浅，国艳或非良。"意思是说，有这样一些嗜好欲望，道行就不够深了，而且容貌美艳的女子未必是道德高尚的人。刘筠暗指丁香出身微贱，徒有美色。陆游则说，这里的"国艳"，恐怕是指宋真宗的刘妃和杨妃。刘、杨二妃出身都很微贱，只因为她们长得美艳，宋真宗就千方百计地把她们弄到宫里去。

这样看来，《宣曲》诗恐怕就不能说"毫无内容"了。而且，不论杨亿、刘筠是从什么角度、抱着什么动机述说后宫逸事的，它都暴露了皇帝荒淫放荡的私生活，这一点还是应该肯定的。对于杨亿、刘筠这些皇帝近臣来说，敢于写出这些掖庭风光，应该说是有点胆量的。

再看看《汉武》一诗。杨亿在诗中极力攻击汉武帝迷信方士神仙之说，挖苦汉武帝幻想长生不老，被方士愚弄而不知。"蓬莱银阙浪漫漫"，是说汉武帝相信方士李少君的鬼话，派人入海找寻安期生，求长生不老药。但哪里找得到呢？"弱水回风欲到难"，表面上写是被"弱水""回风"所阻，去不成，实际上是否定汉武帝求神仙的举动，不合情理，当然实现不了。"力通青海求龙种，死讳文成食马肝"，汉武帝被方士少翁迷惑，居然封少翁为文成将军。但一年过去了，神仙没有招来，少翁怕暴露真相，就写好帛书，让牛吃下去，然后对汉武帝说，牛腹中有天书。汉武帝派人杀牛，果然得到帛书。正在高兴之际，汉武帝突然认出了帛书上的笔迹，盛怒之下，杀了少翁。但笃信神仙的汉武帝并没有吸取教训，他很快就后悔了，又让人找来一个叫栾大的方士，再去召神仙、找长生不老药。栾大说："臣之师曰：'黄金可成，而河决可塞，不死之药可得，仙人可致也。'臣恐效文成，则方士皆掩口，恶敢言方哉！"汉武帝一听人家不满他杀少翁（即文成将军）了，马上撒谎说："文成食马肝死尔。子诚能修其方，我何爱乎！"（《史记·孝武本纪》）

这样写是故意堆砌典故炫耀才学吗？不是。是毫无内容的陈词滥调吗？不是。汉武帝雄才大略，治国颇有成效，这些，杨亿辈不会不知道。但他们不写汉武帝的文治武功，只写汉武帝迷信鬼神、受骗于方士的笑话，恐怕也是寓有深意，与当时现实紧密联系的。

当时，宋辽战事频仍，宋真宗不敢抵抗，大敌当前，一味退让。澶州大捷，宋真宗反而派曹利用去辽营求和赔款。曹临行前问宋真宗可以答应给辽多少银绢。宋真宗说："必不得已，虽百万亦可。"寇准把曹叫来，说："虽有旨许百万，若过三十万，我就杀了你！"和议告成，误传赔偿辽银三百万两，宋真宗大惊，过了一会儿，又说："姑了事，亦可耳。"等曹利用说明确数，宋真宗大喜过望。但他对神仙佛道却像汉武帝一样虔诚笃信。当时，王钦若也伪造了一个帛书。帛书上面写道："赵受命，兴于宋，付于恒。居其器，守于正。世七百，九九定。""恒"是宋真宗的名字，表示自己受命于天。他还伪造天书，降于泰山，准备在泰山举行封禅大典；他派人用五千两黄金铸了自己的像，侍立在玉皇像前，以示自己的虔敬。对宋真宗的这一套，杨亿是反对的。他替宋真宗起草东封诏时，原文有"不求神仙，不为奢侈"一语，宋真宗看后把这两句话勾掉了。了解了这一背景，再读一读《汉武》诗，我们能说《汉武》诗中讲的历史上的少翁把帛书放到牛腹中，与现实社会中王钦若伪造天书，是偶然的巧合吗？我们能说《西昆酬唱集》中的诗"一点没有顾到文学的内容"吗？当然像这样的诗并不多，但也不是绝无仅有。

有鉴于此，我们对《西昆酬唱集》的评价就应该多做些具体分析，透过那些"华丽的组织""精确的用事""森严的对偶"，发现内中曲折委婉地表达出来的一点思想。有一本文学史引用了冯武的《重刻〈西昆酬唱集〉序》"不隔一朝，遽尔湮没"的话，说明《西昆酬唱集》之不受欢迎，迅速失传。我们也可以引一些话，而且就是同一篇文章、同一段、同一行下面的一些话，来说明《西昆酬唱集》之受到人们的重视。在《重刻〈西昆酬唱集〉序》中紧接着"不隔一朝，遽尔湮没"之后，冯武写道："自胜国名人以逮牧斋老叟，皆以不得见（《西昆酬唱集》）为叹息，其所以殷殷于作者之口久矣。昔年西河毛季子从吴门拾得，钞自旧本，狂喜而告于徐司寇健庵先生，健庵遂以付梓，汲汲乎惟恐其书之又亡也。"这些描写不是更为生动、形象吗？这些话又可以成为对立观点的武器。所以，我们评价一部作品，应该具体地分析作家的立场观点，作家对所歌咏的事件的态度，作家所处的时代，以及当时作家的处境、地位，一概肯定、一概否定，都是站不住脚的。

我们还要简单说说如何看待《西昆酬唱集》的艺术成就。他们讲究技巧，是否就一无可取呢？我认为他们的缺点在于他们专讲"技巧"，但他们毕竟是有"技巧"的。《西昆酬唱集》中除掉很少的几首绝句外，几乎全是五、七言律诗，而且很多是排律。几十韵的排律，作起来恐怕是不很容易的。至于"风来玉女乌先转，露下金茎鹤未知"（《馆中新蝉》），"霜桂丹丘路，星榆北斗城"（《禁中庭树》），"水阔雨萧萧，风微影自摇"（《荷花》）等等，一向被人誉为佳句。连攻击西昆体最力的欧阳修也说："先朝杨、刘风采，耸动天下，至今使人倾想。"能达到"至今使人倾想"的效果，这该说是作家的幸福了。当时，宋人反对西昆体，但矫枉过正，以至于吴乔云："宋之最著者苏、黄，全失唐人一唱三叹之致。"王阮亭云："宋初学西昆，于唐却近；苏、黄变西昆，去唐却远。"这些话恐怕是很值得玩味的。所以，我们在批判它的思想内容方面的问题的同时，不能连同它在艺术上的长处一起批掉。

<h1 style="text-align:center">三</h1>

在深入探讨《西昆酬唱集》在文学史上的价值的研究中，王仲荦先生的《西昆酬唱集注》给我们作了一个榜样。

《西昆酬唱集注》是《西昆酬唱集》的第一个注本。《西昆酬唱集》典故多，使注家畏难，这恐怕是向无注释的一个原因。但更为重要的，恐怕还是因为多年来被一种思想所束缚，以至于谈《西昆》而色变，认为那是不值一提的唯美主义的东西。但王先生能破除这个迷信。他是一个历史学家，他从宋史的研究中得出具有创造性的结论。他说：《西昆酬唱集》的一些诗篇"在当时统治阶级的文坛上，不能不说是具有一定史料价值的作品"。这个观点是正确的。从史实出发，以确凿的事实论证一部作品所反映的思想，这是一个历史学家研究古典文学得天独厚的地方。加之作者学识渊博，注释精慎，使《西昆酬唱集注》达到了很高的学术水平。这是我们应该向作者深致谢意的。

1981 年冬

"千年流派我然疑"

——《瞿髯论词绝句》读后

　　夏承焘先生多次和我说起，他对《瞿髯论词绝句》（夏承焘著，吴无闻注，中华书局 1979 年 3 月出版）最有感情。当时，我并没有很理解。后来，有人约我写点关于夏先生的事情，我又想起这句话。夏先生有脍炙人口的《唐宋词人年谱》，有文坛交口称誉的《唐宋词论丛》，有青年学生爱不释手的《唐宋词选》，为什么单单对这样一本小册子最有感情呢？我百思不得其解。一次，问到夏先生，吴无闻先生在旁说："你知道前言中'禁足居西湖'是什么意思吗？"没等我回答，夏先生说："禁足，不得随便行动也。《论词绝句》是我在'文化大革命'期间蹲'牛棚'的收获。"我恍然大悟，原来这本《论词绝句》是夏先生在逆境中的产物，它曾是作者的寄托和伴侣，难怪夏先生对它如此钟情。

　　以诗论诗，在我国诗歌理论遗产中，不乏先例。杜甫曾写过《戏为六绝句》，传为千古名篇。后来，元好问、王士禛、袁枚等人都写了许多论诗的绝句，清人江昱写过《论词十八首》。这些诗论、词论别开生面，生动活泼，每首谈一个问题，连缀起来，又可以看出完整的艺术见解。但前人论诗的绝句都没有本书那么多，论得广。八十二首绝句，论述了从词产生以来的五十几位词家和词的发展史中的重要问题。这些诗写得兴味盎然，声韵悠扬；吴无闻同志的注释、题解也能得作者的真意。在本书压卷之诗中写道："兰畹花间百辈词，千年流派我然疑。"可以说，《论词绝句》勾勒出了一部简明的词的发展史。

词的发展经历了一个曲折的历史，隋唐的萌芽，两宋的极盛，元明的衰落，清季的复兴，在这漫长的一千多年的发展史中，其词难以数计，词人何止千万？作者始终把词的思想内容放在首位，这在八十几首绝句中恰似一条主线，贯穿始终。《论词绝句》第一首是《唐教坊曲》。观澜索源，振叶寻根，作者指出词的前身是民间小调。这些小调主要是写"民间哀怨"。如《拾麦子》《铧碓子》《渔父引》《破阵子》等等，单从这些曲名，就可以看出它们是描写农民、渔民的劳动生活，反映军士的战斗场面的。这些俚曲小调相当广泛地反映了民间的疾苦，反映了社会的现实。正因为这个原因，作者很看重这些作品，把这些作品誉为唐代的"国风"。但到后来，文人的香艳词多了起来，词就逐渐地走上了歧路。到了宋代，"纷纷绮语学高唐"，一些词人用华丽的辞藻和精巧的雕琢来描写男女爱情，制成了大量的宫词艳曲，就离开了词的正确发展道路。从这个根本点出发，作者论述了历代词人。他批评作为词人的李白，把"青莲妍唱"放在"边关间巷"的对立面。他认为《清平调》是"懊恼宫莺第一声"，尽管辞藻华美，但不过是阿谀杨贵妃的作品，唱出了唐代宫词的"第一声"。他批评温庭筠的词是"朱门莺燕"。温庭筠虽然也唱"紫塞歌声"，但那不过是新瓶装旧酒，是利用内地人爱听边塞曲调的心理，照旧写"绣幌佳人"罢了。所以昌谷（李贺）、樊川（杜牧）这些著名诗人瞧不起这些词章，都"摇首而去"。

作者这个见解是高明的。韩非子曾说过："滥于文丽而不顾其功者，可亡也。"矫揉造作，华而不实的作品不会长久。事实正是如此。宋朝的升平很快就过去了。民族矛盾日益尖锐，北宋与辽、西夏，南宋与金，烽烟不断。在这样的背景下，产生了苏辛词派。《论词绝句》高度评价苏辛词派，特别是辛弃疾词所反映的广阔的社会现实和深刻的社会矛盾。

作者认为范仲淹是苏辛词派的先声。范词《渔家傲》"浊酒一杯家万里，燕然未勒归无计"，反映了将士们的边塞生活和苦闷心情，终于从"歌围舞阵"中间冲杀出来一支新军，是非常难得的。而与范仲淹同时代的欧阳修、晏殊等人还把他们词的题材局限在"绮筵公子，绣幌佳人"的狭隘生活圈子里，他们看不惯范仲淹反映边塞生活的《渔家傲》，讥笑他是"穷塞主词"（《东轩笔录》），其实正说明了欧阳修、晏殊这些人，已经远远落在时代的后面了。

特别应该一提的是《论词绝句》对女词人李清照的评价。书中以五首的篇幅"论"李清照，稍后不久出版的作者的《月轮山词论集》，把论李清照的文章放在全书的第一、第二篇，可见对李清照的推重。为什么要推重李清照呢？论李清照诗的第一首说："目空欧晏几宗工，身后流言亦意中。放汝倚声逃伏斧，渡江人敢颂重瞳。"这里提出了两个理由，一是"目空欧晏几宗工"，一是"渡江人敢颂重瞳"。这个评价很符合全书论词的标准。李清照是个不平凡的女性，却要在平凡的环境中平凡地打发日子，确实会使她感到烦闷窒息，因此她"寻寻觅觅"，渴望自由，向往光明。表现在她的词里是敢于写少女的爱情，"眼波才动被人猜"；敢于写夫妇的幽情，"今夜纱厨枕簟凉"；敢于讥笑有社会地位的男人，"桂子飘香张九成"；敢于批评文坛前辈……清人李调元曾赞扬她的才华"压倒须眉"，是有道理的。另一方面，也是更重要的一方面，作者认为她敢于指斥时政。"颂重瞳"，指歌颂项羽。"生当作人杰，死亦为鬼雄。至今思项羽，不肯过江东"（《乌江》），为什么要思念项羽呢？因为项羽不肯过江。这就尖锐地讽刺了宋高宗渡江南逃的丑行，把批判的矛头直接指向皇帝，充分表现出慷慨激烈的爱国热情。

　　按着这样一条主线写下去，《论词绝句》充分肯定了苏轼、陆游、辛弃疾、张孝祥、陈亮、陈子龙、夏完淳、王夫之和龚自珍等词家，把他们摆在词史的突出地位上，加以评论。

　　《论词绝句》另一重要准则就是强调写词要有"真情实感"。在论清代词人顾贞观的诗中，作者说"至情言语即天声"。作者特别肯定李煜的词作，称赞李煜有才华。为什么呢？也是因为李煜降宋后写的词，伤今感旧，与亡国之痛相结合，情感真实，艺术成就很高。特别是他的《虞美人》："问君能有几多愁，恰似一江春水向东流。"以及他的父亲李璟《摊破浣溪沙》："回首绿波三峡暮，接天流。"开始摆脱花间派的束缚，从中已经可以看到苏轼"大江东去"豪放词风的端倪。文艺作品，不论是诗、是词，还是小说、散文，都是通过感情的交流去打动读者的，要用丰富的感情去感染读者，激励读者，使读者在潜移默化中接受你的观点。白居易有一段著名的话：“感人心者，莫先乎情，莫始乎言，莫切乎声，莫深乎义。诗者，根情、苗言、华声、实义。”（《与元九书》）感情是诗的根本，语言是诗的叶苗，声音是诗的花朵，诗中所反映的道理是诗的果实，但无论生苗、开花、结果，都和感情这个根本息息相关。《论词绝句》抓住这个重要问题，评论开去，是抓住了问题的关键的。

《论词绝句》也重视艺术形式问题。作者指出吴文英的词“形式极美”，“音律和谐”，并以神仙宫阙的金碧辉煌来形容吴词的绚丽多彩。张炎《词源》评论吴文英的词，说“七宝楼台，拆碎下来，不成片段”。作者说“是谁肯办痴儿事，七宝楼台拆下看”，表达了自己对吴文英词的肯定，对张炎评论的异议。

另外值得一提的是《论词绝句》对岳飞《满江红》词的评论。几百年来，人们都认为“怒发冲冠，凭栏处，潇潇雨歇”是岳飞之作。“壮志饥餐胡虏肉，笑谈渴饮匈奴血”鼓舞了数不清的仁人志士抗敌救国。作者不同意“岳飞之作”这种结论。他说，对词的“科学的鉴定”，与词的“历史意义”，不应该混淆起来。作者以三首诗评论岳飞，而以两首谈《满江红》非岳飞所作。“黄龙月隔贺兰云”，从地理常识上讲，岳飞当时要直捣的是金国上京“黄龙府”，在今天的吉林省，而不是在今天西北甘肃、河套一带的“贺兰山”，当时贺兰山属西夏，“西北当年靖战氛”，那时并没有战争，所以词中“驾长车踏破贺兰山缺”，与岳飞对不上号。那么这首词是谁作的呢？“王酾御鞑唱刀环”，明朝大将王越曾破鞑靼入侵军于贺兰山，明人刊岳飞《满江红》词于西湖岳坟，夏先生怀疑《满江红》词是王越幕府文士所作，托名岳飞以鼓舞士气。"八卷鄂王家集在，何曾说取贺兰山"，"鄂王家集"指《岳飞集》。岳飞死后，岳飞子岳霖、孙岳珂两代搜访父祖遗稿，不遗余力，历经三十多年，编成《岳飞集》，哪里曾提到脍炙人口的《满江红》呢？夏先生认为这也是一个有力的证据。

这是一个很有意思的学术问题，当然还可以继续探讨，但是夏先生大胆思考、努力探索的精神值得钦佩。

书中的有些评论，也还可商榷。如对辛弃疾的评价，作者说"他与苏轼并称苏辛词派，但他的思想感情远较苏轼丰富伟大"，似欠妥帖。词进入宋代，名家辈出，但直到苏轼、辛弃疾之手，词才得到了最大的提高与发展。宋词得与唐诗并称，成为一代文学之胜，苏轼与辛弃疾都作出了不可磨灭的贡献。在政治上，苏轼一生不得意，而辛弃疾也没有实现自己的愿望。但辛弃疾眼看国破家亡，河山沦陷，他的感奋是苏轼所没有的，他始终站在抗金斗争的第一线，也是难能可贵的。但如从他的一生的全部成就来看，恐怕还很难说"辛弃疾的思想感情远较苏轼丰富伟大"，这正如诗坛李、杜的比较，各有千秋罢了。另外，对于周邦彦的评价也似欠公允。周词形象鲜明，音调铿锵，既具文字之美，又兼声音之妙，王国维曾说："故读先生之词，于文字之外，兼须味其音律。……今其声虽亡，读其词者，犹觉拗怒之中，自饶和婉，曼声促节，繁会相宜；清浊抑扬，辘轳交往。"（《清真先生遗事·尚论三》）这是很有道理的。作者虽然也说周词"影响很大，有人誉为'词家之冠'"，但接着就补上一句，

"也有人斥他的词是'亡国哀音'",而且十分具体地说:"钱塘江虽然环绕周邦彦墓边的月轮山奔流,也难湔洗周邦彦阿谀宋徽宗崇宁礼乐的耻辱。"这样一来,"词家之冠"的周邦彦便只剩下"钱塘江也洗不净的耻辱"留在人们脑中了。其实,即便他主持过大晟府,大晟府这个音乐机构是粉饰太平的工具,但它在音乐发展方面的贡献,还是应当给以适当的评价的。此外,如果从一部比较完整的词史的角度去要求,似乎还可以再充实一下。如重要的词家晏殊、晏几道,还没有专门的诗篇论到,近人王国维也没有涉及,似觉不足。但这些都是一孔之见,未必正确,冒昧地写出来,以就正于夏先生。

1980 年 5 月

美丽的通天塔

——对《英语世界》200期的祝贺

《圣经·旧约》里有一则通天塔的故事，说世界上本来只有一种语言，人们彼此可以方便自由地交流。一次，人们为了窥视天上的世界，便联合起来，要在巴比伦建造一座可以通到天上的塔。工程以很快的速度向前推进着。上帝知道后又惊又怕，就想了一招，让大家拥有各自的语言、讲不同的话。由于语言不同、心意不通，彼此不能很好地交流，导致大家隔膜、猜忌，纷争不断，建塔的宏愿最终以一场混乱的争斗宣告结束，遂了上帝的心意。也就是从这以后，世界上便有了不同的语言。

建通天塔时代的语言世界是令人神往的，如果今天地球上只使用一种语言，那么，全世界算下来可以节约多少学习成本、时间成本、出版成本？我们只要掌握了一种书面语言，就可以任意阅读人类历史上流传下来的所有的文字作品，可以自由地探寻古今中外伟人的心迹，可以及时知道世界各地发生的任何事情，真是视接千载，神游八骛，何其快哉！

可惜的是，这只是一种美好的愿望。波兰柴门霍夫博士

1887 年创造出被誉为"国际普通话"的世界语，力图重现一统的语言世界。一百多年来，世界上许多人都加入了学习世界语的行列。世界语的一些鼓吹者、推动者、实践者甚至都是一时名流俊杰，但斗转星移，物是人非，世界语并没有广泛推行开来，而英语却漂洋过海，历经数世纪，似乎成了一种"准世界语"。今天，如果你掌握了英语，在世界各地学习工作旅游，大致是没有什么语言障碍的，甚至还占很大的优势。

据统计，目前世界纸质出版物使用英语的占大多数，公开发表的世界一流科学论文几乎都使用英语，国际互联网内容中使用英语的占总量的 80%。因此，母语非英语的人在掌握本民族语言的同时，熟练掌握英语便成为现代人必备的素质。如此说来，学习英语的重要性，自不必多言了。

人类使用不同的语言，当然不是上帝的意志。陈原先生在其大作《社会语言学》中解释："应当从社会生活的变化中，来观察语言的变化。"语言的产生、变化是许多因素——时间、地域、经济发展、社会等因素促成的。既然人类社会必然存在各种语言，又存在彼此交流的需要，大家就只有认真学习对方的语言一条路可走了。

回想 80 年代初，中国要改革，要开放，要赶上世界的潮流，学习英语的热潮悄然而起。一时间《英语九百句》风靡中国，许国璋英语大受欢迎，电视台英语学习 ABC 的节目，不止是几万、几十万人跟着学……这是中国走向世界的决心，是中国自立图强的需要，那一幅大家学英语的画图，的确让人感动。

近年来，情况发生了出人意料的变化。外国人在热情地学汉语。他们在旅游胜地配中文说明，外航的班机配中文翻译，他们开办中文班、中文学校，他们踊跃地派出留学生……这种变化当然有很多原因，但与中国人努力学英语，努力学习国外的先进科学技术和管理经验，使自己的国家发生了飞速变化，不是也有直接原因吗？

在这个过程中，《英语世界》功不可没。

《英语世界》出版 200 期了。200 期的杂志刊发了两千多万字，放在一起也是皇皇巨著，不知有多少人在此留连、受此福荫。我曾见过《英语世界》举办的读者征文，来稿之踊跃，赞誉之大度是现今办刊者所少见的。我见到，有专家学者的叹服、神州学子的膜拜、英语教师的感激，甚至还有大墙内的戴罪之人在杂志中找到了人生的坐标。因此，《英语世界》不仅仅是英语的世界，她更是英语和汉语构筑的一个丰富多彩的人文与科学、自然与社会、个人与宇宙的大世界。也正是徜徉在这个世界的时候，我们的英语能力得到了很大的提高。我赞同《英语世界》的办刊方案。20 多年来，《英语世界》固守为读者提供这样一个大世界的传统，又在选文内容和装帧设计上与时俱进，获得了读者的高度评价。我也曾接触他们的编辑，为了选择一幅插图努力做到图文并茂而如何东奔西走，东寻西找，那种敬业精神让你不由得不肃然起敬。作为出版业中的一个编辑，我深知这样的荣誉得来不易，并由衷地为同行的成绩而高兴。

可以说，《英语世界》实际上就是一座不断修建的通天塔，她直指云霄，每一个攀登这座巨塔的人，都可以在青云之上与不同肤色、不同母语、不同信仰、不同习俗的人平等自由地交流——我不认为也不赞同英语一统天下，但我认为大家能通过一种语言自如地进行心灵的沟通和感情的交流是多么的重要！我还坚信，当我们用英语更深入地了解了英语世界的变化、进步，并借他山之石使自己进步发展之后，世界各国学习中文、学习汉语的潮流会更加汹涌澎湃。

　　《英语世界》主编约我在 200 期出版之际写一篇文章，我就写下上面的感想以表达我的钦佩之情。

　　祝愿《英语世界》越办越好。

中国文化产业为什么要急起直追

一 从我所经历过的两件大事引发的思考

有两件大事引发我深深的思考。这是两件什么大事呢？

第一件事是，中国出版集团的成立。中国出版集团是从新闻出版总署分出去的。集团中的出版社过去一直是在总署领导下，本是一家，各家情况彼此都清楚。但是集团成立的细节大家不一定清楚。从这些细节中，我们可以更清楚地看出许多深层次的问题。

比如《关于组建中国出版集团的意见》的报告，是 2001年 12 月 15 日，由石宗源署长签发报出去的。第二天，即 12月 16 日，中办秘书局收到。当天到了主管的中央领导丁关根那里。17 日吴邦国签阅同意，18 日李岚清签阅同意，19日胡锦涛签阅同意。锦涛同志批给曾庆红。曾庆红 20 日圈阅。从文件报出到中央领导审批完，只用了六天。这个文件，经过这么多中央领导的审批，又是这么快的速度，让我这个当事者很是吃惊。

不久，锦涛同志亲自批示，要求由新闻出版总署的一个副署长兼任集团党组书记和集团总裁。任命一位副署长负责这个集团，而任命又是锦涛同志亲自批准的，这么高层次，可见中央对这件事情的重视。

2004年集团转制为集团公司，批准文件用的是国务院的大印，这让我们大出意外。当时集团的领导班子，特别渴望集团成立的批文能以国务院办公厅的名义下发，这样我们跟各个部委的协调就方便了。结果不但国务院办公厅给我们办了文，而且是以国务院名义发文，用的是国务院的大印。这可就是中国最大的印了。大家都觉得此事非同小可，一定得把集团办好。

接下来新闻报道，批文是3月25日下来的，4月4日开始，中央电视台新闻节目的"整点新闻"一小时播一次，连播三天。新华社发的通稿。今天我们重温这些细节，可以看出，中国出版集团的建立，在当时，是一个不同寻常的事件。究竟为什么不同寻常呢？

第二件事是《大中华文库》出版工程。去年12月23日中央在人大会堂表彰了《大中华文库》出版工程，特别是李长春同志在大会堂的讲话，让人顿生使命感。他说年底前中央只批准表彰两个项目：一个是天宫1号，一个就是新闻出版这个项目，《大中华文库》。《大中华文库》就是新闻出版战线的天宫1号。刘云山同志说：《大中华文库》的出版，有力弘扬了中华民族优秀传统文化，为促进世界文化交流与合作做出了积极贡献。李长春、刘云山同志这样讲，让我们很震惊。他们为什么这样高度地评价这项文化工程呢？

《大中华文库》是从1993年开始搞的，第一批书出来的时候（2004年），我们给温家宝总理写了一封汇报信。这一年的8月16日上午，我们把第一批15种书和汇报的信给总理送去。当天下午，温总理秘书打电话告诉我们，总理给你们写了回信，请你们派人来取。当时我们觉得不可想象，上午刚送去，下午就回了信。温总理的信很让我们感动，温总理在信中说："《大中华文库》收到，甚为高兴，谨对您及从事这项浩繁工程的各出版单位和全体工作人员表示衷心的感谢和热烈的祝贺！这部巨著的出版是弘扬中华民族优秀文化的有益实践和具体体现，对传播中国文化、促进世界文化交流与合作具有重大而深远的意义。这部文库翻译和出版质量之高反映了我国出版水平。我国有着悠久而灿烂的历史文化，希望你们以伟大的爱国热忱、宽广的世界眼光和严谨的科学态度，锲而不舍地把这项光辉的事业进行到底，我坚信你们一定能够做到，也期待看到你们新的成果。此致敬礼。温家宝。"

温总理写了这么长的一封信，给我们这么高的评价，我们大受激励。我们要以伟大的爱国热忱去做，要以宽广的世界眼光去做，要以严谨的科学态度去做，而且要锲而不舍地把这项光辉的事业进行到底。

接下来（2005年8月）又出了第二批书，我们又把第二批书送给温总理。隔一天，温总理又回了一封信，这封信是写给我的。他说一年来你们取得的重大进展令人振奋，你们做了很好的工作，向你们致谢，并请代向全体工作人员致谢。

2006年春节前，温总理委托他的秘书给我打来电话，让我代表他，向所有从事这项工作的编辑出版人员问好。祝大家节日快乐。我从来没有听说过也没有经历过，国家总理打电话给普通的编辑出版人员拜年，祝大家节日快乐。

这之前，中办国办"两办文件"《关于进一步加强和改进文化产品和服务出口的意见》（中办发〔2005〕20号），其中特别提到文化广电新闻出版部门要组织文化出版单位，生产适合海外受众的影视作品和节目，抓好大型对外出版工程《大中华文库》的出版翻译工作。看了文件以后我们觉得非常光荣，也感到压力非常大，中办、国办文件点名要求一定要出好一套书，恐怕还不多见。

这些事引起我的深深的思考。我们做这样一件事情，为什么得到总理这样高的评价和重视？并且"两办"还有文件专门作出指示。后来胡锦涛同志去美国送给哈佛的书是这套，温家宝去西班牙，李克强去韩国，刘延东去英国，李长春去印尼、澳大利亚、新加坡，都带着这套书。到塞尔维亚去访问没有带，还给我们打电话，让我们赶快整理一套给塞尔维亚寄过去。我们得知这些情况，更增加了出好这套书的责任感。

接着我们又搞多语种版。2009年温总理去西班牙访问，把《大中华文库》赠送给西班牙的塞万提斯学院的院长，院长送他一把象征友谊和谐的钥匙。温总理赠送《大中华文库》时有一个讲话，非常具体地讲了弘扬中华民族精神的事。他说中国五千年的文明史概括出自强不息、刚健有为的进取精神，以和为贵、和而不同的和谐精神。这让我们体会到，他送这套书是为了宣传中华民族的优良传统和民族精神。

不久，这个讲话刊登在《人民日报》上。看了报道以后大家觉得很振奋，但另一方面又觉得还没做好。如果我们能出一套西班牙文版的《大中华文库》，温总理把西班牙文版的《文库》送给西班牙人岂不是更好？更能显示中华民族文化的渊博，更能显示出泱泱大国、人才济济的伟大。

认真研究之后，我们就动手搞多语种版。联合国通用的六种文字，再加上德、日、韩共九种文字，与中文对照出版。经过一年的努力，《老子》《论语》《孙子兵法》这三部中外对照、九种文字、一共二十四册出版了（汉英、汉西、汉法、汉俄、汉阿、汉德、汉日、汉韩）。总理很快做了批示，他说："感谢同志们为提升中华民族文化国际影响力而付出的艰巨努力，祝同志们成功！"他批示的内涵是什么呢？总理认为这项工作是"提升中华民族文化国际影响力"的工作，意义重大；这项工作是很艰难的，付出了艰巨的努力。批示体现了总理对大家的关心。他热情地期望早日成功。

我给大家介绍的这两件事情，再与十七届六中全会、十八大文化强国建设的要求联系起来，会给我们很多启发。十八大报告在"扎实推进社会主义文化强国建设"这一章的第一句话就说："文化是民族的血脉，是人民的精神家园。"这个论断，力压千钧，我们一定会有很深刻的体会。一个是血脉，一个是家园，这两者对于一个人、一个民族都是不可或缺的。接下来又讲："建设面向现代化，面向世界，面向未来，民族的科学的大众的社会主义文化。"这些论断，所反映出来的历史性的认识，体现出来的那种横亘古今的精神，让我们感受到中央对文化建设前所未有的气魄，让我们体会到文化对铸造民族和民族精神的决定性意义。随后，十八大报告具体讲怎么做，要全面快速地发展文化事业、文化产业，促进文化和科技融合，"发展新型文化业态，提高文化产业的规模化、集约化、专业化水平"，"要加强重大公共文化工程和文化项目建设"，"造就一批名家大师"。体制、机制、人和项目都讲到了。

中国出版集团的成立，正符合中央关于"发展新型业态"的精神。《大中华文库》是一个弘扬中华民族文化的重大工程，是让世界认识中华民族精神的一个重大文化项目，正符合"加强重大公共文化工程和文化项目建设"的要求。一个是为文化产业的集约化、规模化和专业化奋斗的集团，一个是重大文化工程，应该说都体现了中央的要求，体现了中央的宏伟战略。所以，党中央国务院高度重视。落实一个要求，完成一项宏大任务的决心，对于出版工作来说，就是通过一本一本书、一项一项工程体现的，诸如《中国大百科全书》一版、二版和三版的实施，"二十四史"及《清史稿》校点工程的开展，都体现了这种精神。

通过这两件事情，大家是不是能够比较深刻地体会中央的深刻用心？现在联系十八大关于文化强国建设的战略，联系到"血脉""家园"的比喻，我们对中央的重视、关心就比较容易理解了。

二　国际上文化产业发展的历史和趋势

1. 国际上"文化产业"的缘起

凡事都有渊源。我们今天重视文化强国建设，那么，我们的文化事业、文化产业现在到底是什么状况？跟国际上文化强国相比是怎样的水平？让我们做个回顾。

文化产业这个概念是有个历史的、发展的、动态的过程的。

文化产业概念最早是欧洲法兰克福学派在 1944 年提出来的。代表人物是霍克海默。他与人合作的《启蒙辩证法》，就是最早提出这一概念的著作。

长期以来，在文化人的眼中文化和产业是风马牛不相及的事情。文化怎么是产业呢？文化是高尚的事业啊，难道文化还能像产业那样批量生产吗？一些人这样说。所以，叫文化产业也好、文化工业也好，都体现出当时一些人对这件事情的一种轻视，一种嘲讽，透着这些人对当时大众流行文化瞧不起的神情。两种观点，争论激烈。所以，随着社会的发展，把"文化"跟"产业"两者结合在一起，这个历史并不是很长。

接下来，20 世纪 50 年代以后，文化产业开始进入经济学领域。当时，不同国家、不同组织对文化产业的概念有不同的内涵和不同的外延。为什么会有各种各样的内涵呢，因为概念的确定涉及利益。这样确定概念对我有利，那样确定概念对他有利，所以大家争论不休。很多著名辞典都没有收"文化产业"这个词条，原因就是它的内涵确定不下来。

联合国教科文组织的概括大家比较认同。联合国教科文组织这样概括：文化产业这个概念是指那些包含创作、生产、销售内容的产业，从本质上讲，它们与文化有关，而且是不可触摸的，一般通过著作权来保护，并且以商品或服务的形态出现。文化产业通常被称为创造性产业，但在不同领域有不同的称谓，在经济学术语里文化产业被称为朝阳产业，在技术领域，被称作内容产业。文化产业一般包括印刷、出版、多媒体、视听、录音、电影制品、手工艺品和工业设计等行业。这个描述多数人都能接受。通过这个描述，大家应该能够体会到文化产业到底是什么了。

从1944年霍克海默提出这样一个概念以后，发展到现在，大约经历了三个阶段：

第一个阶段，开始于上世纪前半段。当时正处于第二次世界大战之后。欧洲受尽摧残，百废待兴，美国利用这个机会发展了他的大众文化，代表性的有好莱坞、百老汇、流行音乐、乡村音乐等等。这些都是美国这一时期发展起来的，而且迅速向全世界扩张。与欧洲相比，美国一枝独秀。

第二个阶段，上世纪八九十年代，苏联解体了，所谓冷战结束了。冷战之后政治格局发生了巨大变化，高新科技推动新经济快速增长，出现了大的文化产业的并购和合并热潮。大家恐怕都会记得，当时最有名的是美国在线和时代华纳的合并（2000年合并，2009年又分开）。美国在线和时代华纳是两个很大的文化产业，这种合并使他们成了大巨头，以巨大的资本占领美国市场、占领世界市场，美国在市场销售额中占了绝对优势。这就是并购阶段、垄断阶段。

第三个阶段，是现在仍然在进行着的阶段。文化产业的激烈竞争，呈现垄断、反垄断，扩张、反扩张的特点，矛盾十分尖锐。伴随着经济全球化、信息网络化、传播集团的跨国化，美国的文化产业国际扩张到了无孔不入的地步。

2. 美国是如何跳出文化"乡巴佬"的境地的

美国人早期并不以自己的文化为自豪，甚至说自己是文化上的"乡巴佬"。有研究者认为这是因为美国历史较短，又加上浓厚的拓荒者意识，当时，他们急于解决的问题很多，所以认为文化对他们用处不大。因此，从美国建立到1929年经济危机，美国文化上的建树很少。

有一个"艺术计划"，只是受国会委托完成美国革命人物的画像。

有一个"美术委员会"，仅限于为华盛顿这个城市建筑提建议。

有一个"国会图书馆"，如今已成为世界上藏书最多的图书馆，但它1800年成立的时候，只是为了给议员们演讲、做提案找资料用。

当时一位议员说得很透亮。他说："如果不动用公款，艺术在这个国家就无法繁荣的话，那么我们就让艺术消亡好了。"罗斯福上台，开始改变这种状况，制定振兴美国的"社会纲领"。

当时美国失业率高达30%，经济濒临崩溃，被逼实行"新政"。在建立整体"社会纲领"时，总统的顾问们也把文化事业、文化人和艺术家包括了进去。

这是因为文化人大量失业，社会不稳定。也有人说，罗斯福从小患有脊髓灰质炎，双腿瘫痪，所以他十分同情弱者，同情这些失业的人们。

有很多人反对罗斯福这样干，担心"社会纲领"搞不好，问题会更为严重。

罗斯福说：对于振兴美国社会、美国经济，我们没有任何可怕的。"我们唯一的恐惧是恐惧本身。"激励美国人民重拾信心。

他说，"国家需要一些持续的实验……如果失败了，必须坦白承认，并尝试其他东西。但是，首先必须有所尝试"。正是罗斯福这种向"恐惧"挑战，勇于"尝试"的精神，造就了美国历史。

尝试的结果，出乎意外。文化大事一件一件完成，许多艺术家因此成名，得到社会的重视。

1941年，在华盛顿国家美术馆揭幕式上，罗斯福说："曾经，这个国家的人们从未想象过历史的艺术遗产可能属于他们，或他们拥有保护这一遗产的责任。"

"不仅美国不再是'乡巴佬'，而且开始创造自己的文化，这种文化将在后来的几十年中主导世界。"

从这以后，特别是1960年代开始，美国总统前所未有地投入文化事业。

比如肯尼迪。他和夫人杰基·肯尼迪对艺术的热爱和共同努力，为推动美国文化的发展，做出重大贡献。他们为了将《蒙娜丽莎》引到美国展览，绞尽脑汁。

肯尼迪在巴黎访问时，他的夫人与法国文化部长马尔罗交朋友。马尔罗陪这位美丽的第一夫人逛巴黎各大博物馆。

马尔罗出了本新书：《人类命运》。肯尼迪与夫人请马尔罗来哈佛演讲新书，隆重接待。

终于双方达成协议。由于马尔罗的力挺，法国同意美国借展《蒙娜丽莎》。

1963 年，《蒙娜丽莎》来到美国。美国举国若狂。在华盛顿国家图书馆，参观者拥挤排成三列，每个人在画作前最多只许停留 12 秒；170 万人，队伍排到第五大道；所有参观者均免费。

这在美国掀起一个欣赏、热爱、追慕文化艺术的热潮。

肯尼迪说："这是法国人民给我们派来的第二位女士，虽然她停留的时间比第一位女士（自由女神）要短暂，但我们同样心存感激。"

肯尼迪充分认识到文化的价值。

他亲身感受到文化给他的总统工作带来的魅力。

在这种热潮下，电影业首先发展起来。电影业成为仅次于波音飞机的第二位出口大户。施瓦辛格在回忆录中写道："电影不仅是 20 世纪特有的形式，它就是十足的美国——唯一的美国因之为世界做出巨大贡献的艺术。"

可是，欧洲法兰克福学派瞧不起美国的这一套。他们说美国的"大众文化"不就是一个大工业流水线生产出来的东西嘛，所以只能叫它为产业；不就是迎合大众低俗物欲的要求嘛，所以是社会精神危机的重要根源，不是高雅人的文化。但是美国人不这样看。美国人很务实。当时美国经济学家在理论上加以支持，提出"知识产业"概念。金融资本和产业资本都介入了文化产业。有了资本做后盾，所以好莱坞、百老汇、流行音乐迅速发展起来。欧洲历经二战破坏，百废待兴，无暇顾及文化事业。美国理论界、经济界、金融界协同配合，文化产业发展迅速，打入欧洲。

如今的美国文化，是值得我们认真观察、认真探讨的。

不少研究者认为美国文化是大众与精英的衔接。

美国文化造就了最好的也造就了最坏的，造就了一切及其反面。

时代广场：在阳光下，光怪陆离，五彩缤纷。

一位牛仔半裸着，穿着背带裤，抱着吉他，带着大礼帽，一首接着一首地唱着歌。

音乐剧中，英俊的水手亲吻着漂亮姑娘，姑娘抬着腿，跳着踢腿舞，作为回应。

巨大的广告牌照亮天空。

在这里，首先是商业，大众文化占主导地位。

在这些闪光耀眼的后面，在俯瞰街区的那些摩天大楼中，那里有很多不为人熟知的幕后机构，传媒与跨国集团办公室隐身其中。人们在那里进行着一些更为严肃、更能赢利的事业。比如，维亚康姆、新闻集团、时代华纳、环球影业公司办公室；还有出版业的跨国集团贝塔斯曼和它的子公司兰登书屋，《纽约时报》和《时代周刊》。接下来是纽约公共图书馆、现代艺术博物馆，那里收藏有毕加索的《阿维尼翁姑娘》、梵高的《星空》。纽约交响乐团、纽约芭蕾舞团、卡内基音乐厅，那里演出过所有最著名的古典音乐，天才指挥家进行着辉煌的演出。这些都是更为厚重，有积淀意义的精英文化。

正如一位美国文化的研究者所说：几乎所有国家的大众，一边批评美国文化，又一边消费着美国文化。

在好莱坞的一位老板的办公桌上放了三个座钟。指针分别调在"日本时间""中国时间""印度时间"。他们要到中国去。他们说："因为那里有市场。"他们说："所有的东西都在变，一切皆有可能，未来在这里书写。"在他们看来，13亿中国人都在等待美国的信用卡、美国的通用汽车、ipad、iphone、windows软件。当然他们似乎也听见了13亿人为好莱坞电影而鼓出的雷鸣般的掌声。

他们已经明白，中国不但是工厂，还是市场，13亿人的大市场。最近的一个事例：《钢铁侠3》美国制片人改变了策略。他们在片子里增加了中国元素，中国的演员、中国的场景以吸引中国观众。

3. 法国与美国在开放文化市场上的争斗

在文化产业市场"准入"与"不准入"的问题上，各方斗争十分尖锐。最早在1993年乌拉圭回合上，美国要求欧洲开放文化市场，要求文化市场像经济市场一样准入，允许随便进去。欧洲不同意。当时美国电影向全世界大举进攻，其出口份额在美国所有出口产品中已占第二位。法国深感威胁，就提出"文化例外"的原则，反对将文化产品等同于一般商品，不能允许随便进入。由于法国的坚持，1993年乌拉圭回合没有谈成。1998年经合组织谈判，法国继续坚持"文化例外"，谈判无疾而终。

上世纪末法国有了新的认识。法国认为"文化例外"的表述不够全面、不够策略，文化产品有思想价值观的一面，但也有商业的一面。特别是"9·11"事件之后，法国人认为，世界上文化和思想沟通不够，是造成西方与世界其他地区冲突的一个原因。再提"文化例外"不明智。于是法国又改提"文化多样性"的观点。文化是多样的，各民族有各民族的文化，法国有法国的文化，美国有美国的文化，对不同的文化，各国有权加以保护。

中国同意这个观点。当时中国的文化部长到巴黎开会，明确地表示赞成"文化多样性"的观点。后来联合国教科文组织搞了个《文化多样性宣言》，肯定这一观点。法国觉得宣言还不过瘾，没有约束力，一定要制定个"文化多样性公约"，以便大家遵守。

1984 年 12 月，美国觉得联合国教科文组织不听他摆布，便宣布退出联合国教科文组织。经过十九年，在 2003 年，美国才又重返联合国教科文组织。2005 年联合国教科文组织在通过《文化多样性公约》时，美国很孤立。191 个国家参加会议，151 个国家同意，只有美国、以色列等很少数国家不同意。

《文化多样性公约》通过了，以"公约"的形式保护文化多样性。于是，美国与法国的矛盾更加尖锐。美国说法国这样做是打着"文化多样性"旗号搞文化保护主义，法国说法国非但不是文化保护主义，而且法国文化是世界性的。比如毕加索是西班牙人，在巴黎很火，法国人很认同。中国的赵无极，画中国画的，到法国，我们的文化部长亲自关注解决赵无极的国籍问题。所以法国文化不但是多样性的，而且是开放的、世界性的。法国并不反对美国文化，而是反对美国完全出于商业利益，把自己不论好坏东西都推向世界。

通过上述争斗的情况，我们可以看出文化多样性、民族文化的保护，以及商业利益和意识形态的输出，在国际上的斗争是多么激烈。

美国十分努力地拓展他的文化产业。法国尽管这样坚决地抵抗，可是美国的文化产业仍然向全世界蔓延。美国的电影占领了法国电影市场 60%，占领英国市场 90%，占领意大利市场 95%。

美国文化在世界各地区长驱直入，大行其道。大家都熟悉的布热津斯基，他有一段精彩论述，可以看出美国人对他们文化的自豪。他说：如果说罗马献给世界的是法律，大不列颠献给世界的是议会民主政体，法兰西献给世界的是共和制，美利坚献给世界的是高新科技和大众文化。从这些话可以看出美国文化向全世界进军、占领世界文化市场的雄心和干劲。

4．日本、韩国、德国、印度的追赶

①日本，"轻语言，重表现"的动画片

在这种浪潮下，世界各国都在这方面努力，比如日本走的是"文化商业主义"道路。1995 年提出新文化立国的战略方针，走产业、官府、学校共同合作开展文化建设的道路。大力采用高新技术手段来创新，日本觉得日语是小语种，只有一两亿人口使用，所以就搞轻语言、重表现的无国际性的动画片。结合语言特点，我的文字人家看不懂，我就搞一看就懂的动画片，比如《樱桃小丸子》《灌篮高手》《阿童木》等，形成了自己的动漫品牌。很成功。

②韩国，韩流滚滚

韩国，被认为是文化出口的新兴国家。有一次听一位高层领导同志讲话，他说韩国的什么什么电视片，老伴很喜欢，十分投入地看。他看了也觉得很不错。

韩国首先调整文化产业战略，设立文化产业基金，通过

2001年9月，中国出版代表团访问
贝塔斯曼公司总部签名留念。

了文化产业促进法，搞文化产业振兴院，甚至严格规定电影院国产电影的上映不得少于 146 天，后来受美国影响和压力，改成 73 天，在韩国引起轩然大波，甚至抗议游行。韩国电影的出口，在 1995 年只有 21 万美元，经过十余年的努力，现在增加了 100 倍。人家是怎么搞的呢？文化商业主义、文化产业战略，又搞振兴院，又搞促进法，又搞援助基金，结合自己国情，可以说千方百计，不遗余力。

③德国，贝塔斯曼的如意算盘

大家都知道德国的贝塔斯曼，在世界出版业排名第三，其规模仅次于时代华纳、迪斯尼集团。中国图书商报记者曾经采访过贝塔斯曼总裁，2001 年我曾到过贝塔斯曼总部，也当面访问过米德霍夫总裁。米德霍夫是怎么策划的呢？他是怎么想的？他说，他的计划是：第一，与中方密切合作，巩固和发展书友会；第二，如果条件允许，让俱乐部上网；第三，两年内开办印刷厂；第四，如果政府允许的话，开办工厂生产 CD-ROM，并与中国伙伴出版一流的杂志；第五，如果政策允许，将贝塔斯曼全球的出版经验带到中国来开办培训班，培养人才，让这些人才使用贝塔斯曼的经验；第六，每年从读 MBA 的中国学生中挑选 15 名到贝塔斯曼培训，因为他觉得这是产业行为，是企业行为，没什么保密的。他就是想这么干，一步步前行，先搞俱乐部，再办印刷厂，再搞杂志，再上网，再培养人，把人培养出来就按他的思路办事了，德国就可以长驱直入一步步占领中国的文化市场了。这是德国出版人的如意算盘。可惜，它还不够了解中国国情，折腾了 16 年，前几年还是撤走了。

④印度，宝莱坞雄心勃勃地征战好莱坞

信实集团是印度传媒产业和创意产业领域最具实力的跨国公司。他们的总经理（阿密特·卡纳）说：通过信实电信，这家印度最大的拥有6000万移动电话的公司，我们将把宝莱坞电影放到这"最小"的银幕上去；通过我们的超级影院城，把电影放到这个"最大"的银幕上。

电影业年增长超过18%；

在美国拥有240家影院；

为了打进美国，2008年向斯皮尔伯格的梦工厂电影公司投资6亿美元，不久又追加6亿美元，以便与8家美国大电影公司共同制作大片。

印度人认为：美国的电影公司已经陈旧，需要新鲜血液，而印度就有这样的血液。

印度人通过收购美国制片公司，合作制作自己的电影大片，征战好莱坞。

通过上述介绍，大概可以看到世界文化产业发展的大体态势了。如今，美国麦当劳、肯德基遍布中国各地，招牌耸立，在大街上一眼就可以看到。特别是青少年，到麦当劳、肯德基一坐，带着自己的朋友，花几十块钱就行了。他们感觉特别好，特别时髦。那是美国饮食文化。好莱坞电影大片，进入中国，几十元钱上百元钱一张票，观众蜂拥而至。吃的是美国文化看的是美国文化，五千年的中华文化岂不被二百年的美国文化取代了？

马克思说：在各国经济走向世界经济的过程中，文化生产也将走向世界性。"资产阶级由于开拓了世界市场，使一切国家的生产和消费都成为世界性的了……物质生产如此，精神的生产也是如此。"

这是国际文化产业发展的历史和趋势。我这样的简单勾勒，大家是否会感到我们的巨大压力？没有好的文化产品，没有广大读者喜闻乐见的好书、好电影、好戏剧，好的音乐、美术作品，无法走出去。国家出钱，送出去，人家也不看。有好书、好电影、好戏剧、音乐、美术，想挡也挡不住。不让人家看，人家买盗版的，自己下载。在这么一种压力的态势下，我们该怎么办？

竞争靠优秀的产品。优秀产品需要资金支持，需要投入，但投入资金，还是为了生产优秀产品。因为有钱可以买粮食、飞机、大炮，有钱买不来优秀作品，这一点今天大家是否都认识到了呢？

三　中国过去的辉煌和今天的状况

我看过一份材料，全世界每 100 本图书中 85 本由发达国家流向不发达国家，全世界每 100 小时的音像制品 74 小时由发达国家流向不发达国家。美国生产的电影只占全球影片总量的 10%，却占用了全世界 50% 的观看时间，特别是非洲电视台，几乎都是美国的节目，甚至美国用中国的故事花木兰拍成电影，然后占领中国市场。

我国的文化产业总产值在世界文化市场的份额中仅占 4%。中国现在是世界第二大经济体，我们这样大的一个经济体量，在世界文化市场的总量中只占到 4%，是不是很不相称？ 4% 是一个很小的数量，没有什么可吹嘘的。

1. "轴心时代"中国的辉煌

回顾我们中华民族五千年的历史，用西方学者的话来说，中国在公元三世纪到十三世纪约一千多年的时间里一直走在世界的前列，是西方所望尘莫及的。英国学者李约瑟的专著讲到了这个观点。在先秦的时候，春秋战国时期，中国是世界文化中心之一。一个德国哲学家雅思贝斯写过一部书，叫《历史的起源和目标》。书中他讲到了轴心国和轴心时期的理论。他认为约相当于中国春秋战国时期，世界上出现了哲学的大突破。哲学大突破是怎么组成的呢？包括希腊的哲人时代、印度佛教的兴起、以色列犹太教的先知和中国的孔子、老子、诸子百家。雅思贝斯说人类一直靠轴心时代所产生的思考和创造的一切而生存。每一次新的飞跃都回顾这一时期，并被它重燃火焰。自那以后，情况就是这样，轴心潜力的苏醒和对轴心期潜力的回归，或者复兴，总是提供精神的动力。大家赞成不赞成这个理论是一回事，大家确认了中华民族文化（老子、孔子、诸子百家为代表的）对世界文化的重大贡献，确认中国文化是世界文化的先驱，这是历史的事实。那时还没有美国什么事呢。

我们值得骄傲和自豪的事情多了。就说秦始皇吧，在位虽然只有十几年，车同轨、书同文，就十分了不起。车同轨，相当于现在的"要想富，先修路"的理论，当然秦始皇主观上可能是为了方便兵车作战。又要求书同文。要感谢我们的前人，我们现在虽然有很多方言，但是文字只有一种汉字。如果文字也千奇百怪，那中华民族的文化的发展就大大受影响了。发展到汉朝,汉朝开始走出去,张骞通西域,接着班超、甘英,中国人爱和平,第一次张骞出使西域带着一万头牛羊,一万万钱金帛财物,并没有带军队。后来,班超又带36个人出使西域,他们到了地中海边上。《史记》上记载,临大海欲渡,霎时间风浪大起。当地人说这种天气渡海很危险,他们没有再往前走,留下了历史遗憾。到了唐朝,更加繁华强盛。当时首都长安,每年都有一万多外国人在那里学习、做买卖。前几年我去了印度,认真地看了尼赫鲁写的著作《印度的发现》。看了以后很感兴趣。我给大家念两段。尼赫鲁说:中国的和尚特别为祖国感到自豪,有个叫易净的和尚,说他对印度和许多印度事物赞扬万分,但他明白地告诉大家,说他的家乡中国应该居第一位。印度很了不起,也许是圣方,而中国则是神州,"五天之内,谁不加尚。四海之中,孰不钦奉"。中国是最了不起的,浩浩神州,谁不钦佩?尼赫鲁自己怎么评论中国的呢?他说:在千年以上的中印两国的交往中,彼此相互学习了不少知识,这不仅在思想上和哲学上,并且在艺术上和实用科学上。中国受到印度的影响,也许比印度受到中国的影响为多,但是这是很可惋惜的事,印度如得了中国人的健康常识,用来制止自己过分的幻想,对印度是很有好处的。中国曾向印度学到很多好东西,可是由于中国人经常有充分的坚强性格和自信心,能以自己的方式吸取所学,并运用到自己的生活体系中去,甚至佛教和佛教的高深哲学在中国也染有孔子和老子的色彩,佛教哲学的消极看法未能改变或者抑制中国人对人生的爱好和愉快的情怀。

《印度的发现》是尼赫鲁在监狱里写的一部著作。我去印度的时候带着这本书，在飞机上把几百页的书看完了，特别是看了这几段以后，我非常自豪。看完以后觉得应该再去一趟印度，深入地看看印度文化到底是怎么回事儿。

玄奘是一位非常了不起的大学者。当时在印度佛教诞生地那烂陀寺，通二十经的有一千人，通三十经的有五百人，通五十经的只有十人，这十个人中就有玄奘。玄奘是中国人，居然当了那烂陀寺佛教学院的副院长。后来其他各个教派和那烂陀寺辩论，挑战那烂陀寺的地位，那烂陀寺居然没有人敢出来应战，最后是中国和尚玄奘挺身而出。玄奘用流利的梵语，引经据典，侃侃而谈，驳倒了其他教派。玄奘写的《大唐西域记》为印度史研究作出重要贡献。《大唐西域记》的贡献是什么？这本书中玄奘把印度文化、风俗、庙宇记录得非常清楚。今天，这部书成为记录印度历史的重要文献。不久前，维修那烂陀寺，也是根据《大唐西域记》的记载进行的。玄奘在印度是英雄，玄奘回国十年之后，那烂陀寺的住持派人带了两匹棉布来看玄奘，信中说，路远，不能带更多的礼物，送去两匹棉布略表心意。玄奘很快回了信，说自从离开印度以后，"思念之情，每增纠结"，也还赠了礼物。

宋朝修了几部著名的大书，《太平御览》《文苑英华》《册府元龟》《太平广记》，带动了文化发展。再后来明朝，郑和下西洋，一个大船队 240 艘船，带着 27000 多人，比哥伦布发现新大陆早 87 年，比麦哲伦早 114 年。有这样一支大船队去传播中国的文明，靠什么？没有发达的造船业、没有强大的科技和强大的海军、没有发达的经济作支撑能做到吗？在《科技文明史》一书里，讲中国在公元 3—15 世纪保持着西方望尘莫及的科学技术水平，那也是有根据的。

2. 清朝的"文化自骄"与"文化自卑"

后来，新中国成立前二三百年怎么一下子就垮下来了呢？其中重要的因素是"大清帝国"的闭关锁国。经济停滞，文化闭塞，当权者对世界发展潮流茫然无知，觉得我是天下之中，我最了不起。一方面陷入文化自骄，另一方面又陷入文化自卑。到了清朝，所谓康乾盛世，似乎了不得。其实乾隆时候自闭达到了巅峰。英国派来使臣想跟中国通商。当时英国正在进行工业革命，发展非常迅速，乾隆说我不跟你通商，我们天朝无所不有，还让使臣给皇上下跪。这是文化虚骄。到道光时候更不行了，英国来侵犯，道光问英夷地处何方。皇帝和大臣居然不知道英国是在哪儿。最后惨败，割地赔款，陷入了文化虚弱。本来是强盛的文化大国、经济大国，但是由于闭关锁国，文化自闭，陷入盲目，导致经济停滞，一边是自骄，一边是自卑。我们先是为没有"诺奖"着急，天天说某某被提名了。有了诺奖，又说他不行，比他好的多的是，言外之意我也不比你差。还有一位"议员"提议，干脆我们自己搞个"李太白世界文学奖"，我们自己评。

落后就得急起直追。近代以来，中国的觉醒者探寻新的文明途径。直到十一届三中全会之后，才真正找到改革图强之路。

根据世界文化的发展态势，结合我们自己的历史和今天的发展，我们是不是能够得出这么几个结论：

第一，制定规则的人已经占领了高点，他们想怎么做就怎么做，而且他们想重复经济上取得优势的惯用手法，在文化上也大搞侵入和垄断。

第二,五千年历史的丰厚的文化资源和十三亿人口的巨大的市场这是中国的优势,但雄厚的资本和成熟的商业运作却是西方的强项。

第三,在文化自由市场上随文化产品而来的是意识形态和价值观的进入。法国说文化例外、文化多样性,它也是看到了文化进入的危险,这个危险远比经济、商业赔几个钱更严重,涉及了民族的精神和核心价值观。

3. 紧锣密鼓的策划与推进

通过比较,我们可以清楚地感到我们的文化产业是大大落后了。必须急起直追。看看下面的时间表:党和国家从2000年起,连续发布文件,颁布政策,树立典型,召开会议,真是紧锣密鼓。

2000年10月　党的十五届五中全会第一次提出要完善文化产业政策,加强文化市场建设和管理,推动文化产业的发展。

2001年3月　文化产业发展正式纳入全国十五规划纲要。

2002年4月　成立中国出版集团。

2002年11月　党的十六大报告提出积极发展文化事业和文化产业,深入文化体制改革,完善文化产业政策,支持文化产业发展,增强我国文化产业的整体实力和竞争力。

2003年7月　两办文件要求,抓紧制定文化体制改革的总体方案。并指出这是新世纪新阶段宣传文化战线的一项战略性任务。

2004年3月　批准中国出版集团转制为企业公司。

2005 年 4 月　国务院颁布关于非公有资本进入文化产业若干决定。

2006 年 1 月　中办、国办 14 号文件《关于深化文化体制改革的若干意见》。

2007 年 12 月　辽宁出版传媒股份有限公司上市，编辑业务、经营业务整体上市，第一家，完成了国有独资到所有制多元化的改造。

2008 年 1 月　总署发布《关于深化出版发行体制改革工作的实施方案》。

2009 年　国务院通过文化产业振兴规划。

2009 年 7 月 23 日　中共中央政治局 22 次集体学习，胡锦涛总书记强调深入推进文化体制改革，促进文化事业的繁荣和发展，关系到全面建设小康社会奋斗目标的实现，10 月十七届六中全会提出推进文化创新、深入文化体制改革。

2011 年 10 月　十七届六中全会决定，第一次以文化体制发展为主题，制定建设社会主义文化强国的行动纲领。

2012 年 11 月 8 日　十八大，提出建设社会主义文化强国。

这十几年，就是这样紧锣密鼓地出台政策、制定方针、抓出样板、树立典型，让我们感到形势的紧迫，任务的艰巨，更深刻地体会到党中央、国务院抓文化产业的战略意义。

我们正在前进。正在千方百计、紧锣密鼓地前进。只要我们坚持不懈地做下去，不折腾，集思广益，就一定会重振中华民族的辉煌。

关于出版的思考与再思考

——《关于出版的思考与再思考》前言

想来想去我把这本书定名为"关于出版的思考与再思考"。"思考"是指我参加出版工作以来写的一些有关出版工作的文章。"再思考"则是这两年对过去文章，即当年"思考"的新的认识。"再思考"都放在一篇文章的前面，几百字，一两千字，谈谈我今天的认识，以"按语"的形式出现。

我一生只做了这一件事，当编辑、搞出版。倏忽间四五十年过去，自问之，整天想的是出版，干的是出版，高兴的是出版，焦急的是出版，希望能多编几本好书，将来高尚的人们回忆起我们会充满敬意。从 1967 年到中华书局做编辑（本来 1966 年大学毕业，因为"文化大革命"的缘故，1967 年才分配），参加出版工作，至今辗转了四个单位：中华书局（20 年）、新闻出版署（总署，17 年）、中国出版集团（7 年）、中国大百科全书出版社（到现在已有 3 年），不论是当编辑、搞管理，还是从事经营，总之都是做出版工作。

几十年来，写过一些文章。今天，这些文章已都是旧文、都是历史了。承蒙人民出版社厚爱，让我编辑成册，是我的

也就是大家比方的，没有金矿，也要有个黄金加工厂。出版社赚了钱上交国家，赔了钱也没大关系，工资照发。这是由出版社的国有事业性质决定的。转为企业就得自负盈亏、自主经营、自我发展了。所谓"文化企业"。"文化"是讲"内容"的，就是这两年大家说的"内容产业"。这个内容是以马克思主义为指导的，是坚持社会主义先进文化前进方向的。"文化企业"不是生产暖水瓶、自行车的工厂，只要质量合格、生产得越多越好。出版单位的产品是有"精神"的，是有"灵魂"的，这就要求产品的内容高尚、健康、有益，讲究建设核心价值体系，这很要"文化企业"的"技术员和工人们"下些功夫、动些脑筋。而且，它还很有特殊性。有的出版物确实有价值，有一定的认识价值，有特别的保存价值，或者对特定人的参考价值，此类东西可以出，但也并不是越多越好。这个道理搞出版的人都懂。再一点，"内容"的增长是有其特定规律的，它是累积的、渐进的，很难"跨越式发展"。我们见哪个作家一出道就打造出《红楼梦》《静静的顿河》？见哪个学者几个月、一二年就完成其学术思想、构建出学术体系来？作家、学者出不来东西，出版社怎能做无米之炊？不弄明白这一点，一着急就去与金融、房地产搭钩，冒个险、投个机，也可能"跨越式"了。但那也只是赚几个"冒险"甚至"投机"的钱罢了。何况十有八九你也做不过房地产商。"中国的文化企业"。中国有十三亿人口，中国有五千年历史的文化积淀，中国几百年来积贫积弱，中华民族有千百年来孔孟之道的深刻影响，中国有社会主义先进文化的要求，要符合中国社会的审美要求、道德取向、民族特色，讲求核心价值体系和政治方向。

　　"企业"是什么？企业要"追求利润最大化"，企业要"自主经营"。企业只要不违背宪法，不违背出版法（现在还只是"出版管理条例"），不偷税漏税，就很难再管他什么。中国的文化企业，完全照这两条做得到吗？我们能公开提倡出版社"追求利润最大化"吗？我们要坚持社会效益放在首位，坚持社会效益和经济效益的有机统一。哪家出版社敢于说我又没犯法，谁也别干涉我，我要"自主经营、自我发展"？而且，一家出版社出了格调低下的书怎么办？格调低下的书你可以要求它不要出，但要求是要求，犯法是犯法。格调低下被人瞧不起，但并不触犯法律。偏有一些人喜欢，他要买，怎么办？何况上了市就要听"股东"的，股东就有发言权，决定权，股东要求多赚钱，到那时又怎么办？我还听说，有的上市公司，国家每年补贴几千万，支撑着不破产，这岂不是用纳税人的钱支持某一上市公司的股票吗？这种支撑行为算不算犯法？这家出版公司何以到了这种地步，要不要让大家总结一下？

　　又要叫企业，甚至得上市，又不能"追求利润最大化"，不能真正做到"自主经营"，我总在想，这不是矛盾吗？

　　很多人说，如果真的建立现代企业制度，就应该放开审批制改为注册、登记制，任它在市场上打拼，"自主经营、自我发展、自负盈亏"。两个法管着，一宪法（包括出版法），二国税法。违背宪法出版法的政治要求，就撤社长职务；偷税漏税就罚它个倾家荡产，直至破产，让它没法子再办下去。至于出什么，不出什么，什么多了，什么少了，让市场去调剂。

白菜种多了,烂在地里,明年就会少种了。种少后白菜又贵了,后年就会聪明地调剂好。——这才是企业。有人会担心,都"自主"经营了,有些国家需要的出版物出不来怎么办?持"放开"观点的同志回答说,如果真是这样,也有办法。第一,我们的编辑有很高的政治觉悟,党和国家利益永远是第一位;再者,国家需要的书,一定有市场,为什么不出?至于形式主义、假大空的东西,出少了,不出了,不是最好吗?第三,我们还可设一个"国家印务中心",国家急需的东西请国家印务中心承印。另外,按现代企业制度建立的集团公司要有一个强有力的、团结进取的领导班子。这个班子应由上级主管部门广泛听取意见后定,而下面成员单位的领导班子,由公司领导班子按规定自主确定,报上级领导部门备案(事后)即可。

这样放开我们做得到吗?如果一时乱了套,能承受吗?有实施的气魄,暂时出了问题,各方都能够承受,就去做。如果一时做不到,就不要一刀切、一窝蜂,可以先试点,试试,总结一下再推广。分阶段,分步骤,分类型实施,让出版社改革逐渐取得成果,让改革方案逐渐完善,让舆论逐渐适应。

党的十七届六中全会决定指出:要科学界定文化单位的性质和功能,区别对待、分类指导,循序渐进、逐步推开。"区别""分类""渐进""逐步"这些用词都是十分谨慎,十分讲究的。所以,我们不能要求齐步走,要求都要"转企""集团""上市"。弄不好或者会流于形式,或者会挫伤大家改革的积极性的。我认为改不改股份制、上不上市,要有两个条件:一、符合上市的基本要求;二、愿意上市。如果符合条件,不愿上市,也不必勉强。毕竟上市是手段不是目的。世界上一些大的文化出版企业也并不都是上市公司，也做得很不坏。

有些事光有良好的愿望不行，在贯彻的过程中一时真的做不到。比如，有人说，成立集团不能捆绑。很对，但我看至今没有哪一家做到了，甚至经济企业也做不到。因为资产所有权是国家的，进不进集团我都不会破产，如不下命令"捆"我，谁愿意被人捆绑、被人兼并，做二把手呢？何况，现在的出版社大体上还是属于垄断行业，还不许随便成立，垄断之下岂有竞争，靠卖书号也能混下去。

又比如，既然是企业、上市公司，最终得落实到营业额、利润指标上，要看股票的行市，出好书就落到第二位了。因为大部分图书都属薄利多销，畅销书一年能有几本呢？出书赚不了大钱，就去做金融、房地产，经营其他产品，甚至投资煤炭产业，好书就出不来了。三十几万种近四十万种，能给读者留下深刻印象，放在书架上常读常新的作品能有多少？百分之十？千分之十？

而且我们只把眼光盯在畅销书上，文化的积淀、厚重，如何实现？不能出"经典"的时代还不能说是真正的繁荣。

上述的议论可能有失偏颇，但这是我长期思考的问题，我看也是很多同行议论的问题，写出来，供大家讨论。

谨以此文作为本书的"按语"，放在书前。

2012 年 7 月 4 日初稿，7 月 30 日改定

"此刻学习，你将圆梦"
——"做一个积极向上的编辑"讨论

力平你好！前几天你寄来一封长信，谈到加强编辑的素养，很深刻，让我很受启发。信中说《中国编辑》编辑部将要开展"怎样做一个积极向上的编辑"的讨论，要我也谈谈意见。我感到这个题目不好谈，因为这个题目的意义更深入一层，它的重点不在于一般性的"怎样做一个编辑"，而在于"积极向上"四个字。这就有更高的要求。我想到了三则轶事，也许不足以回答这个问题，但确实是我想和年轻编辑谈一谈的心里话。

一 "我们的事业并不显赫一时"

这是马克思的一句话，是马克思在即将走向社会选择职业时说的。他说：

> 我们的事业并不显赫一时，而将永远存在，高尚的人们将在我们的墓前洒下热泪。

说得多么好，多么精彩！我曾用这段话的第一句作标题写了一篇文章，当时有好几家报刊转载。我深知这不是我的文章写得好，而是因为马克思话的感召力量。我们不追求显赫一时，不在乎一时的得失荣辱，不贪图个人功名利禄，我们的努力我们的后代一定会承认，并因为我们的奉献而感动。应该说，这段话也特别适合编辑事业。编辑工作就是一个为社会、为读者服务、奉献的工作。编辑事业关系文化的传承。在这个服务和奉献过程中，我们自己一步步丰富、渊博、高尚起来。我们为社会打造精品，体现着存在的价值。

　　不求显赫一时，就能避免急功近利。"不好不坏，又多又快"是出版业急功近利的典型表现。一部精品，常常经过十几年，甚至几十年的打磨，需要一如既往的执着精神，需要沉得住气。马克思的《资本论》从 1843 年写到 1883 年，整整用了 40 年的时间。李时珍的《本草纲目》用了 27 年。徐弘祖的《徐霞客游记》用了 34 年。伟大的历史学家司马迁，受了人间最耻辱的宫刑，他形容自己的悲惨境遇："肠一日而九回，居则忽忽若有所亡，出则不知其所往。每念斯耻，汗未尝不发背沾衣也。"他说，他之所以隐忍苟活，就是为了继承父业，著述《史记》。"究天人之际，通古今之变，成一家之言。"经过十九年的努力，终于完成了《史记》这一伟大著作。曹雪芹倾其一生心血，书写了一部《红楼梦》。米开朗基罗这位意大利文艺复兴时期的巨匠为了创作超越前人的作品，整整 4 年不出工作的教堂。人们说上帝工作 6 天，第 7 天休息，而米开朗基罗永远没有第 7 天。他 89 岁了，还充满自信地说：新的艺术观念即将诞生。

2001年4月，在云南玉龙雪山4506米处。

不求显赫一时，就拒绝哗众取宠，人为包装。

不求显赫一时，就不要人为炒作，哄抬造势，自己给自己戴花戴朵。

不求显赫一时，就不会追求表面上的"世界第一"，不会出现"每一元的销售额的实现，要以近二元的库存额"为代价的状况。那样的话，我们生产出来的"图书"不都卖给了自己，进入"库房"了吗？

著名小说家卡夫卡曾经说过："古籍经典之所以经久不衰，是因为具有传承性。今日美丽绽放，明日就荒唐滑稽。那就是经典名著与普通读物的区别。"说得实在透彻。

年轻的马克思的高尚境界，让我们永远崇敬。

二 "临事而惧，陈力而后就列"

这一句话本于毛泽东给时任湖南省副省长周世钊先生的一封信。毛泽东这封信写于 1958 年 10 月 25 日（见人民出版社《毛泽东书信选集》1983 年版）。

1958 年上半年，中央政府任命周世钊先生作湖南省副省长。10 月 17 日，周世钊给毛泽东写了一封信说，这个事我怕做不好，我一介书生怎么能当好副省长呢？

周世钊是什么人？他是著名教育家，爱国民主人士，是毛泽东少年时代在湖南长沙师范学校的同学。1918 年，他参加毛泽东、蔡和森发起的"新民学会"，1919 年应毛泽东之邀担任《湘江评论》顾问，随后加入"长沙文化书社"，传播新思想。后来，一直从事教育事业。1949 年，任湖南省第一师范学校校长。1955 年任湖南省教育厅副厅长。长期与毛泽东诗词唱和。毛泽东《水调歌头·才饮长沙水》《七律·答友人·九嶷山上白云飞》等都是答周世钊的。可以看出毛泽东与周世钊不同寻常的关系。

毛泽东给周世钊回信，说，你这封信，收到了，"读了高兴"。你感觉自己能力不行，主要是因为"一，不甚认识自己。二，不甚理解客观事物"。接着，毛泽东说："临事而惧，陈力而后就列，这是好的。"但怎样解决问题呢？"我认为聪明、老实二义，足以解决一切困难问题。聪谓多问多思，实谓实事求是。持之以恒，行之有素，总是比较能够做好事情的。"

这短短的几句话，说出了丰富而深刻的内容。第一，"临事而惧，陈力而后就列"就是告诉我们面对着即将担当的任务，要有一个十分谨慎、战战兢兢的心态。"陈力而后就列"，就是要仔细衡量自己能力，摆摆自己的知识，看看是否能够胜任这项工作，然后再考虑是否"就列"，也就是考虑自己有没有本事坐那个"位子"。如果觉得自己不行就要抓紧学习。这是讲的敬业，讲的人要有自知之明。

第二，把握"聪明""老实"二义。毛泽东说，聪就是多问多思，实就是实事求是。放下架子，深入下去，调查研究，认真思考，毛泽东说，这就叫聪明。遇事实事求是，不唯上，不唯书，只唯实，也就是"老实"。从周世钊先生后来的经历，可以看出他是完全做到了这两点的，他是一个既聪明又老实的人。

1958 年"大跃进"时，他到湖南调查研究，回来后对毛泽东说："到了我们老家湖南宁乡了解了一下农村人民公社。

看到了农村的轰轰烈烈、热火朝天的场面。不过，我看有两个问题值得认真研究。一个粮食亩产数字上有些虚假现象。有的说亩产几千斤，有的甚至说一亩能产一万公斤，我看有点不实在。"

1972 年 8 月就"文化大革命"问题，周世钊向毛泽东坦陈己见，进谏八点意见。其中涉及"解放老干部""知识分子正名""制止走后门不正之风""消除派性"等。他还在他所负责的范围内，为知识分子平反奔波。表现了实事求是，正直无私的高度政治责任感。

第三，要"持之以恒，行之有素"，不是做一下子，而是做一辈子。

这三层意思，对于我们做编辑的人，是不是一样有指导意义呢？担当重任之前，问问自己能不能胜任；制定计划、处理选题和书稿，要多问多思，坚持调查研究；要持之以恒，行之有素，一步一步向设定的目标奋斗追求。

三 "此刻学习，你将圆梦"

第三则轶事是前一阶段关于网络出版或数字出版给出版界造成的巨大冲击的问题。数字出版有人简化为"U– 出版"，有人说"Ubiquitous"这个英文单词，意思是"普遍存在的，无所不在"的。我们怎样应对这个"无所不在"呢？一时让出版人产生巨大热情，出现热闹的争论。有人说，传统出版很快就将退出历史舞台，于是对传统出版毫无兴趣；有人说中国的传统出版从有活字印刷至今千百年了，谁也撼动不了，于是死死地抱住传统出版，闭目塞听；还有人说："旧有的出版概念已经被彻底推翻了。以往先投稿由编辑决定出版与否，现在是自己先写出满意的作品，张贴在网上，获取人气后才由出版社出版。"编辑"把关"功能变化了，随便就可以贴到网上的东西谁来"把关"呢，于是产生许多忧虑。

我在网上看到一位懂行的人写的一篇文章：《建立二十一世纪无所不在的网络社会》。文章描述很是详尽：

英文 ubiquitous 一词来源于拉丁语，意为"普遍存在的，无所不在的"。最早提出此概念的是已故美国施乐公司 Palo Alto 研究中心(PARC)的 Mark Weiser 博士。他在 1988 年第一次提出 ubiquitous computing 的概念。

Mark Weiser 博士认为，"电脑在我们没有意识到它存在的时候，已经融入了我们的生活中"，而他认为这样的时代即将到来。其后，依据 Mark Weiser 博士的概念，日本学者衍生出了 Ubiquitous Network(无所不在的网络)的概念，认为人们在未意识到网络存在的情况下，能随时随地地通过适合的终端设备上网并享受服务。

作为一个 IT 新术语，"无所不在的网络"是一个 IT 环境，它需要同时满足三个要求。第一，无论在何处使用，无论使用模式是固定的还是移动的、是有线的还是无线的，它都能提供永远的线上宽频接入；第二，"无所不在的网络"不仅能够连接通用的大型电脑和个人电脑，也能连接移动电话、PDA、游戏机、汽车导航系统、数字电视机、资讯家电、RFID 标签以及感测器等各种资讯设备，这些设备通过 IPv6 协定连接到网络中；第三，"无所不在的网络"能够实现对资讯的综合利用，不仅能够处理文本、资料和静态图像，还能够传输动态图像和声音。它能够实现安全的资讯交换和商务交易以及用户的个性化需求。（见"上海多媒体行业协会"网页《浅谈日本 U–Japan 及韩国 U–Korea 战略：建立 21 世纪无所不在的网络社会》）

这真是令人惊叹的科技的巨大进步。

这真是改变社会面貌的前无古人的创新。

写到这里，恰好我看到刚刚送到的 2012 年 8 月 17 日的《中国图书商报》。在报纸的第一版上赫然写着：上海书展发布《2012 年度市民阅读调查报告》，"纸质读物仍受偏爱"。文中说：上海市民阅读的主要方式是传统的（纸质）阅读和网络阅读。"传统（纸质）阅读"首选率达到 56.69%，高出第二位"网络阅读"24.63 个百分点，近 6 成上海市民仍青睐纸质阅读。

原因是什么呢？文中说数字阅读尚有现代科技仍需努力克服的弊端，如"容易导致视觉疲劳""信息杂乱""海量信息，难以筛选"等等。

结论是：数字阅读存在的问题，正是传统纸质阅读的优势。这个优势的存在，使得一定时期内数字阅读要超过甚至替代传统阅读，尚无可能；数字阅读与传统阅读将在较长时期内共存。

尽管上述的报道仍然力挺"传统（纸质）阅读"，实际上力挺"传统（纸质）出版"，似乎让出版人放心，狼还没有来，而我却从中真切地感受到数字出版给我们的巨大压力，似乎让我看到出版业——如果不是已经，至少也是即将产生的巨大变革。我真诚地认为，不管我们喜欢不喜欢，不管我们是否做好准备，"无所不在"的网络，一日千里地奔腾向前。我们出版人，无论是编辑、印刷、发行、供应哪个环节，都将在它们面前发生变化。

事也凑巧，当我写到这里，想换换脑筋，随手打开我的信箱时，看到朋友发给我有关《纽约时报》的信息，让我大为惊叹。消息赫然写道：历史上第一次，《纽约时报》的主要收入来源从广告为主变成了订户，而这当中贡献最大的是电子版用户。

160多岁高龄的《纽约时报》正经历着报业史上最大的商业模式转型。

文中说，7月30日，在纽约证交所挂牌的《纽约时报》公布了今年第二季度财务报表：营收达5.15亿美元，其中广告营收降至2.2亿美元，订户营收则持续上涨8.3%达到2.33亿——历史上第一次，《纽约时报》的主要收入来源从广告为主变成了订户——而这当中贡献最大的是电子版用户。截至第二季度末NYTimes.com已总共累积了53.2万的订户，较上一季增长了13%。

业界惊呼：这是历史性的一刻，传统媒体以后再也不必依赖广告。

这一切都要追溯到去年3月，广告收入持续下滑的《纽约时报》宣布开始对每月阅读网站文章超过20篇的读者进行收费，在一片唱衰中，接下来的发展出乎预料。数字订阅政策出台三周就争取到了 10 万订阅者。随后的两个月里这个数字继续增长，6 月底达到 22.4 万，目前已超过 53 万。投资分析公司巴克莱分析师估计，《纽约时报》的数字用户数量将在 2 年内超过印刷版用户。

对于《纽约时报》来说，虽然数字订阅用户所带来的收入远低于印刷订阅者，但是由于数字版的制作和配送成本远低于印刷版，二者的利润几乎相当……

此时，我想起美国哈佛大学的校训。校训的第一条写道：

此刻打盹，你将做梦。而此刻学习，你将圆梦。

校训的第三条又写道：

觉得为时已晚的时候，恰恰是最早的时候。

让我们好好体验产生了 7 位美国总统、40 位诺贝尔奖获得者的哈佛大学的这两条校训吧。

2012 年 8 月 20 日